Pinakothek der Moderne

Kunst
Graphik
Design
Architektur

Pinakothek der Moderne

Art
Prints &
Drawings
Design
Architecture

Inhalt / *Contents*

Vorwort / *Foreword*

Michael Hering
**Staatliche Graphische
Sammlung München /**
*State Prints Collection
Munich*

Andres Lepik
**Architekturmuseum
der TU München /**
*Architecture Museum
of the TU Munich*

Bernhard Maaz
**Bayerische Staats-
gemäldesammlungen /**
*Bavarian State Painting
Collections*

Angelika Nollert
**Die Neue Sammlung –
The Design Museum**

Die Pinakothek der Moderne gehört mit ihren vier Museen unter einem Dach zu den größten Sammlungshäusern Europas. Die programmatische Konstellation der Zusammenschau von vier Disziplinen ist bis heute weithin einmalig und visionär. Ein einziges Ticket erlaubt den grenzenlosen Besuch von Architektur, Design, Graphik und freier Kunst. Dieses Miteinander ist zu einer selbstverständlichen und geschätzten Tradition geworden.

Vor fünfzehn Jahren, im Jahre 2002, wurde die Pinakothek der Moderne eröffnet. Die Architektur von Stephan Braunfels in ihrer offenen und großzügigen Struktur leistet dabei einen entscheidenden Beitrag zur Verwirklichung dieser konzeptuellen Multidisziplinarität von vier autonomen Museen, die jeweils eine eigene Genese und Programmatik besitzen: das Architekturmuseum der Technischen Universität München, Die Neue Sammlung – The Design Museum, die Sammlung Moderne Kunst der Bayerischen Staatsgemäldesammlungen sowie die Staatliche Graphische Sammlung München. Damit ist auf einer Fläche von rund zwölftausend Quadratmetern die Gesamtschau der Künste des 20. und 21. Jahrhunderts in einzigartiger Weise möglich. Durch den gemeinsamen Ort potenziert sich das Renommée der einzelnen Museen mit ihren wichtigen Sammlungsschwerpunkten.

Neben den beiden Präsentationen der Sammlung Moderne Kunst im Obergeschoss und der Neuen Sammlung im Untergeschoss bietet die Pinakothek der Moderne im Erdgeschoss die Möglichkeit für temporäre Ausstellungen. Zwei Bereiche sind dabei den Ausstellungen des Architekturmuseums und der Graphischen Sammlung vorbehalten. Zwei weitere Ausstellungsräume werden von allen vier Sammlungen genutzt.

Ausgangspunkt für alle Rundgänge bildet die große Rotunde im Zentrum des Gebäudes mit ihrer imposanten, fünfundzwanzig Meter hohen Glaskuppel. Die Rotunde dient als Ort der Begegnung und gleichzeitig der Durchwegung des Gebäudes. Wie auf einer Piazza können die Besucher hier flanieren und von einem Ausstellungsbereich zum anderen wechseln.

Die Rotunde wird durch die zwei Treppenanlagen gleichsam von einer Diagonalen durchschnitten, die in ihrer Ausrichtung nach Südost eine Verbindung zur Innenstadt hin schafft und in ihrer Nordwest-Ausrichtung auf die Alte und die Neue Pinakothek weist. Wie bei einer Spindel wird hier Rotation assoziiert, so dass auch

The Pinakothek der Moderne and its four museums under one roof represent one of the greatest collections in Europe. The programmatic constellation that brings together four disciplines remains unique and visionary to this day. One single ticket allows the visitor to enjoy architecture, design, prints and drawings and fine art without limitation. This coexistence has become a natural and popular tradition.

The Pinakothek der Moderne opened 15 years ago in 2002. Stephan Braunfels's architecture, with its open and spacious structure, makes a crucial contribution to the realization of the conceptual multidisciplinarity of four autonomous museums that each have their own genesis and objectives: the Architecture Museum of the Technical University of Munich, Die Neue Sammlung – The Design Museum, the Modern Art Collection of the Bayerischer Staatsgemäldesammlungen, and the Staatliche Graphische Sammlung Munich. Thus, over an area of approximately 12,000 m² the museums offer a unique presentation of 20th and 21st-century art. The shared location enhances the renown of the individual museums, with the important areas of focus.

Alongside the two presentations of the Modern Art Collection on the upper floor and Die Neue Sammlung in the basement, the Pinakothek der Moderne also has facilities for temporary exhibitions on the ground floor. Two areas are reserved for exhibitions by the Architecture Museum and the Graphische Sammlung here, and two further exhibition spaces are used by all four collections. The starting point for any tour around the museums is the large rotunda in the center of the building, with its striking, 25-meter-high glass dome. The rotunda serves as a meeting place and, at the same time, the throughway of the building. As if on a piazza, visitors can stroll here and switch from one exhibition space to another. The two staircases mean the rotunda is bisected by a diagonal line, as it were, which points towards the city center to the southeast, and in the direction of the Alte and Neue Pinakotheks in the northwest. Like a spindle, there is an association with rotation here, so even the twelve-part overhead light becomes a rotating disc.

The Pinakothek der Moderne is likewise the eastern gateway to Munich's art district, an area with 18 museums, six universities and other cultural institutions.

In terms of urban planning, the Pinakothek der Moderne plays a crucial role.

das zwölfteilige Oberlicht zu einer Drehscheibe wird. Die Pinakothek der Moderne ist zudem das östliche Tor zum Kunstareal München, eines Areals mit achtzehn Museen, sechs Hochschulen und weiteren Kulturinstitutionen. Städtebaulich besitzt die Pinakothek der Moderne eine Schlüsselfunktion.

Anlässlich des fünfzehnjährigen Bestehens der Pinakothek der Moderne erscheint diese Publikation, die in einem virtuellen Rundgang Werke des 20. und 21. Jahrhunderts über die Grenzen der Disziplinen hinweg in acht chronologisch angeordneten Kapiteln präsentiert. Die begleitenden Essays von AutorInnen aus Philosophie, Kunst und Kultur skizzieren die Jahrzehnte ab 1895 bis 2017. Sie bilden den Rahmen für die Präsentation von Werken von rund zweihundertzwanzig internationalen KünstlerInnen, DesignerInnen und ArchitektInnen, die durch eine Auswahl von Zitaten ergänzt wird.

So wird es möglich, die zeitgleichen Phänomene unterschiedlicher Kulturbereiche in einer Synopse zu erfahren. Diese Ausstellung in Buchform präsentiert eine Auswahl von Werken, die stellvertretend für die großen Sammlungen der einzelnen Häuser steht und neugierig machen soll auf das viele „Mehr". Die Publikation zeigt die Vielfalt und den Reichtum der Sammlungen, sie zeigt Bekanntes und weniger Vertrautes, und sie zeigt all das als ein gemeinsames kulturelles Tableau.

Die Auswahl der Werke spiegelt aber auch das Wesen und die Bedingungen der vier Museumssammlungen in der Pinakothek der Moderne. Die Werke verweisen einerseits auf die Sammlungsgeschichte und die Erwerbungspolitik der einzelnen Museen, aber andererseits auch auf ein Museumsverständnis, das vor allem einen europäischen Kontext und den Blick nach Westen gesucht hat. Weniger präsent sind die Sammlungsgebiete jenseits von Europa und den USA. Hier gibt es ein Potenzial, dessen wir uns heute zunehmend annehmen wollen.

In den letzten fünfzehn Jahren hat die Pinakothek der Moderne neben ihren unzähligen Ausstellungen, Präsentationen und Projekten auch vielfältige Veranstaltungen und Vermittlungsprogramme realisiert und der Öffentlichkeit gewidmet. Sie wird weiter wachsen, sich weiterentwickeln und sich zunehmend auch im digitalen Raum präsentieren. Immer ist sie ein offenes Haus des Entdeckens, des Erfahrens und des Forschens sowie der Begegnung und

This publication marks the 15th anniversary of the Pinakothek der Moderne and takes the reader on a virtual tour of works of the 20th and 21st centuries, spanning the disciplines and arranged in eight chronologically ordered chapters. The accompanying essays by authors from the worlds of philosophy, art and culture outline the decades from 1895 to 2017. They form the framework for the works of around 220 international artists, designers and architects, which are complemented by a selection of quotations.

Here it is possible to gain a synopsis of the phenomena that developed simultaneously in different areas of culture. This 'exhibition in book form' presents a selection of works that are symbolic of the great collections of the individual institutions and aims to make readers curious to see the great deal more that is available. The publication shows the diversity and the richness, it shows the familiar and the less well-known, and it brings them together as a shared cultural tableau.

What's more, however, the selection of works also reflects the essence and the circumstances of the four museum collections in the Pinakothek der Moderne. On the one hand the works reference the history of the collection and the acquisition policies of the individual museums, but on the other also an understanding of the museum that has sought, first and foremost, a European context and westward-facing outlook. Less represented are the areas of the collection beyond Europe and the USA. There is potential here, which we wish to increasingly make use of today.

Over the last 15 years, the Pinakothek der Moderne has realized not only countless exhibitions, but also presentations and projects as well as a broad range of events and communication programs open to the general public. It is set to grow, develop further and become increasingly present in the digital space, too. It has always been an open place of discovery, experience and exploration, as well as of encounter and shared discussions, encouraging active participation.

The Pinakothek der Moderne would be inconceivable without the outstanding involvement of the community which, in connection with the political side, made a crucial contribution to its foundation. The Pinakothek der Moderne Foundation and the organization for friends of the institution, PIN. Freunde der Pinakothek der Moderne, are incalculably valuable initiatives that have contributed hugely to the realization and development of the whole institution, and

des gemeinsamen Gesprächs und lädt zur aktiven Teilnahme ein.

Die Pinakothek der Moderne wäre nicht denkbar ohne das herausragende bürgerschaftliche Engagement, das im Verbund mit der Politik entscheidend zu ihrer Gründung beigetragen hat. Die Stiftung der Pinakothek der Moderne sowie PIN. Freunde der Pinakothek der Moderne sind unschätzbar wertvolle Initiativen, die zur Realisierung und Entwicklung des gesamten Hauses maßgeblich beigetragen haben und weiterhin bedeutende Partner und Unterstützer sind. Wir sind dankbar für ihren Einsatz, ihre Unterstützung – ihre Passion.

Für die Finanzierung der Publikation danken wir PIN. Freunde der Pinakothek der Moderne. Ein großer Dank geht an die AutorInnen für ihre Beiträge. Ohne die Unterstützung der MitarbeiterInnen aller vier Häuser wäre die Publikation nicht möglich geworden, auch hierfür ein herzliches Dankeschön. Nadine Engel und Caroline Fuchs sagen wir besonders herzlichen Dank für die aufwendige Redaktion. Wir danken überdies dem Grafikbüro Lambl Homburger für die Gestaltung sowie dem Verlag Hatje Cantz für die Aufnahme der Publikation in ihr Programm.

Wie die Pinakothek der Moderne, so ist auch die Publikation im Kleinen ein Portfolio von Kunst, Architektur und Design des 20. und 21. Jahrhunderts und ein Forum für Themen und Strömungen der Gegenwart, die wir gerne mit Ihnen teilen möchten.

Fühlen Sie sich in der Pinakothek der Moderne immer aufs Herzlichste willkommen!

continue to be important partners and supporters today. We are grateful for their efforts, their support, and their passion.

We would like to thank PIN. Freunde der Pinakothek der Moderne for funding this publication. Thanks also go to the authors for their contributions. Without the support of the staff in all four institutions, this publication would not have been possible, so our sincere thanks also to them. We are especially grateful to Nadine Engel and Caroline Fuchs for their meticulous editing, and we also thank graphic design studio Lambl Homburger for its design and publisher Hatje Cantz for including the publication in their range.

Like the Pinakothek der Moderne, the publication also represents a miniature portfolio of art, architecture and design from the 20th and 21st centuries, and a forum for themes and trends of the present day that we wish to share with you.

You can always be sure of a warm welcome at the Pinakothek der Moderne!

1895

–

1919

Emphase und Widersprüche: Moderne um 1900 / *Emphasis and Contradictions: Modernism around 1900*

Beate Söntgen

Die Zeit um 1900 war eine emphatisch moderne. Zumindest in der europäischen und US-amerikanischen Kunst. Die schon im späten 18. Jahrhundert deklarierte Zweckfreiheit der Kunst fand in der Abstraktion eine radikale Zuspitzung: Die Eigengesetzlichkeit der Kunst zeige sich in der Ausdruckskraft der je spezifischen künstlerischen Mittel. Im Fall der Malerei etwa waren es, nun auch in nicht-figuraler Form, Linie und Farbe auf der Fläche; die Druckgraphik wurde aus ihrer meist dienenden Funktion entlassen und als expressives Medium entdeckt. Zugleich aber wurde erneut die Forderung erhoben, dass die Kunst sich mit dem Leben verbinden müsse. Die Architektur galt als Leitmedium eines alle Bereiche des Lebens umfassenden Gestaltungswillens. Die Reformbewegungen, die bereits in der Mitte des 19. Jahrhunderts eingesetzt hatten, richteten sich nicht nur auf die Hüllen des Menschen, also auf Kleider und Wohnung, sondern auch auf Körper und Geist. Bekämpft wurden negative Folgen der Industrialisierung, die durch Natur, Licht, Luft und oft esoterische Erlösungstheorien kuriert werden sollten. Der Werkbund hingegen setzte auf die Veredelung von Kunst und Handwerk und sorgte für ein Kulturschutzgesetz, das auch Gebrauchskunst wie Reklame einschloss. Die neue Wertschätzung für künstlerische Arbeit in Gebrauchszusammenhängen, seien es Plakate, Bühnenbilder oder Alltagsgegenstände wie Möbel und Geschirr, führte zu einer Aufwertung des zuvor verpönten Dekorativen. Es gewann den Status einer Ausdrucksform zurück, bis das Bauhaus die gestalterische Idee auf ein rationalisiertes Gesamtkonzept gründete.

Diese Entwicklungen sind erwachsen aus der langen Geschichte der Moderne, die mit der Aufklärung begann. Von nun an sollte Kunst aus sich selbst heraus verständlich sein, ohne literarische Bildung und Vorbilder, und im Dienste der ästhetischen wie ethischen Entwicklung stehen. Programmatische Zeitschriftentitel wie DIE KUNST FÜR ALLE oder die Entwicklung einer „Schule des Sehens" im Museum zeigten die Fortsetzung solcher Bestrebungen um 1900 an.

Die Realismen des 19. Jahrhunderts, die sich auf das Sichtbare in seiner zufälligen Gestalt

The time around 1900 was an emphatically Modernist period. At least in European and American art. In the late 18th century art had already been declared free of any purpose and this was then given a radical turn in the form of abstraction: Art's own rules were now ostensibly revealed in the expressivity of the respective artistic means. In the case of painting, for example, this now included non-figurative shapes, lines and colors on a canvas; prints were now liberated from their mainly subservient function and discovered as an expressive medium in their own right. At the same time, there was a renewed call for art to ally with life. Architecture was considered the main medium of a creative enterprise that embraced all walks of life. The Reform movements that had arisen as early as the mid-19th century, focused not only on people's outer appearances, i.e. their clothes and homes, but also on the body and mind. Not only were the negative consequences of industrialization combatted – to be cured by nature, light, air and often by esoteric theories of salvation. By contrast, the Werkbund sought to enhance arts and crafts and helped bring about a law for the protection of culture that also covered utility art and advertising. The new appreciation of artistic efforts in the utilitarian domain, be it posters, stage sets, or everyday objects such as furniture and tableware, led to the decorative, previously scorned, being accorded a greater status. It now regained a reputation as a form of artistic expression – until the Bauhaus gave the creative idea foundations in a rationalized overall concept.

These developments emerged from the long history of Modernity that commenced with the Enlightenment. From then on, art was to be comprehended on its own terms, without reference to a literary education or role models, and to stand in the service of aesthetic and ethic education. Programmatic magazine titles such as DIE KUNST FÜR ALLE (Art for All) or the development of a "school of vision" in a museum indicate how such efforts persisted around 1900.

The realisms of the 19th century that focused on the visible in its chance guise and rejected the tradition of the academies regained momentum

konzentrierten und sich gegen die akademische Tradition wendeten, gewannen um 1900 noch einmal Durchschlagskraft, in neuer Gestalt und nun fokussiert auf Effekte der Wahrnehmung oder der Optik.

Parallel und als Gegenbewegung zu den Realismen – aus genau solchen Gegenbewegungen speist sich die Entwicklungsgeschichte der Moderne – entstanden neue Formen des Idealismus. Mit ihrer reduzierten Formensprache und dem Anspruch, gerade durch sie eine Botschaft zu vermitteln, die über das Dargestellte und die schiere Materialität der Darstellung hinausging, waren diese Kunstformen oft nah an den künstlerischen Positionen, die sich als Avantgarden deklarierten. Es gehört zu den Paradoxien der Zeit, dass ein heute kaum bekannter Maler wie Pierre Puvis de Chavannes mit seinen antikisierenden, weltentrückten Szenen prägend wurde für Künstler, die wir heute wegen ihrer Form- und Farbexperimente als Gründungsfiguren der Moderne, als Wegbereiter der Abstraktion feiern, etwa für Gauguin, Cézanne oder Matisse. Gauguin wiederum, von jüngeren Künstlern als prophetische Figur verehrt, wurde zum abwesenden Begründer einer in sich gespaltenen Bewegung, der Nabis. Während die einen das spirituelle Potenzial der Kunst aus deren spezifischen Mitteln gewinnen wollten, widmeten sich die anderen leidenschaftlich dem modernen städtischen Leben, das sie mit unterschiedlichsten Techniken und Medien zur Darstellung brachten.

Paris war auch um 1900 noch die Hauptstadt der Moderne, als die Walter Benjamin die Kunstmetropole mit Bezug auf das 19. Jahrhundert gesehen hat. Bald sollte Paris diese Rolle aber an New York abtreten müssen; die ARMORY SHOW von 1913 war hier ein entscheidender Schritt. Andere Länder waren weniger zentralistisch organisiert als Frankreich. So gab es in Deutschland zwar auch eine zunehmende Fokussierung auf Berlin, doch waren München, Dresden oder das Rheinland Orte mit eigenständiger künstlerischer Produktivität. Die im 19. Jahrhundert so mächtigen Akademien verloren an Einfluss, auch wenn die meisten Künstler immer noch an

around 1900, albeit in a new shapes, now concentrating on the effects of perception or on optics. Parallel and as a counter-movement to the realisms (and the history of the development of Modernism stems precisely from such counter-movements) new forms of Idealism arose. With their reduced formal vocabularies and the wish to use those languages precisely to convey a message that went beyond what was represented and the sheer materiality of the representation, these forms of art often came close to artistic positions that declared themselves to be avant-garde. One of the paradoxes of the say was that a painter like Pierre Puvis de Chavannes who is hardly known today and created scenes that seemed remote from the world while espousing a return to Classical Antiquity inspired artists who thanks to their experiments with form and color we now celebrate as founding fathers of Modernism and as the trailblazers of abstraction – such as Gauguin, Cézanne or Matisse. Gauguin in turn, revered by younger artists as a prophetic figure, became the absent founder of an internally torn movement, Les Nabis. While the one half sought to tap into the spiritual potential of art using means specific to it, the other dedicated itself passionately to modern urban life, which it depicted with a variety of techniques and means.

Around 1900 Paris was also the capital of Modernity, as Walter Benjamin considered that metropolis of art with reference to the 19th century. Soon Paris would have to cede this role to New York; the ARMORY SHOW of 1913 marked a decisive milestone down this road. Other countries were less centralist in structure than was France. In Germany, for example, there was an increasing focus on Berlin, but Munich, Dresden and the Rhineland were independent centers of artistic endeavor. The influence of the academies that had been so important in the 19th century waned, even if most artists still trained in them. Alongside the Idealism (with its presence in the academies) and its opposite, Realism, in swift succession new and usually programmatic styles arose, the isms that ranged from Symbolism via Impressionism to Expressionism, Cubism,

ihnen ausgebildet wurden. Neben dem akademisch vertretenen Idealismus und seinem Gegenpart, dem Realismus, entstanden in rascher Folge neue, meist programmatische Stilrichtungen, die sog. Ismen, die vom Symbolismus über den Impressionismus bis hin zum Expressionismus, Kubismus, Futurismus, Dadaismus und Surrealismus reichten. Begleitet wurden sie von Manifesten, in denen die Wahl der Formen und Darstellungsweisen kunstimmanent, metaphysisch oder politisch begründet wurde. Künstler schlossen sich zu Gruppierungen zusammen, um ihre Interessen jenseits von Institutionen zu vertreten, sei es in den Sezessionsbewegungen des ausgehenden 19. Jahrhunderts, die sich in München, Berlin und Wien rasch etablieren konnten, sei es in Künstlerkolonien, die sich jenseits der Zentren formierten, um zu eigenständigem Ausdruck zu finden, wie dies schon die Schule von Barbizon in der Mitte des 19. Jahrhunderts vorgelebt hatte.

Auch in geschlechterpolitischer Hinsicht war die Jahrhundertwende eine von Paradoxien und Ambivalenzen durchzogene Zeit. Die Figur der FEMME FATALE, die die Literatur und die Bildwelt des Theaters, der Malerei und der Fotografie bevölkerte, sollte Frauen aus dem Korsett bürgerlicher Kontur lösen und sie als selbstbestimmte, souveräne sexuelle Wesen anerkennen. In der Fetischisierung des begehrenden, bedrohlichen „Weibes" lag zugleich eine realitätsferne Entrückung, die die sozialen und politischen Fragen der Geschlechterdifferenz verdrängte. Mit der Aufwertung des Kunsthandwerks entstanden im künstlerischen Bereich neue Betätigungsfelder für Frauen. Oft handelte es sich aber nur um Ausführungen nach Entwürfen männlicher Kollegen. Die Ausbildung an Akademien war Künstlerinnen nach wie vor verwehrt. Sie mussten sich autodidaktisch in Ateliers bilden, wo sie oft als Modell arbeiteten, oder sich an einer Privatakademie einschreiben, wie etwa Lovis Corinth eine betrieb. Mit zunehmender Individualisierung der künstlerischen Ausbildung eröffneten sich ihnen zwar neue Zugangsmöglichkeiten. Dabei entstanden aber auch neue missbräuchliche Verhältnisse,

Futurism, Dadaism and Surrealism. They were accompanied by manifestoes that justified the choice of forms and modes of representation either with terms intrinsic to art, metaphysically or politically. Artists joined forces in groups to champion their interests over and beyond the institutions, be it in the form of the Secessionist movements of the end of the 19th century that swiftly arose in Munich, Berlin and Vienna, or in artists colonies that emerged outside the centers and sought to develop an expressive thrust of their own, such as had already occurred with the Barbizon school in the mid-19th century.

In terms of gender policy, the turn of the 20th century was also marked by paradoxes and ambivalences. The figure of the FEMME FATALE that populated literature and the images in theater, painting and photography, was intended to liberate women from the corset of bourgeois convention and recognize them as self-determined, sovereign sexual beings. Yet the fetishization of the desirous and threatening "vamp" also entailed a displacement that repressed the social and political issues of gender difference in favor of a sphere far from reality. With the greater status accorded the arts and crafts new fields of activity opened up for women in the arts. However, often this was nothing more than realizing designs made by their male colleagues. Women continued to be barred from education in the academies. They had to teach themselves in studios where they often worked as models, or had to enroll at a private academy such as Lovis Corinth ran. As artistic training became more individualized, new avenues opened up to them, although this also led to new forms of abuse, specifically between painters who tended to be men, and often very young models, who were women – all of which was masked behind the banner of the new freedom of the body and thought.

The role of new media, technologies and exhibition forms should not be underestimated in the emergence of Modernism. Around 1900 there was a wealth of journals, be it ones that were elaborately designed in artistic terms such as REVUE BLANCHE or DIE JUGEND, be it self-instruction guides such as DIE KUNST FÜR ALLE

gerade zwischen meist männlichem Maler und weiblichem, oft noch sehr jungem Modell, häufig unter der Überschrift einer neuen Freiheit des Körpers und des Denkens.

Kaum zu unterschätzen in der Entwicklung der Moderne ist die Rolle neuer Medien, Technologien und Ausstellungsformen. Um 1900 gab es eine Fülle von Zeitschriften, seien es aufwendig künstlerisch gestaltete wie die REVUE BLANCHE oder DIE JUGEND, seien es Ratgeber wie DIE KUNST FÜR ALLE (später DIE KUNST UND DAS SCHÖNE HEIM), die ihr Themenspektrum auf alle Bereiche der Alltagsgestaltung ausdehnten und reich illustriert wurden. Neben den Weltausstellungen, die seit 1851 stattfanden, entstand eine große Zahl von Kunstgewerbe- und Hygieneausstellungen, in denen sich künstlerische, handwerkliche und industrielle Praktiken auf vielfältigste Weise verbanden. Gezeigt wurden zum Beispiel ganze Interieurs, in denen die Vorstellung von der Wohnung als Pars pro Toto für das Leben und als Gesamtkunstwerk anschaulich wurde. Die zunehmende Elektrifizierung veränderte nicht nur die Haushalte, sondern auch die Vergnügungsformen, die, wie das Varieté zeigt, wiederum künstlerische Formen und Medien, vor allem Plakatkunst, inspirierte.

In den Jahren vor dem Ersten Weltkrieg waren eine Politisierung und Nationalisierung auch der Kunst zu verzeichnen. Der Krieg wurde gerade in Deutschland von erstaunlich vielen Künstlern und Intellektuellen freudig erwartet als „reinigendes" Ereignis, das negativ konnotierte Zivilisationserscheinungen wie „Erschlaffung" gerade des „männlichen Geistes" mit einem Donnerschlag beseitigen sollte – ein Effekt der breit rezipierten Schriften von Nietzsche. Der wieder entfachte Nationalismus hatte auch ökonomische Hintergründe, wie der von Carl Vinnen initiierte Aufruf EIN PROTEST DEUTSCHER KÜNSTLER zeigte, der sich gegen Ankäufe französischer Kunst durch deutsche Museen richtete. Gleichzeitig interessierten sich Künstler für „primitive" Kulturen, deren als naturhaft und kraftvoll beschriebene Erzeugnisse als Quelle der Erneuerung der eigenen Kunst dienen sollten. So war in der Zeit ihrer emphatischen Formierung die Moderne ein in vieler Hinsicht widersprüchliches Phänomen.

(later DIE KUNST UND DAS SCHÖNE HEIM) that expanded their subject matter to include all paths of everyday design and were lavishly illustrated. Alongside the world expositions, the first taking place in 1851, there was a large number of arts-&-crafts and hygiene exhibitions that were linked in countless ways with artistic, crafts and industrial practices. For example, entire interiors went on show, visualizing the idea of the apartment as pars pro toto for life, as gesamtkunstwerk. Increasing electrification not only changed homes, but also forms of entertainment, which, as variety theater demonstrates, in turn inspired artistic genre and media, above all poster art.

In the years prior to World War I, art, too, became politicized and caught up by nationalism. Precisely in Germany, a surprising number of artists and intellectuals joyfully awaited the outbreak of war, expecting it to have a "purifying" impact, eradicating negatively connoted phenomena of modern civilization such as the "softening" of the "male spirit" with a bang – one effect of Nietzsche's widely-read writings. There were also economic reasons behind the rekindled nationalism, as the EIN PROTEST DEUTSCHER KÜNSTLER (A Protest by German Artists) manifesto initiated by Carl Vinnen shows – it clamored against German museums acquiring the works of French artists. At the same time, artists became interested in "primitive" cultures, which they felt produced close-to-natural and powerful artefacts that could serve to rejuvenate Western art. In other words, in the period when it emphatically formed, Modernism was a phenomenon that was full of contradictions.

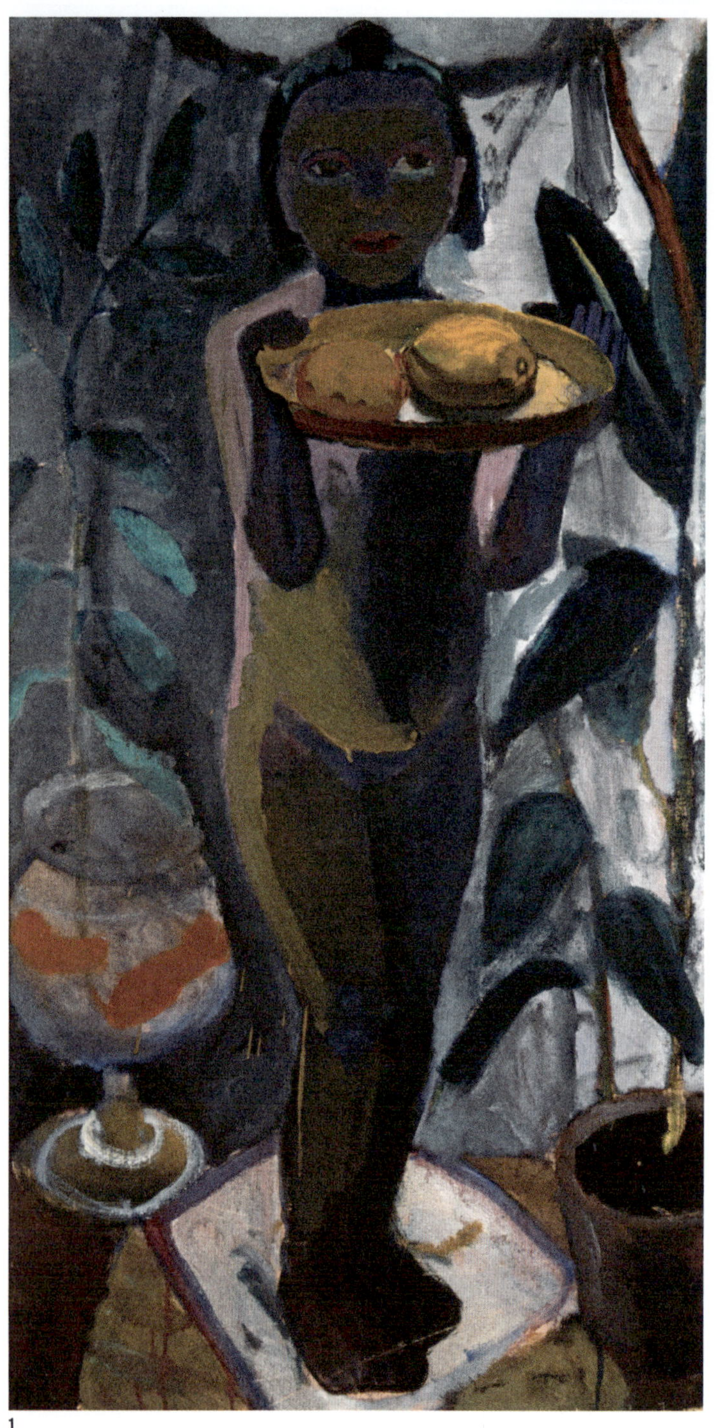

1

1 PAULA MODERSOHN-
BECKER
Kinderakt mit Goldfischglas /
*Nude Child with Goldfish
Bowl*, 1906/1907; Öl auf
Leinwand / *Oil on canvas*;
Bayerische Staats-
gemäldesammlungen,
Sammlung Moderne Kunst /
Modern Art Collection; 1964
erworben als Schenkung von /
Acquired 1964 as a gift from
Sofie und / *and* Emanuel Fohn

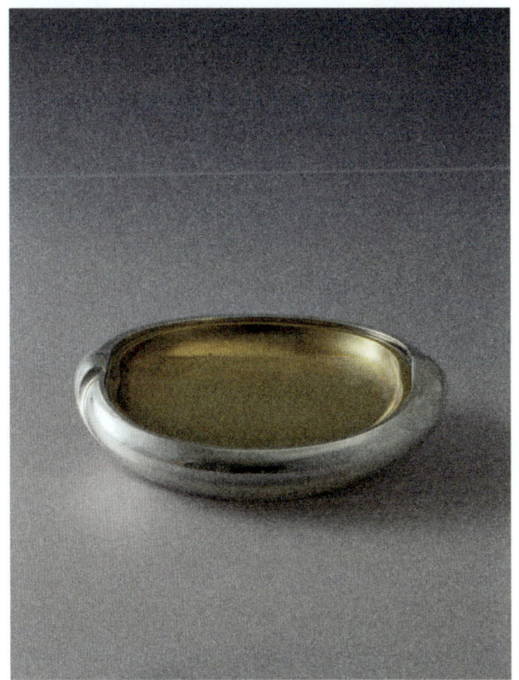

2

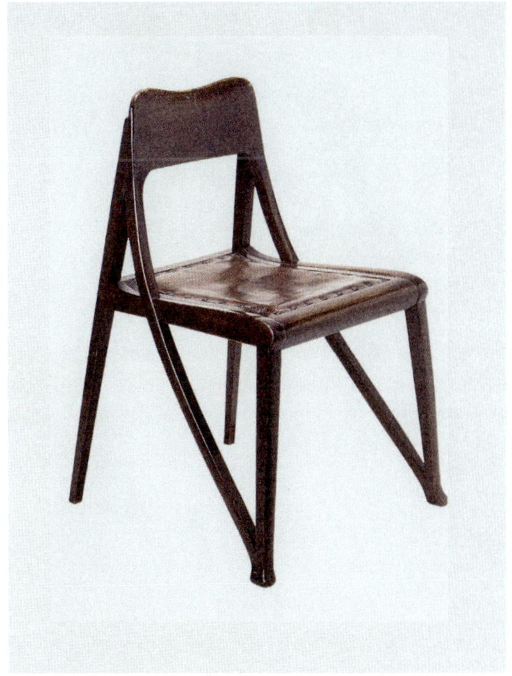

3

Eine Linie ist eine Kraft. / *A Line is power.*

HENRY VAN DE VELDE, 1902

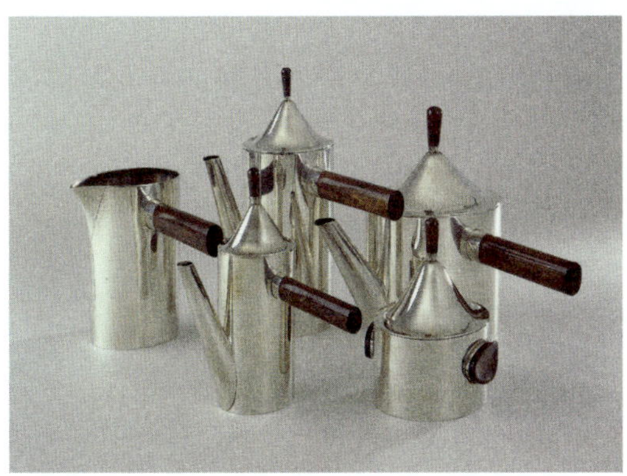

4

2 HENRY VAN DE VELDE
Konfektschale, Nr. 1313 /
Confectionery dish, no. 1313,
1902/03; Silber, innen
vergoldet / *Silver, gold plated
on the inside*; Hofjuwelier /
Court jeweler Theodor Müller,
Weimar; Die Neue Sammlung –
The Design Museum

3 RICHARD RIEMERSCHMID
Musikzimmerstuhl / *Music
room chair*, 1898/99; Holz,
Leder / *Wood, leather*;
Vereinigte Werkstätten
für Kunst im Handwerk,
München; Die Neue
Sammlung – The Design
Museum

4 JOSEF HOFFMANN
Tee- und Kaffeeservice / Tea
and coffee service, 1904;
Silber, Ebenholz / Silver,
ebony; Wiener Werkstätte,
Wien / *Vienna*; Die Neue
Sammlung – The Design
Museum

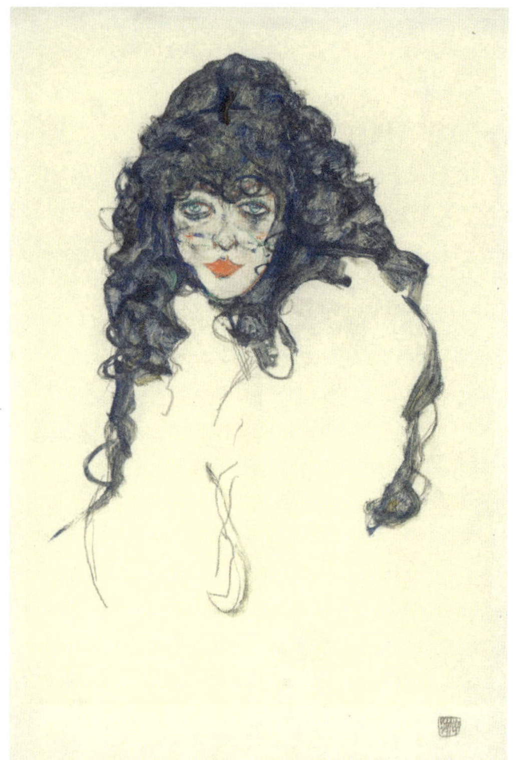

5

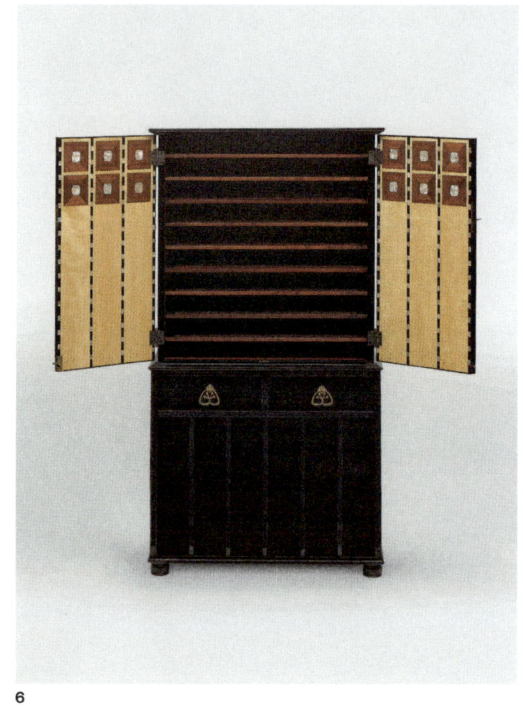

6

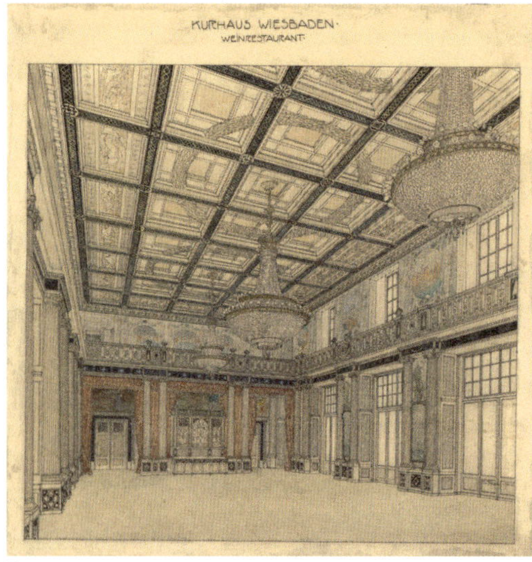

7

5 EGON SCHIELE
Mädchenkopf / *Head of a girl*,
1914; Bleistift auf Papier /
Pencil on paper; 37 x 26 cm;
Staatliche Graphische
Sammlung München

**6 MACKAY HUGH BAILLIE
SCOTT**
Notenschrank Modell 2465 /
*Sheet music cupboard model
2465*, 1903/1905; Holz, Metall,
Perlmutt, Elfenbein / *Wood,
metal, mother-of-pearl, ivory*;
Dresdner Werkstätten für
Handwerkskunst, Dresden;
Die Neue Sammlung – The
Design Museum; Erworben
mit Unterstützung der /
*Acquired with the support
of the* Ernst von Siemens
Kunststiftung

**7 FRIEDRICH VON
THIERSCH**
Kurhaus / *Health resort,*
Wiesbaden, 1902–1907;
Weinrestaurant / *Wine
restaurant*, 1906; Bleistift,
Feder, aquarelliert auf
Papier / *Pencil, pen and
ink, watercolor on paper*;
Architekturmuseum der
TU München

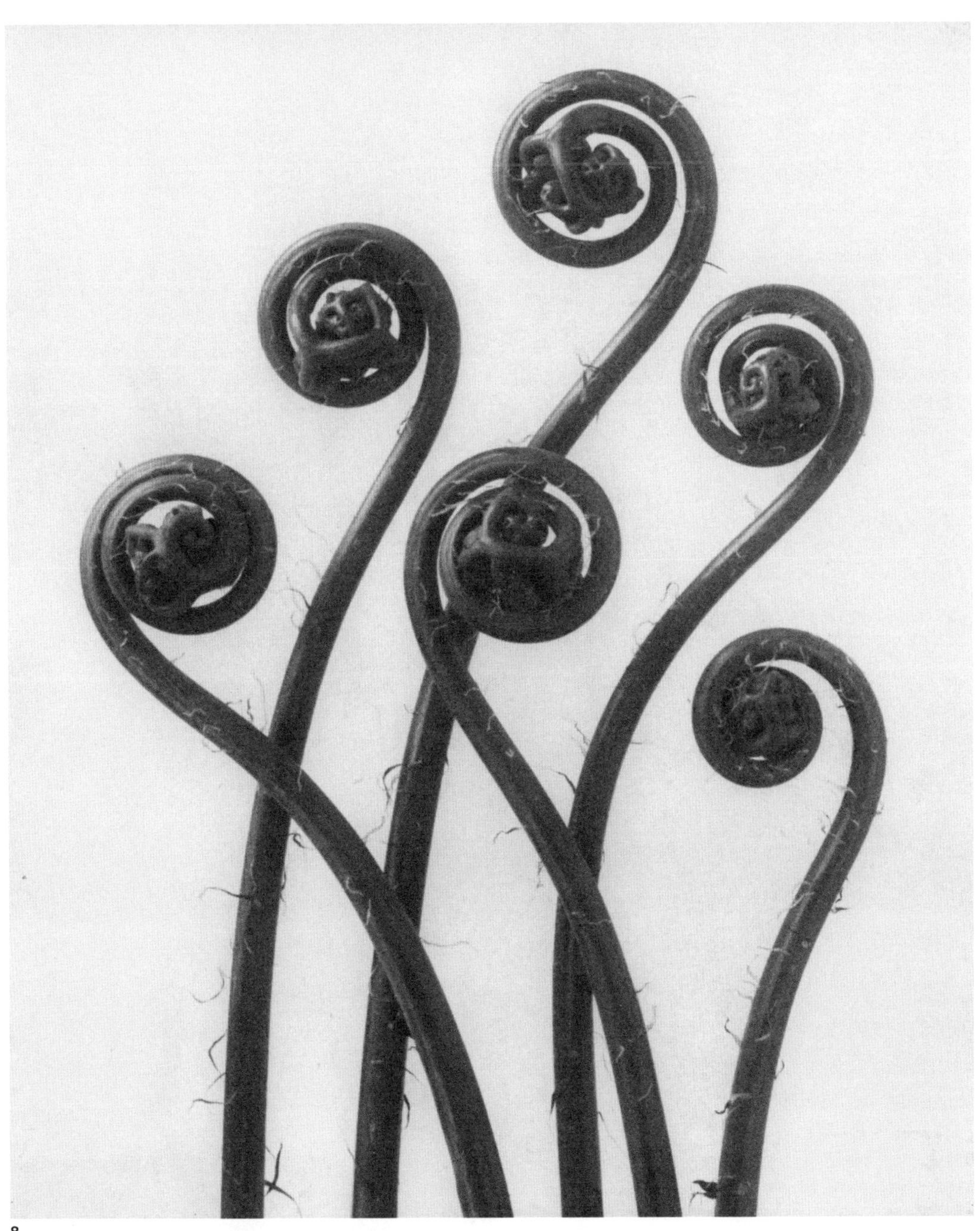

8

8 KARL BLOSSFELDT
Adiantum Pedatum.
Haarfarn / *Serpentine
Maidenhair Fern*, 1900–1926;
Silbergelatineabzug / *Gelatin
silver print*; Bayerische
Staatsgemäldesammlungen,
Sammlung Moderne Kunst /
Modern Art Collection, 2010;
Stiftung Ann und Jürgen
Wilde / *Ann und Jürgen Wilde
Foundation*

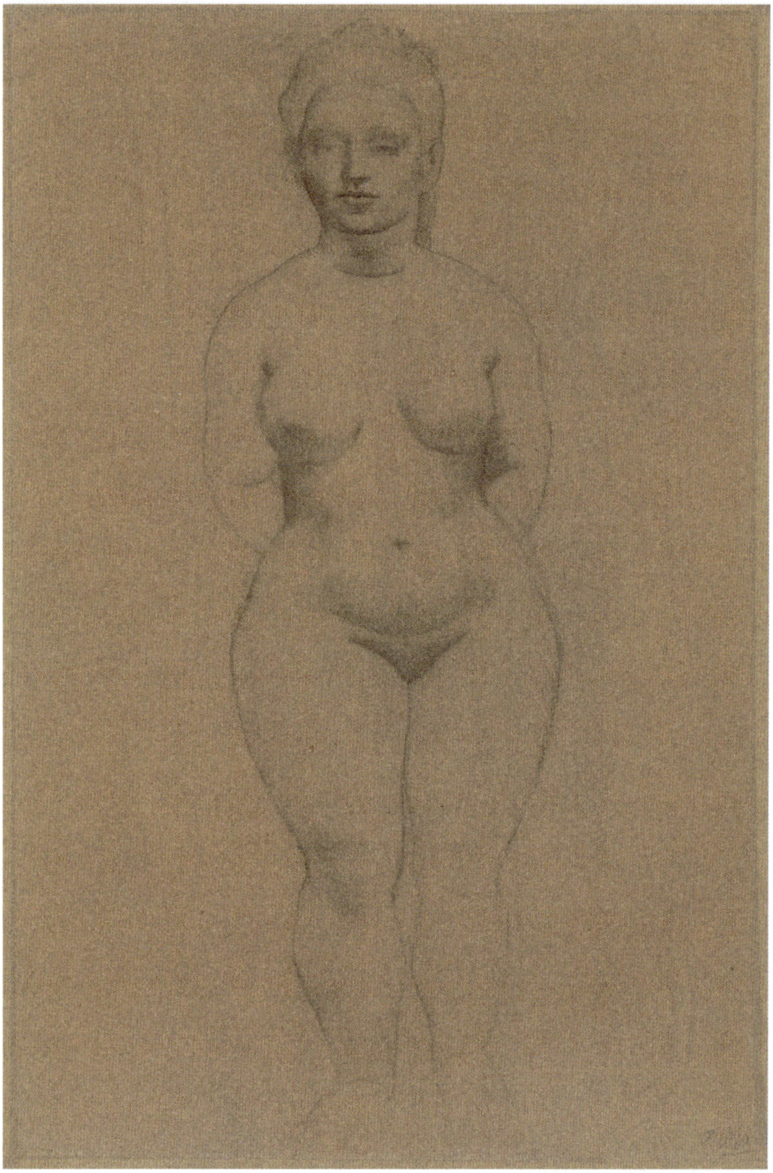

9

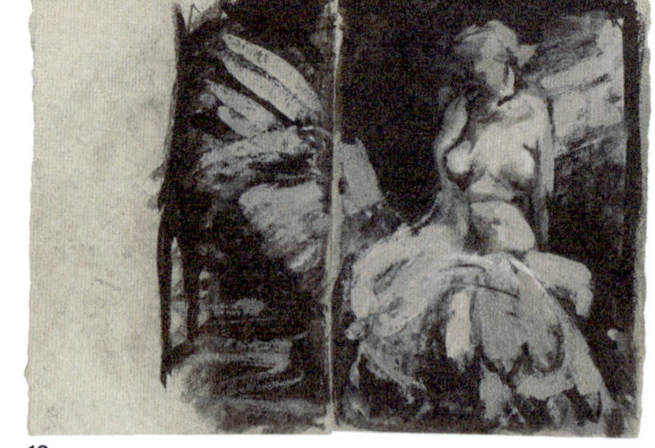

10

9 PABLO PICASSO
Weiblicher Akt / *Female
Nude*, 1905/06; Kohle auf
Papier / *Charcoal on paper*,
58,6 x 38,4 cm; Staatliche
Graphische Sammlung
München

10 FRANZ MARC
Leda mit dem Schwan /
Leda and the Swan, 1907;
Tempera und Kreide auf
Papier / *Tempera and chalk
on paper*, 29,2 x 38,8 cm;
aus Skizzenbuch II / *from
Sketchbook II*, 1904–1908;
Staatliche Graphische
Sammlung München

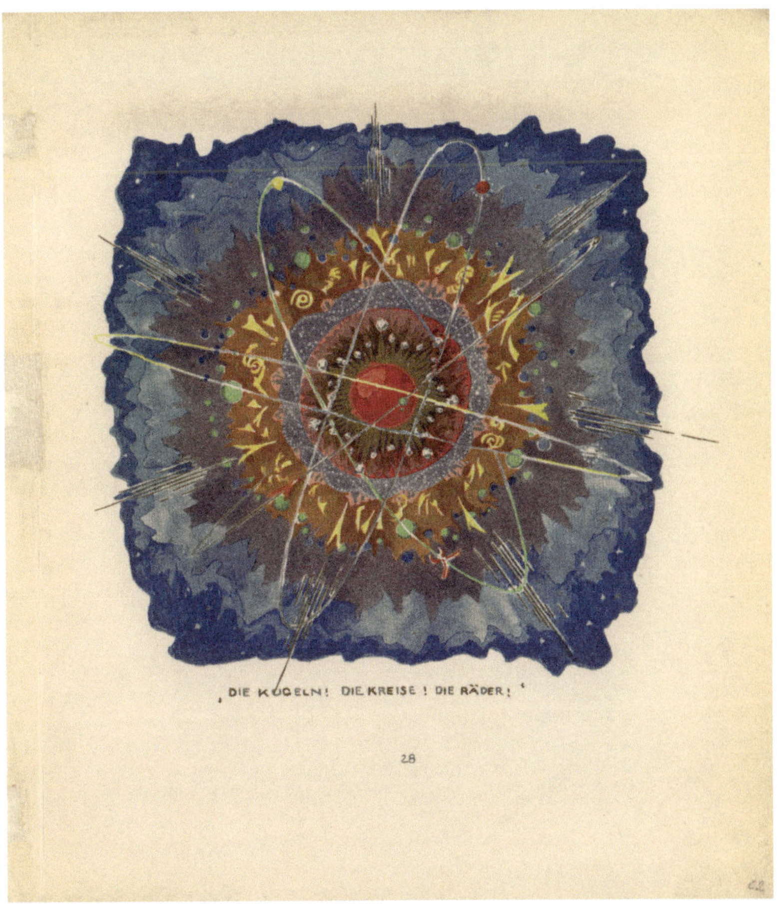

11

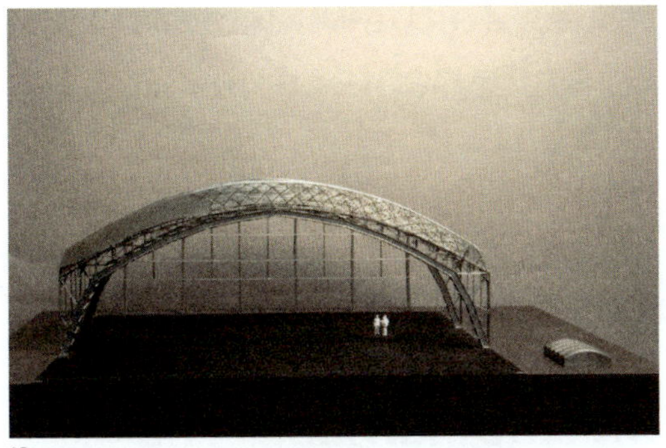

12

Kunst gibt nicht das Sichtbare wieder, sondern macht sichtbar. / *Art does not reproduce what we see; rather it makes us see.*

PAUL KLEE, 1918

11 BRUNO TAUT
Alpine Architektur / *Alpine Architecture*, 1917–1919; **Sternsystem /** *Galaxy*; **Druck auf Papier, kaschiert auf Karton /** *Print on paper, laminated on cardboard*; **Architekturmuseum der TU München**

12 VLADIMIR SUCHOV
Blechwalzwerk Vyksa (Russland) / *Vyksa Steel Works (Russia)*, **1897–1898; Studentischer Modellnachbau /** *Student model replica* **150; Kunststoff, Holz /** *Plastic, wood*; **Architekturmuseum der TU München**

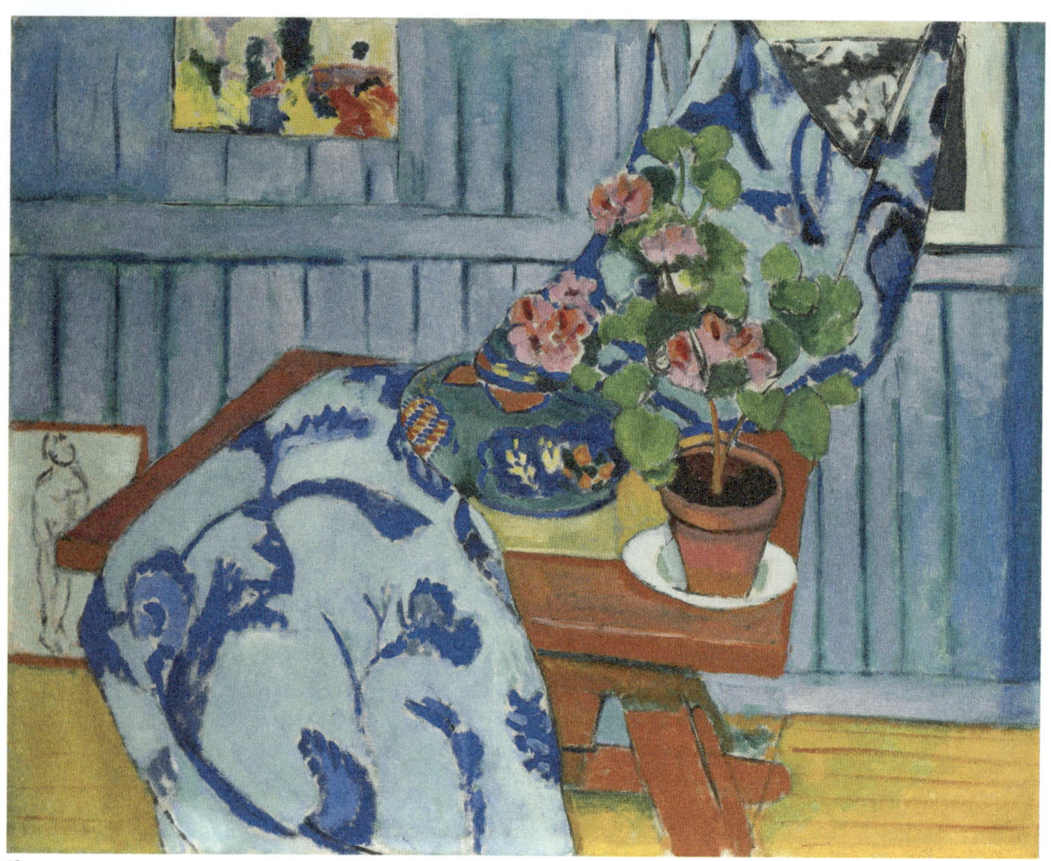

13

Es gibt ein altes und ein neues Zeitbewusstsein. Das alte richtet sich auf das Individuelle. Das neue richtet sich auf das Universelle. / *There is an old and a new consciousness of time. The old is connected with the individual. The new is connected with the universal.*

13 HENRI MATISSE
Stillleben mit Geranien /
Still Life with Geraniums,
1910; Öl auf Leinwand /
Oil on canvas; Bayerische
Staatsgemäldesammlungen,
Sammlung Moderne Kunst /
Modern Art Collection; 1912
erworben als Schenkung von
Marcus Kappel im Rahmen
der Tschudi-Spende /
*Acquired 1912 as a gift from
Marcus Kappel as part of the
Tschudi donation*

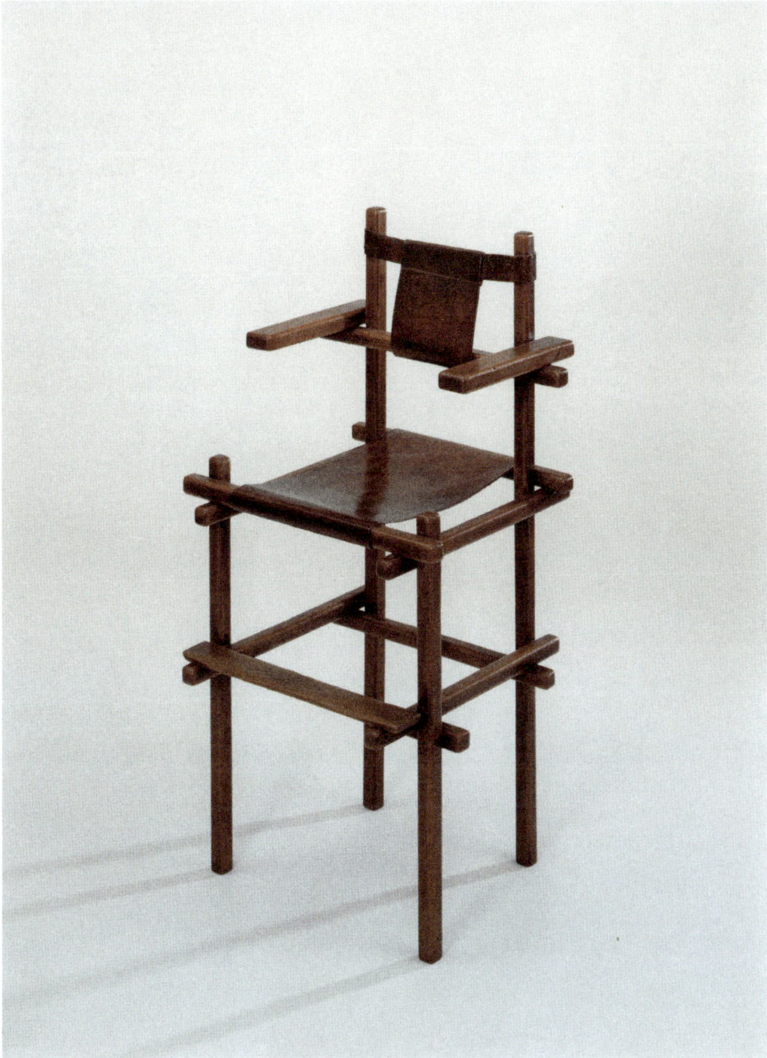

14

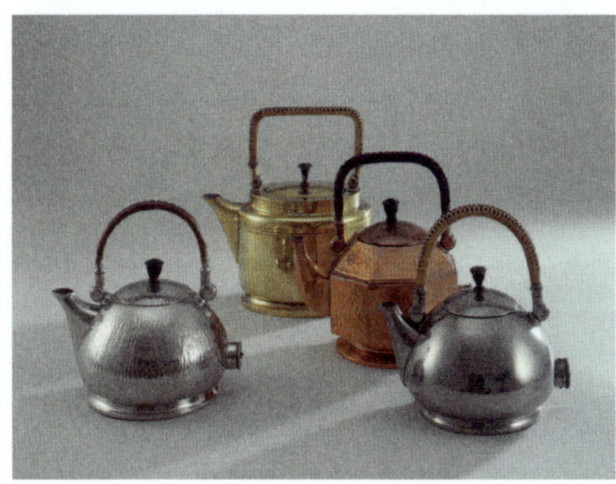

15

14 GERRIT THOMAS
RIETVELD
Kinderhochstuhl / *Infants'
highchair*, 1919; Holz und
Leder / *Wood and leather*;
Gerrit Thomas Rietveld,
Utrecht; Die Neue Sammlung –
The Design Museum

15 PETER BEHRENS
Elektrische Wasserkessel /
Electric kettles, 1908/09;
Metall, Rohrgeflecht / *Metal,
wickerwork*; AEG, Berlin;
Die Neue Sammlung –
The Design Museum

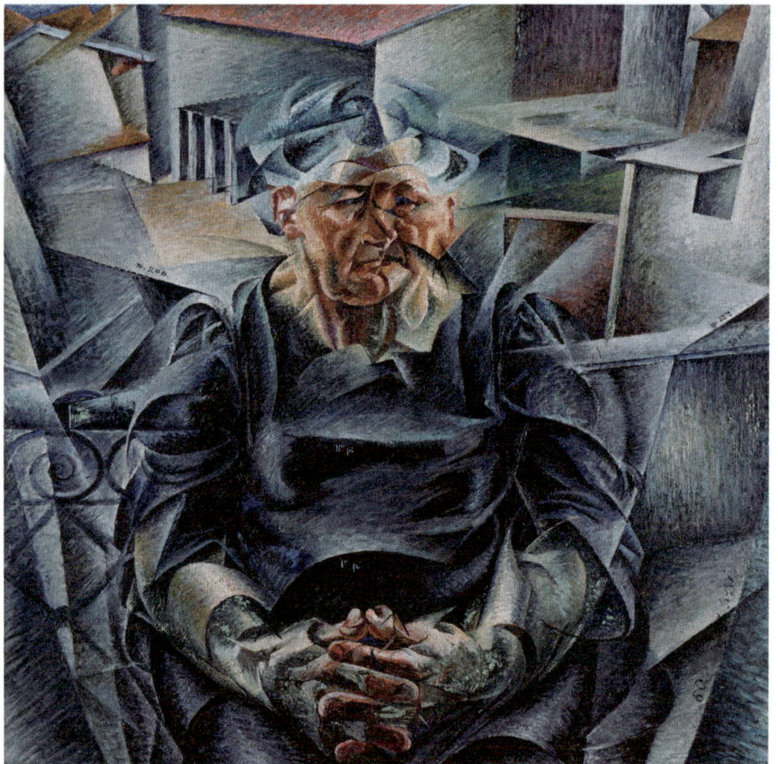

16

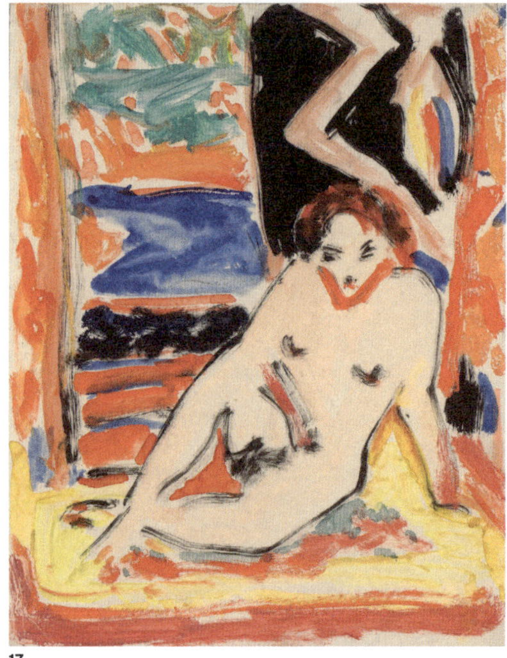

17

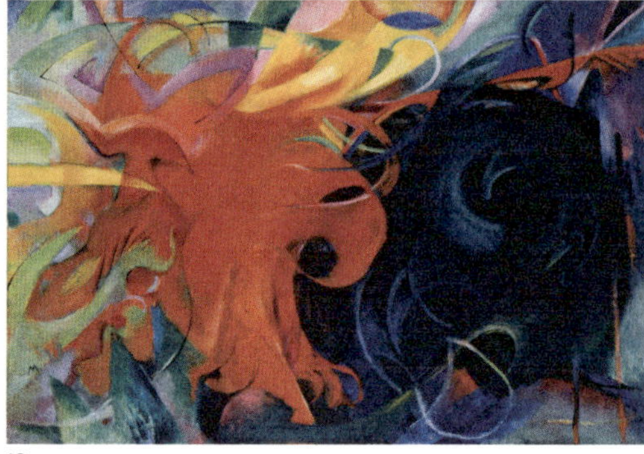

18

16 UMBERTO BOCCIONI
Volumi orizzontali, 1912;
Öl auf Leinwand / *Oil
on canvas*; Bayerische
Staatsgemäldesammlungen,
Sammlung Moderne Kunst /
Modern Art Collection; 1979
erworben / *Acquired 1979*

17 ERNST LUDWIG KIRCHNER
Mädchenakt im Interieur /
Nude Girl Indoors (Fränzi?),
um / *around* 1910; Aquarell
und Deckfarbe auf Papier /
*Watercolor and top coat on
paper*, 45 x 35 cm;
Staatliche Graphische
Sammlung München

18 FRANZ MARC
Kämpfende Formen / *Fighting
Forms*, 1914; Öl auf Leinwand /
Oil on canvas; Bayerische
Staatsgemäldesammlungen,
Sammlung Moderne Kunst /
Modern Art Collection; 1949
erworben / *Acquired 1949*

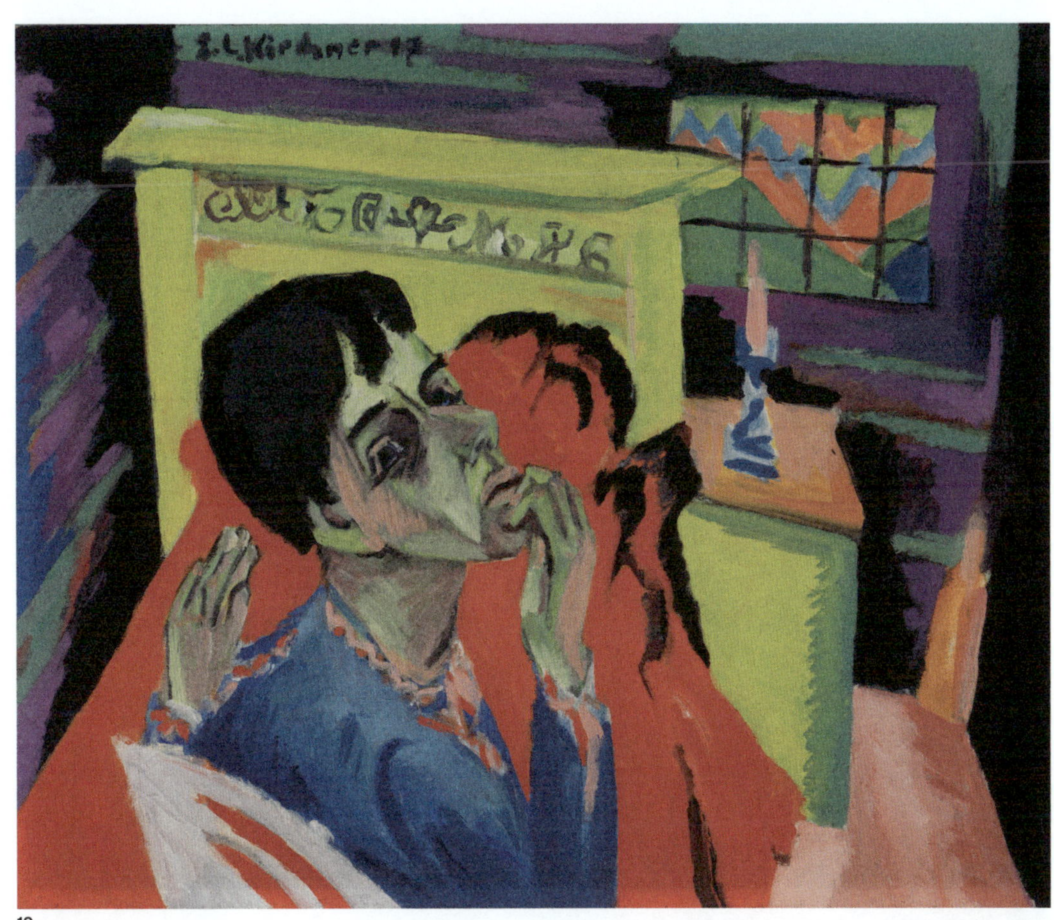

19

19 ERNST LUDWIG
KIRCHNER
Selbstbildnis als Kranker /
Self-Portrait as Sick
Man, **1918/30; Öl auf**
Leinwand auf Sperrholz /
Oil on canvas, mounted
on plywood; **Bayerische**
Staatsgemäldesammlungen,
Sammlung Moderne Kunst /
Modern Art Collection; **2002**
erworben mit Unterstützung
von / *Acquired 2002 with the*
support of **Kulturstiftung der**
Länder, Ernst von Siemens
Kunstfonds sowie / *and*
Bayerische Landesstiftung

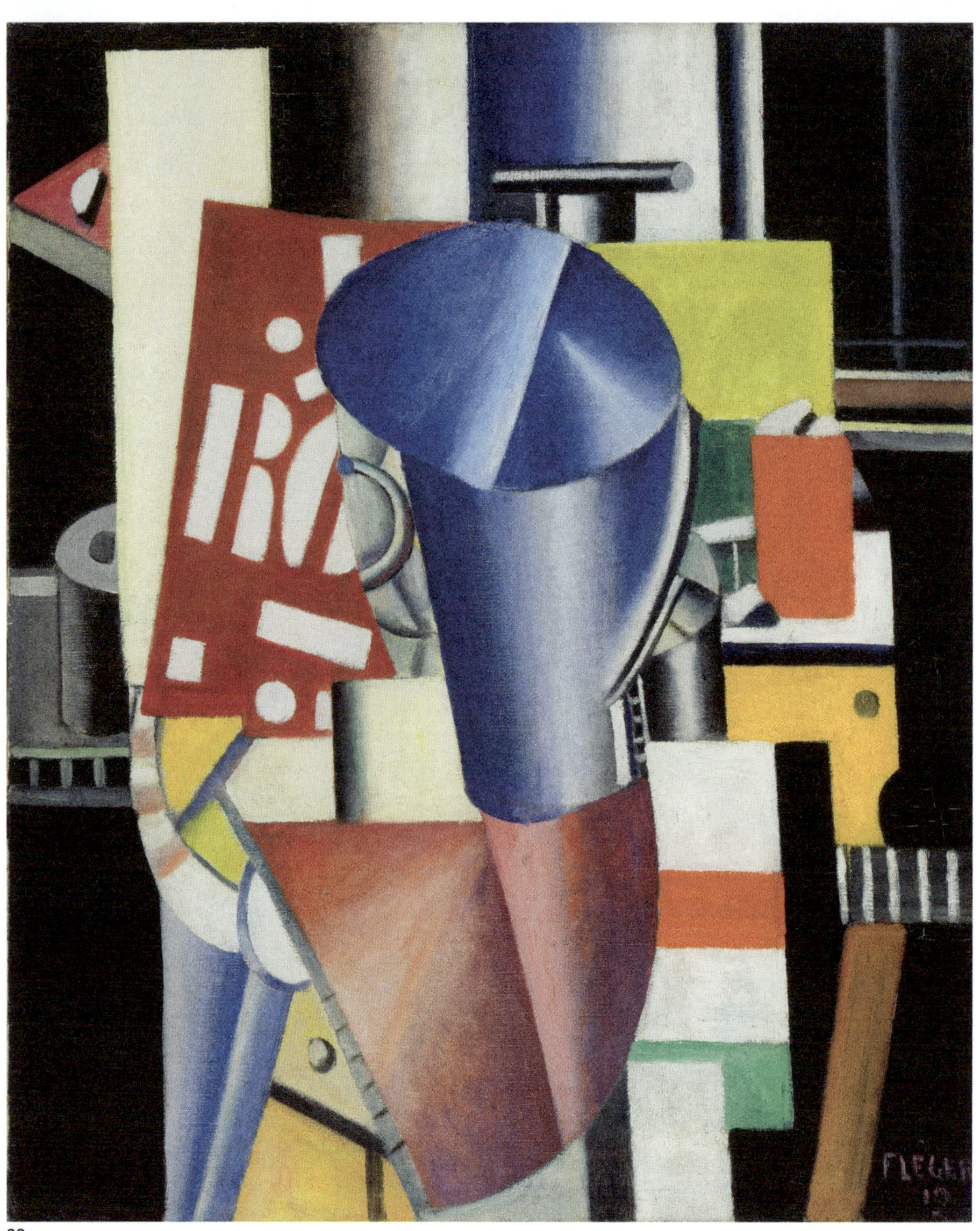

20

20 FERNAND LÉGER
Le Typographe / *The Typographer*, 1919; Öl auf Leinwand / *Oil on canvas*; Bayerische Staatsgemäldesammlungen, Sammlung Moderne Kunst / *Modern Art Collection*; 1971 erworben von / *Acquired 1971 by* PIN. Freunde der Pinakothek der Moderne

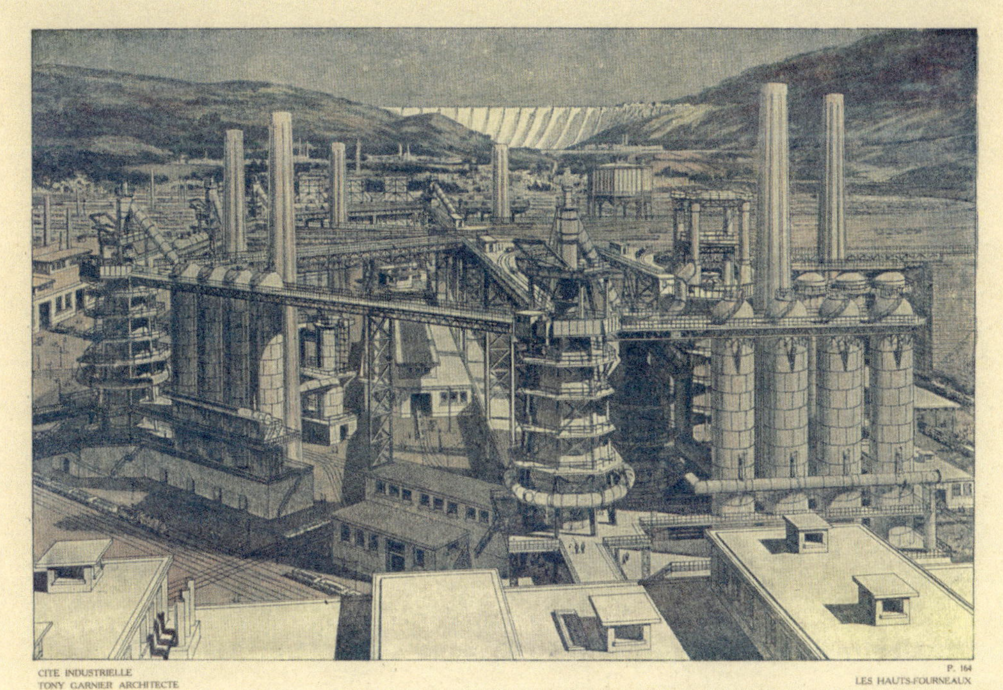

21

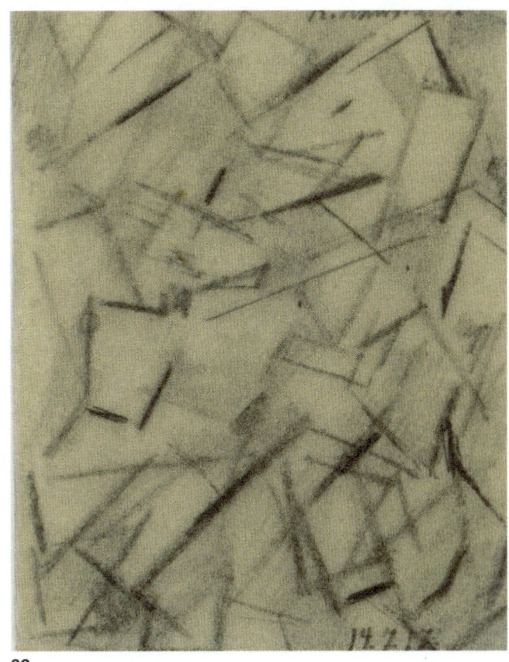

22

21 TONY GARNIER,
ÉMILE ZOLA
Le Travail, Une Cité
industrielle, 1900–1904,
Les Hauts-Fourneaux;
Druck auf Papier / *Print
on paper*; Architektur-
museum der TU München

22 KURT SCHWITTERS
Achsenzeichnung (1) / *Axial
Drawing (1)*, 1917; Bleistift
auf Papier / *Pencil on paper*;
17,6 x 12,5 cm; Staatliche
Graphische Sammlung
München

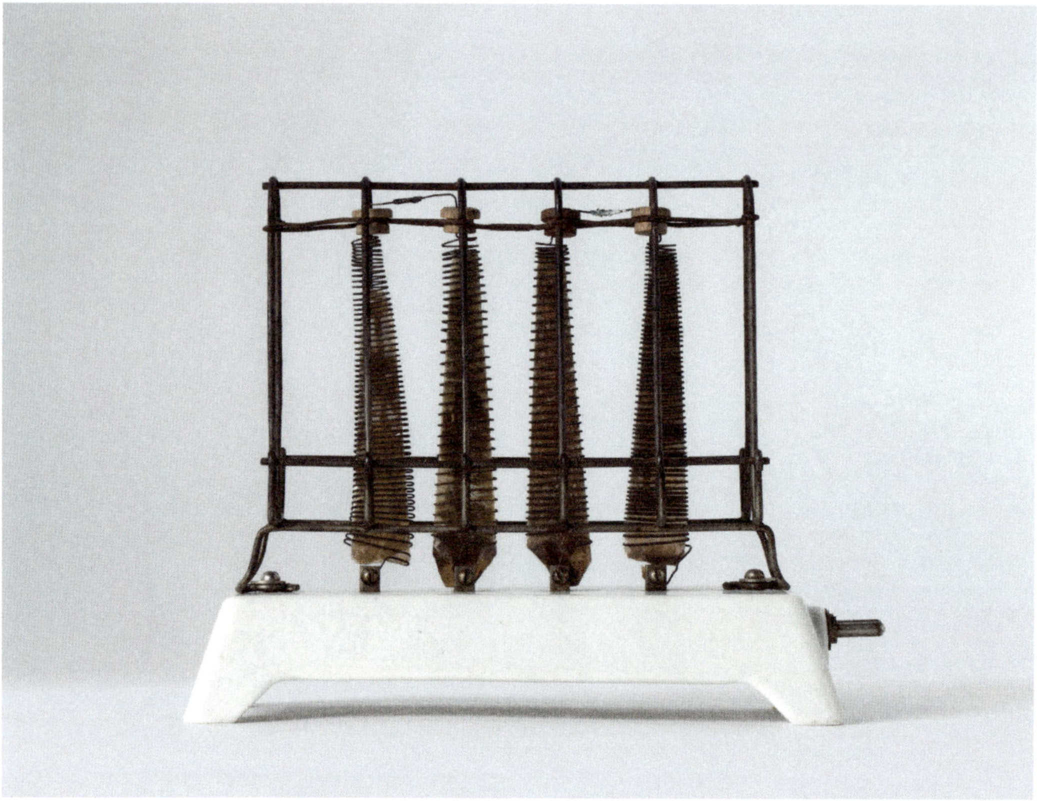

23

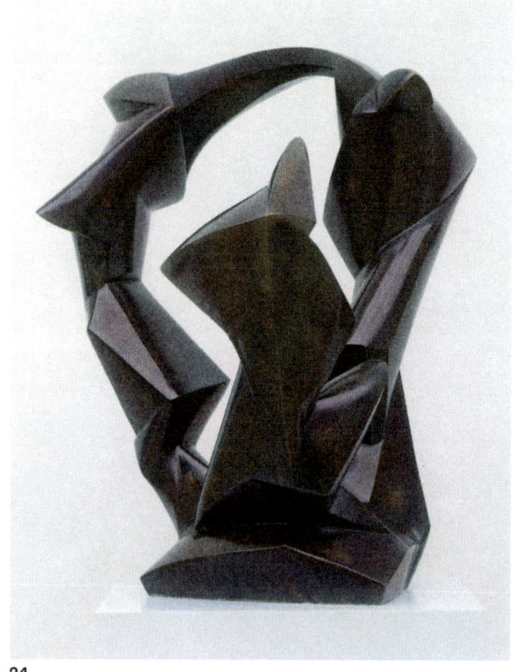

24

23 FRANK SHAILOR
Toaster Modell / *model* D-12,
1909/10; Keramik, glasiert,
Metall / *Ceramic, glazed,
metal*; General Electric,
Minneapolis; Die Neue
Sammlung – The Design
Museum

24 RUDOLF BELLING
Dreiklang / *Triad*, 1918/19;
Bronze, patiniert / *Bronze,
patinated*; Bayerische
Staatsgemäldesammlungen,
Sammlung Moderne Kunst /
Modern Art Collection; 1963
erworben / *Acquired 1963*

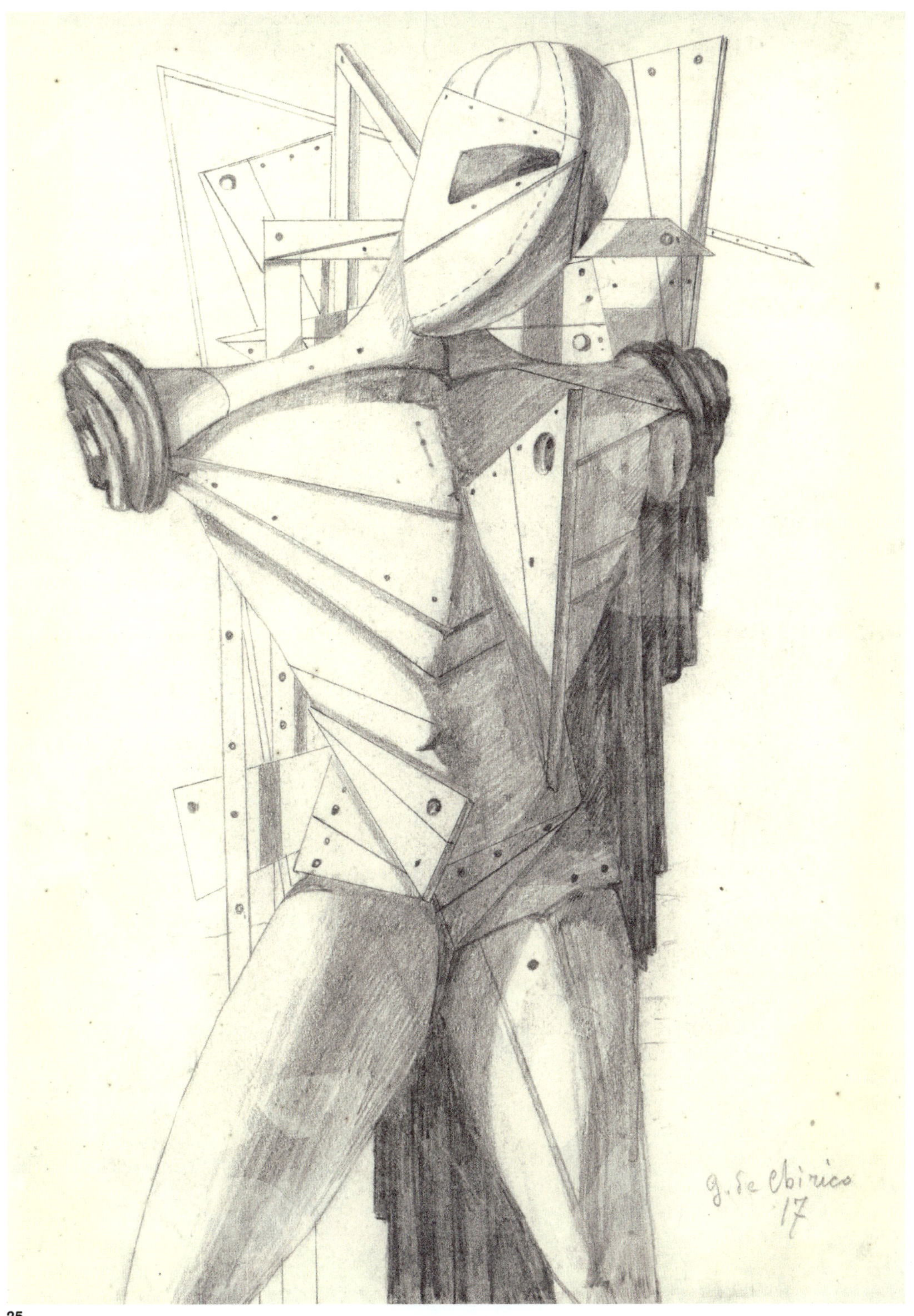

25

25 GIORGIO DE CHIRICO
Il Condottiero / *Mercenary
Leader*, 1917; Bleistift auf
Papier / *Pencil on paper*;
31,8 x 21,9 cm; Staatliche
Graphische Sammlung
München

1920
–
1929

Die Zeit der Umgestaltungen: Die 1920er Jahre /
The Era of Radical Upheaval: the 1920s

Nike Bätzner

„Was macht ihr hier, eingepfercht wie ernsthafte Schalentiere – denn ihr seid ernsthaft, nicht wahr?", wendet sich der Weltbürger Francis Picabia in seinem MANIFESTE CANNIBALE DADA am 27. März 1920 an die Besucher des Pariser Théatre de la Maison de l'Œuvre.[1] Die Dada-Bewegung will die Menschen provozieren, sich zu positionieren, sich von ihrem unterentwickelten Weichtierdasein und dem unterwürfigen Glauben an die Gültigkeit von Hierarchien zu emanzipieren. Die Ursprünge von Dada liegen zwar bereits im Jahr 1916 im Zürcher Cabaret Voltaire. Doch um 1920 schwang sich Dada zu einem euphorischen Höhepunkt auf. In Paris[2], New York[3] und Berlin fanden entscheidende Manifestationen von gemeinschaftlich auftretenden Künstlern statt, anschließend zerfiel die anarchische Rebellion in Einzelaktivitäten. Besonders polyglott und einprägsam war die ERSTE INTERNATIONALE DADA-MESSE im Juli/August 1920 in der Berliner Galerie Dr. Otto Burchard.[4] Die Dadaisten wollten Gattungs- und Geschmacksgrenzen sprengen, die Kunst mit dem Leben und gesellschaftlichen Fragen verbinden. Radikal stellten sie national-politische Sinnkonstrukte, künstlerische Stildiktate sowie das Klischee vom genialischen Künstler in Frage. Das durch Dada geprägte „Prinzip Collage"[5] ist Ausdruck einer von Destruktion und Fragmentierung geprägten Wirklichkeitserfahrung, die argwöhnisch den Zusammenbruch der „Zivilisation" erwartet.

Eingezwängt zwischen dem Ersten Weltkrieg und aufstrebenden faschistischen Kräften, waren die 1920er Jahre nur für manche „die Goldenen". In Deutschland regierte mit der Weimarer Republik das fragile Interim einer parlamentarischen Demokratie. Sieger- und Verlierermächte des Ersten Weltkriegs versuchten mit dem 1920 in Versailles gegründeten Völkerbund mit Sitz in Genf den Frieden in der Welt zu sichern. Doch der Alltag war geprägt von Kriegstraumata, deutlich sichtbar an den durch die Straßen ziehenden Kriegsversehrten und der sich auf den Krieg beziehenden Propaganda, die den Versailler Vertrag, je nach Fraktion, als folgerichtig oder demütigend beschrieb. Inflationswellen,

"What are you doing here, cooped up like earnest mollusks – because you are earnest, are you not?" says the cosmopolitan Francis Picabia in his MANIFESTE CANNIBALE DADA on March 27, 1920 by way of addressing visitors to the Parisian Théatre de la Maison de l'Œuvre.[1] The Dada movement wanted to provoke people into taking a stance, to emancipate themselves from their underdeveloped existence as mollusks and the obsequious belief in the validity of hierarchies. True, the origins of Dada lie back in the year 1916 in Zurich's Cabaret Voltaire. But around 1920 Dadaism rose to a euphoric climax. In Paris[2], New York[3] and Berlin there were major events organized by groups of artists; subsequently, anarchic rebellion was reduced to individual activities. The First International Dada Fair (ERSTE INTERNATIONALE DADA-MESSE) that took place July/August 1920 in the Berlin gallery of Dr. Otto Burchard[4] was especially polyglot and memorable. The Dadaists wanted to break down the divides in taste and between genres, to unite art with life and societal questions. They radically questioned national and political constructions of meaning, artistic dictates of style and the cliché of the brilliant artist. The "collage principle"[5] which characterized Dada expresses an experience of reality shaped by destruction and fragmentation, which suspiciously awaits the collapse of "civilization".

Wedged in between World War I and the emergence of Fascism, the 1920s were Roaring Twenties only for a few people. In Germany, a fragile interim parliamentary democracy held sway in the inter-War years. The victorious and defeated powers of World War I attempted to secure world peace with the League of Nations, established 1920 by the Treaty of Versailles and headquartered in Geneva. But everyday life was defined by war trauma clearly visible on the streets in the guise of disabled war veterans and the propaganda relating to the war, which depending on political persuasion described the Treaty of Versailles as logical or humiliating. Waves of inflation, mass unemployment, poverty on the one hand and the "war profiteers" on the other divided society. Käthe Kollwitz's prints and posters

Massenarbeitslosigkeit, Armut auf der einen und „Kriegsgewinnler" auf der anderen Seite separierten die Gesellschaft. Die Graphiken und Plakate von Käthe Kollwitz und John Heartfields Fotomontagen sind mahnende Anklagen dieser Verhältnisse. An den nach dem Ersten Weltkrieg neu gezogenen Grenzen entzündeten sich ideologische Kämpfe. Der Zerfall der Doppelmonarchie Österreich-Ungarn sowie des Osmanischen Reiches, auf das ab 1923 die durch Atatürk geprägte Türkische Republik folgte, waren Umstrukturierungen, die, bei wiederkehrenden imperialen Bestrebungen, bis heute Auswirkungen haben.

Im Königreich Italien begab sich Benito Mussolini mit seinen faschistischen Verbänden 1922 auf den „Marsch auf Rom" und wurde Ministerpräsident. In vielen Ländern – von Norwegen bis Südafrika, von Portugal bis Lettland – bildeten sich in der Zeit zwischen den Weltkriegen faschistische Bewegungen und Parteien nach italienischem Vorbild heraus. In München scheiterte zwar 1923 der Hitler-Ludendorff-Putsch, doch Hitler „legalisierte" daraufhin mit der Gründung der NSDAP seine Strategie zur Machtübernahme. Mit Anhängern der Gegenbewegung, der Kommunistischen Internationale, die nach der bolschewistischen Oktoberrevolution 1917 ebenfalls eine Umgestaltung Europas anvisierte, lieferten sich Faschisten wie Nationalsozialisten Saal- und Straßenschlachten.

Auch eine weitere Gegenideologie sickerte in den Alltag. Die USA, die Deutschland mit Krediten unterstützten, exportierten in den ROARING TWENTIES mittels Konsumgütern den AMERICAN WAY OF LIFE nach Europa. Doch die Kritik am kapitalistischen Modell formulierte sich unmittelbar. Das proletarisch-agitatorische Theater von Erwin Piscator und Bertolt Brecht nahm entsprechende Themen auf. Brechts IM DICKICHT DER STÄDTE wurde am 9. Mai 1923 im Münchner Residenztheater uraufgeführt und löste einen Skandal aus. Der Kampf zweier Männer in der Riesenstadt Chicago kann als Parabel gelesen werden auf den Sozialdarwinismus der chaotischen Großstadt, auf einen absolut amoralischen Kampf, der alle einbezieht.

and John Heartfield's photo montages decry this situation. Ideological battles broke out over the borders newly drawn after World War I. The break-up of both the Austro-Hungarian and the Ottoman empires (the latter was followed in 1923 by the Turkish Republic shaped by Atatürk) represented a reshaping of the map that for all the recurrence of imperial endeavors, continues to have an impact today.

In 1922, in the kingdom of Italy Benito Mussolini set out with his fascist associations on the "March on Rome" and became Minister President. In the inter-War period Fascist movements and parties modeled on the Italian versions developed in many countries from Norway to South Africa, from Portugal to Lithuania. Admittedly, the attempt to seize power in Munich in the guise of the Hitler-Ludendorff putsch failed in 1923, but by founding the NSDAP Hitler "legalized" his strategy for assuming power. Both fascists and Nazis battled supporters of the countermovement – the Communist International – both indoors and out on the streets; after the Bolshevist October revolution in 1917 the latter movement also sought a restructuring of Europe.

Another counter ideology seeped into everyday life. In the Roaring Twenties the United States not only supported Germany with loans but also in selling consumer goods to Europe exported the AMERICAN WAY OF LIFE. However, criticism of the capitalist model was not long in coming. The proletarian, agitational theater of Erwin Piscator and Bertolt Brecht addressed corresponding topics. Brecht's IN THE JUNGLE OF CITIES premiered on May 9, 1923 in Munich's Residenztheater and triggered a scandal. The fight between two men in the enormous city of Chicago can be read as a parable of Social Darwinism about the chaotic city, an absolute amoral fight that involves everyone.

Fortune seekers, migrants from rural areas and the avant-garde came together in the fast-moving metropolises. In the 1920s, Berlin had a population of 4.3 million, making it the third-largest city in the world after New York and London. For those who after the introduction of the eight-hour day had the time and inclination to structure

Die Glückssucher, die Landflüchtigen und die Avantgarde trafen sich in den temporeichen Metropolen. Berlin wurde in den 1920ern mit 4,3 Millionen Einwohnern nach New York und London die drittgrößte Stadt der Welt. Für diejenigen, die nach Einführung des Achtstundentages Muße und Geld hatten, ihre Freizeit zu gestalten, lieferten die verschiedenen Massenmedien Zerstreuung: Radio, Film, Schallplatte, Illustrierte. Institutionen wie Varieté, Kabarett, Rummelplätze, Tanzsäle oder auch öffentliche Bibliotheken, Volkshochschulen und Theater boten Unterhaltung und Erbauung.

Der Film wurde zum Fluchtmedium der Massen schlechthin, diverse Lichtspielhäuser eröffneten. Im Film lebte der Expressionismus, den die Dadaisten als kunstinterne formale Abgeschmacktheit abgelehnt hatten, weiter. Für die mythisch-suggestiv bedrohliche Wirkung von DER GOLEM, WIE ER IN DIE WELT KAM, einem enorm erfolgreichen Stummfilm von Paul Wegener und Carl Boese aus dem Jahr 1920, waren die Bühnenbilder des Architekten Hans Poelzig maßgeblich. Beispiele für die reichhaltige, künftige Filmgenres entscheidend prägende Produktion dieser Zeit sind Friedrich Wilhelm Murnaus Horrorfilm NOSFERATU – EINE SYMPHONIE DES GRAUENS (1922) oder Fritz Langs Science-Fiction-Film METROPOLIS (1927). Charlie Chaplin legte mit den in seiner Firma United Artists (gegründet 1919) eigenproduzierten Komödien und Tragikomödien das Fundament für den Erfolg der amerikanischen Filmindustrie. Auf der Gegenseite des ideologischen Grabens entwickelte Sergej Eisenstein für eine im Dienst der sowjetischen Revolution stehende Bildsprache seine Aktionsmontage. Josef von Sternbergs Tonfilm DER BLAUE ENGEL (1930), in dem Marlene Dietrich mit dem Lied ICH BIN VON KOPF BIS FUSS AUF LIEBE EINGESTELLT ihren Ruf als FEMME FATALE begründete, wurde ein Welterfolg.[6] Das neue Medium Film diente nicht nur dem Massenvergnügen, sondern auch der Kunst. Salvador Dalí und Luis Buñuel brachten 1929 den Stummfilm UN CHIEN ANDALOU (Ein andalusischer Hund) im Pariser Montmartre ins Kino, eine halluzinative, psychotische Bilderfolge, die

their leisure time the mass media offered diversion in the form of radio, films, records and magazines. Institutions such as music hall theater, cabaret, fairgrounds, dance halls or public libraries, evening schools and theater offered entertainment and edification.

Films became a veritable means of escape for the masses, and various picture palaces opened. Expressionism, which the Dadaists had rejected as formal tastelessness confined only to art in its reach survived in the medium of film. The stage sets by architect Hans Poelzig were decisive for the mythical, suggestively threatening impact of THE GOLEM: HOW HE CAME INTO THE WORLD, an enormously successful silent movie by Paul Wegener and Carl Boese from 1920. Two examples of movies from this period that would hugely influence future film genres are Friedrich Wilhelm Murnau's horror film NOSFERATU – A SYMPHONY OF HORROR (1922) and Fritz Lang's science-fiction film METROPOLIS (1927). With the comedies and tragicomedies he himself produced in his firm United Artists (founded 1919) Charlie Chaplin laid the foundation for the success of the American film industry. On the opposite side of the ideological divide, Sergei Eisenstein developed his notion of action montage using a visual language that supported the Soviet Revolution. Josef von Sternberg's talkie THE BLUE ANGEL (1930), in which Marlene Dietrich established her reputation as a FEMME FATALE with the song ICH BIN VON KOPF BIS FUSS AUF LIEBE EINGESTELLT (Falling in Love Again (Can't Help It)), was a world success.[6] The new medium of film not only provided mass entertainment, but also served art. In 1929 Salvador Dalí and Luis Buñuel launched the silent movie AN ANDALUSIAN DOG in Montmartre, Paris, a hallucinatory, psychotic series of images, according to Dalí a "paranoiac-critical method" of combining beauty and terror with one another. The film became the calling card of Surrealism, which once again wanted a large-scale revolution directed against all authorities and used a large spectrum of media to achieve its goals. The Surrealists had emerged from Paris Dadaism. They were interested in the irrational and

gemäß Dalís „paranoisch-kritischer Methode" Schönheit und Terror miteinander verknüpfte. Der Film wurde zum Aushängeschild des Surrealismus, der noch einmal die große, gegen alle Autoritäten gerichtete Revolution wollte und dafür ein großes Spektrum an Medien nutzte. Die Surrealisten hatten sich aus dem Pariser Dadaismus herausgelöst. Sie interessierten sich für das Irrationale und Phantastische, den Zufall und automatische Verfahrensweisen und bezogen Erkenntnisse der Psychoanalyse zum Unbewussten und zum Traum in ihre Arbeiten ein. André Bretons Manifest des Surrealismus von 1924/1929 bezeugte das Verlangen, über die Infragestellung der Grenzen zwischen der äußeren, sichtbaren Realität und den inneren Zuständen zu einer – auch durch Drogen stimulierten – Bewusstseinserweiterung zu gelangen.

Gänzlich auf die äußere Wirklichkeit bezogen war hingegen eine Bewegung, die unter dem Begriff Neue Sachlichkeit zusammengefasst wird.[7] Sich abwendend von all den Provokationen, den expressiven Deutungen und Bewusstseinsexperimenten, beschäftigten sich einige Künstler mit einer nüchternen, sachlichen Betrachtung der Dingwelt.

Neben alltäglichen Gegenständen und Stadtlandschaften wird vor allem der zeitgenössische Mensch in den Blick genommen. August Sander fotografierte für seinen Bildatlas MENSCHEN DES 20. JAHRHUNDERTS die Berufe und Stände der Weimarer Republik. In den Gemälden von Otto Dix, Rudolf Schlichter, Georg Gerhard Schrimpf, Christian Schad, Jeanne Mammen oder George Grosz spielen Großstadtcharaktere eine besondere Rolle, darunter die „neue Frau". Äußerlich erkennbar am lässigen „Stilkleid" oder Anzug und Bubikopf, trat sie selbstbestimmt auf, strebte zuvor männlich konnotierte Berufe an, studierte (auch an den Akademien oder dem Bauhaus) und formulierte so ihren Emanzipationswillen. Zuhause erleichterten Funktionsmöbel wie die „Frankfurter Küche", die erste Einbauküche (entwickelt 1926–1930), die Alltagsorganisation. Funktionalität prägte auch das Kunstgewerbe und den Siedlungsbau. Bezahlbare und „gesunde", sozialverträgliche Wohnungen

fantastic, chance and automatic procedures, and incorporated insights from psychoanalysis on the subconscious and dreams into their works. André Breton's Manifestoes of Surrealism from 1924–29 testified to the desire to achieve a heightened awareness – also induced by drugs by questioning the divides between the outer, visible world and inner states.

By contrast another movement known as New Objectivity relied entirely on outer reality.[7] Turning their back on all the provocations, expressive interpretations and mind-altering experiments, some artists concentrated on a sober, rational observation of the world of objects.

Alongside everyday objects and cityscapes there is a key focus on contemporary man. For his portfolio MENSCHEN DES 20. JAHRHUNDERTS (People of the 20th Century), photographer August Sander illustrated the professions and classes of the Weimar Republic. In paintings by Otto Dix, Rudolf Schlichter, Georg Gerhard Schrimpf, Christian Schad, Jeanne Mammen or George Grosz city characters play a special role, and include the "new woman". Recognizable by her casual "stylish dress" or suit and bobbed hair, she appeared confident, aspired to work in professions previously associated with men, studied (also at an art academy or the Bauhaus) and in doing so expressed her wish to be emancipated. At home, practical furnishings such as the "Frankfurt Kitchen" (the first unit kitchen, developed 1926–30) made everyday life easier to organize. Functionality also characterized arts and crafts and housing. Given the influx of refugees and immigrant workers, building affordable and "healthy", socially-acceptable apartments in the expanding cities was a pressing task. Social, constructive and economical in style, the "New Architecture" was founded on standardization and rationalization, and countered the cozy conservative, traditionalist styles with formal clarity. This was also the context for the establishment of an institution that would shape the 20th century. Located in Weimar, Dessau and finally Berlin between 1919 and 1933, the Bauhaus acted as a school and production facility, which sought to unite the arts with reality and life. Architecture

in den anschwellenden Großstädten zu bauen war angesichts der Flüchtlingsströme und Arbeitsmigranten, die nach dem Ersten Weltkrieg zuwanderten, eine vordringliche Aufgabe. Sozial, konstruktiv und stilistisch ökonomisch, setzte das „Neue Bauen" auf Typisierung und Rationalisierung und trat mit formaler Klarheit den sich konservativ-traditionalistisch auf „Heimat" berufenden Stilen entgegen. In diesem Kontext stand auch eine für das 20. Jahrhundert prägende institutionelle Gründung. Das Bauhaus, 1919–1933 als Schule und Produktionsstätte in Weimar, Dessau und schließlich Berlin ansässig, wollte die Künste mit der Realität, der Lebenspraxis verbinden. Die Architektur fungierte als Dachdisziplin, unter der die Künste gemeinschaftlich für eine große Idee zusammenwirken sollten. Das erlernbare Handwerk und das Bestreben, neue Qualitätsstandards für die industrielle Fertigung zu setzen, bildeten die Grundlage für ein Verständnis von Moderne, das Funktionalität mit klarer Form verband. Zugleich war das Bauhaus offen für ein großes Spektrum individueller Gestaltungswege. So zeigte sich dieser umfassende Anspruch sowohl anhand der konstruktiven Ideen von Walter Gropius als auch anhand der fließenden Räume von Mies van der Rohe. Oskar Schlemmer stellte die Beziehung von Mensch und Raum in einem ethischen wie entwicklungsgeschichtlichen Kontext ins Zentrum seiner Lehre. Paul Klee rationalisierte seinen individuellen Kosmos durch ein an gestalterischen Gesetzen orientiertes „bildnerisches Denken". Die Untersuchungen zur Systematisierung, Wirkung und Interaktion von Farben führten Johannes Itten zu einer Farblehre, Anni Albers zu abstrakten Textilarbeiten und Josef Albers zu rhythmisierten Glasfensterentwürfen. Die am Bauhaus vertretene Strukturierung der Lehre in aufeinander aufbauende Kurse, die Orientierung am Material und den Gewerken sowie das Bewusstsein von der gesellschaftlichen Verantwortung der Künste wurden maßgeblich für weitere Schulgründungen. Die Ideen der Bauhauslehre strahlten, getragen von Schülern und in den 1930er Jahren emigrierenden Lehrern, weit in die Welt hinaus.

served as an overarching discipline beneath which the arts were to come together for a great idea. Craftsmanship that could be learned and the desire to set new quality standards for industrial manufacture formed the basis for an understanding of modernism, which united functionality with clear form. Simultaneously, the Bauhaus was open for a large spectrum of individual design approaches. This openness encompassed both the constructive ideas of Walter Gropius and the flowing spaces of Mies van der Rohe. Oskar Schlemmer focused on the relationship between man and space both in an ethical context and within the context of development history. Paul Klee rationalized his individual cosmos through a "visual thinking" oriented towards design laws. The examinations of systematization, the impact and interaction of colors led Johannes Itten to a color theory, Anni Albers to abstract textile works and Josef Albers to stained glass windows with rhythmic patterns. The structuring of teaching into courses that followed on from one another, the orientation to material and systems, but also the awareness of the social responsibility of the arts influenced later schools. The ideas of Bauhaus teaching were exported around the world by past students and in the 1930s by teachers forced to emigrate.

Alongside all these efforts aimed at altering what already existed the aim was also to have fun. Bauhaus parties were legendary. A club culture developed in the metropolises. One of the icons of the scene was the "Black Venus" Josephine Baker, who with her rolling eyes and lascivious dances took to the stage in music halls in New York, Paris, Brussels and Berlin. The Charleston became a fashionable dance, jazz provided new rhythms. Music, dance, fashion produced a new sense of physical awareness. Mary Wigman developed expressionist dance and with her school in Dresden and tours through the whole of Europe set a wave of modern dance in motion.

Sport became an activity for the masses. People's enthusiasm was fired by the Olympic Games in Antwerp (1920), for the first time under the Olympic flag, in Paris (1924), which was reported on directly via the radio, and in

Neben all diesen auf die Umgestaltung des Bestehenden zielenden Bestrebungen galt es auch, Spaß zu haben. Die Bauhausfeste waren legendär. In den Metropolen entwickelte sich eine Clubkultur. Eine der Ikonen der Szene war die „schwarze Venus" Josephine Baker, die mit rollenden Augen und lasziven Tänzen in Varietés in New York, Paris, Brüssel und Berlin auftrat. Der schlingernde Charleston wurde Modetanz, der Jazz gab neue Rhythmen vor. Musik, Tanz, Mode bezeugten eine neue Körperlichkeit. Mary Wigman entwickelte den expressiven Ausdruckstanz und setzte mit ihrer Schule in Dresden und Tourneen durch ganz Europa eine Welle des modernen Tanzes in Gang.

Ein Zeitvertreib für die Massen war der Sport. Die Begeisterung wurde beflügelt durch die Olympischen Sommerspiele in Antwerpen (1920), erstmals unter olympischer Flagge, in Paris (1924), von wo aus erstmalig per Direktübertragung im Radio berichtet wurde, und in Amsterdam (1928), wo endlich auch Frauen zu den Leichtathletikwettbewerben zugelassen wurden.

Doch der emanzipatorische und kulturelle Aufschwung, die Euphorie, „der Tanz auf dem Vulkan"[8] – so ein Schlagwort für das Amüsement – hatten bald ein Ende. Auf den „Schwarzen Donnerstag", den Crash der New Yorker Börse am 24. Oktober 1929, folgten die „Große Depression" in den USA und eine Weltwirtschaftskrise, die das politische und kulturelle Klima auch in Europa veränderten.

Hatten Dalí und Buñuel im Juni 1929 mit ihrem traumwandlerischen Kurzfilm UN CHIEN ANDALOU noch den Nerv der Zeit getroffen und großen Zuspruch erfahren, so führte ihr Film L'AGE D'OR (Das goldene Zeitalter), der mit sexueller und aggressiver Obsession die Macht des Kapitals und des Großbürgertums sowie den Klerus angreift, am Ende der Dekade zum Skandal. Anhänger der Action française, der Ligue des Patriotes und der Ligue anti-juive verabredeten sich zur Aufführung am 3.12.1930 im Pariser Kino Studio 28 und warfen Farbbeutel auf die Leinwand, zündeten Stinkbomben und zerstörten einige der im Foyer präsentierten Gemälde von Dalí, Max Ernst, Man Ray, Joan Miró und Yves Tanguy. L'Age d'or – das vermeintlich goldene Zeitalter – war vorbei.

Amsterdam (1928), when women were also finally allowed to compete in track and field events. But the emancipatory and cultural upturn, the euphoria, the "dance on the volcano"[8] – the term coined to describe the amusement – soon came to an end, namely on October 24, 1929 (later known as Black Thursday) when the New York Stock Exchange crashed, followed by the Great Depression in the United States and a global economic crisis, which also altered the political and cultural climate in Europe.

While in June 1929 Dalí and Buñuel had touched the nerve of the era with their somnambulistic short film AN ANDALUSIAN DOG and received great acclaim for the film L'AGE D'OR (The Golden Age), which employs sexual and aggressive obsession to attack the power of capital, the upper classes and the clergy produced a scandal at the end of the decade. On December 3, 1930 supporters of the Action française, the Ligue des Patriotes and the Ligue anti-juive assembled for the screening in the Paris cinema Studio 28 and threw paint bombs at the screen, set off stink bombs and destroyed several of the paintings presented in the foyer by Dalí, Max Ernst, Man Ray, Joan Miró and Yves Tanguy. L'Age d'or – the supposed golden age – was over.

1
Vorgetragen wurde der
Text von André Breton;
Erstveröffentlichung:
DADAPHONE, Paris, Nr. 7,
März 1920, zit. nach FRANCIS
PICABIA. LASST DEN
ZUFALL ÜBERQUELLEN.
GESAMMELTE SCHRIFTEN,
Hamburg 2016, S. 38. / *The
text was presented by André
Breton; first publication
DADAPHONE, Paris, no. 7,
March 1920, quoted from
FRANCIS PICABIA. LASST
DEN ZUFALL ÜBERQUELLEN.
GESAMMELTE SCHRIFTEN
Hamburg, 2016, p. 38.*

2
1922 findet als letzte
größere Manifestation der
mittlerweile zerstrittenen
Gruppierungen der „Kongress
von Paris" statt. / *In 1922,
the last larger event by the
meanwhile quarreling groups
of the "Congress of Paris"
took place.*

3
1921 organisiert Marsden
Hartley das Symposium „Was
ist Dada?", und Man Ray und
Marcel Duchamp geben die
Zeitschrift NEW YORK DADA
heraus. / *In 1921, Marsden
Hartley organized the
symposium "What is Dada?",
and Man Ray and Marcel
Duchamp produced the
magazine NEW YORK DADA.*

4
In der Katalogzeitung sind
einhundertvierundsiebzig
dadaistische „Erzeugnisse"
von siebenundzwanzig
Ausstellern verzeichnet,
darunter Hannah Höch,
Hannes Baader, Otto Dix,
Rudolf Schlichter und Raoul
Hausmann. / *Some 174
Dadaist products by
27 exhibitors are listed in the
catalog, including Hannah
Höch, Hannes Baader, Otto
Dix, Rudolf Schlichter and
Raoul Hausmann.*

5
Titel einer Arbeitswoche mit
dazugehöriger Publikation
des Instituts für Moderne
Kunst Nürnberg 1968. / *Title
of a working week with a
publication from the Institut
für Moderne Kunst Nürnberg
(Institute for Modern Art,
Nuremberg) 1968.*

6
Parallel wurden eine
deutsche und eine englische
Version produziert. /
*A German and an English
version were produced at
the same time.*

7
Gustav Friedrich Hartlaub
versammelt unter dem Titel
DIE NEUE SACHLICHKEIT.
DEUTSCHE MALEREI SEIT
DEM EXPRESSIONISMUS
vom 14. Juni bis zum
18. September 1925 in
der Kunsthalle Mannheim
„Künstler, die weder
impressionistisch aufgelöst,
noch expressionistisch
abstrakt, weder rein
sinnenhaft äußerlich, noch
rein konstruktiv innerlich"
malen. / *Under the title
THE NEW OBJECTIVITY.
GERMAN PAINTING SINCE
EXPRESSIONISM from
June 14 to September 18,
1925 Gustav Friedrich
Hartlaub collected in
Kunsthalle Mannheim
"artists who are neither
impressionistically relaxed,
nor expressionistically
abstract, who have devoted
themselves exlusively to
neither sensory impressions
nor inner constructions" in
their painting.*

8
Schlagzeile eines Plakats
von Lutz Ehrenberger von
1919, das ein Tanzpaar
auf einer Bombe mit der
Aufschrift „Anarchie" zeigt. /
*Headline on a poster by Lutz
Ehrenberger from 1919, which
depicts a couple dancing on a
bomb labeled "anarchy".*

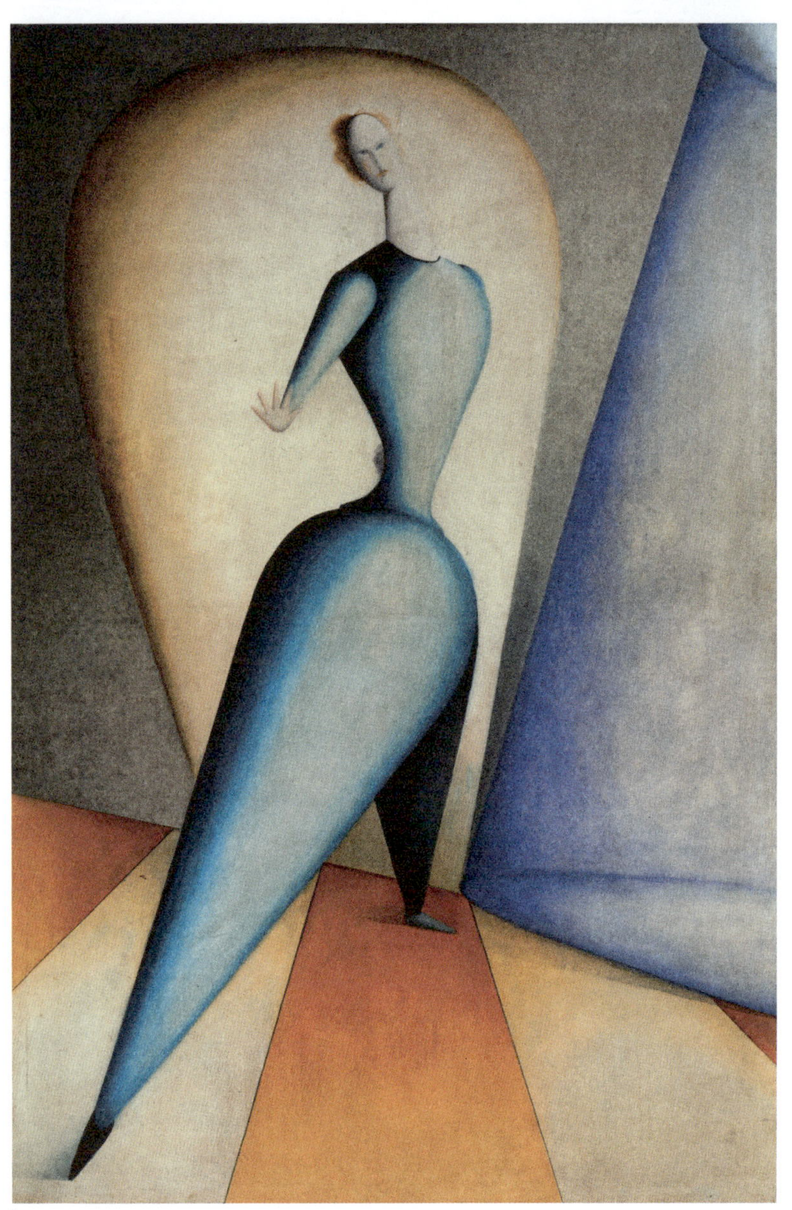

1

1 OSKAR SCHLEMMER
Tänzerin (Die Geste) / *Dancer
(The Gesture)*, 1922–1923;
Öl und Tempera auf
Leinwand / *Oil and tempera
on canvas*; Bayerische
Staatsgemäldesammlungen,
Sammlung Moderne Kunst /
Modern Art Collection; 1964
erworben / *Acquired 1964*

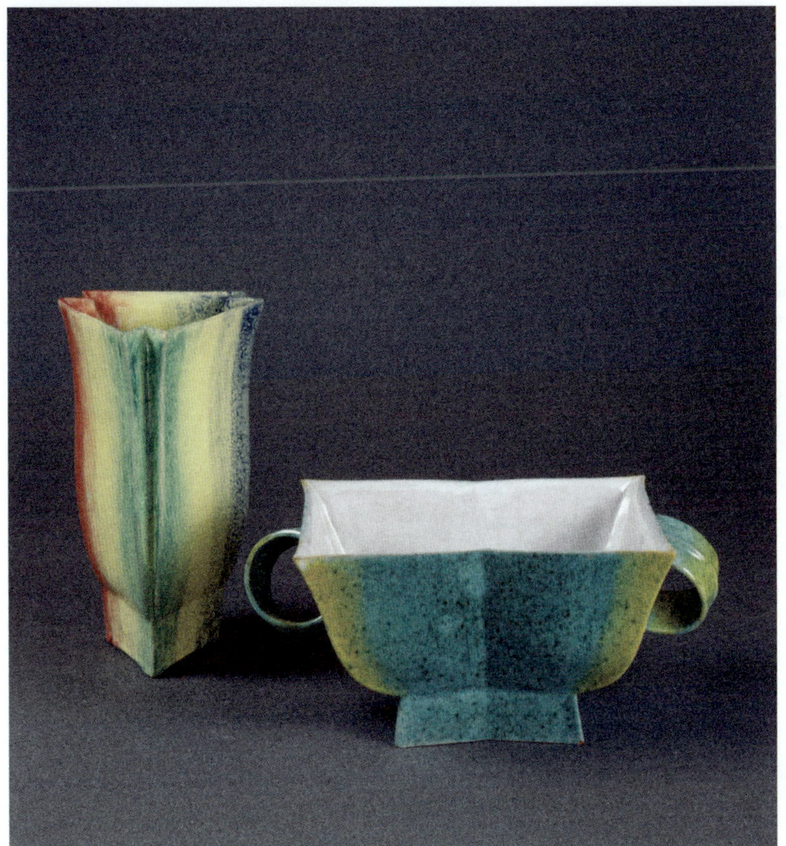

2

Kunst ist eine Lüge, die uns die Wahrheit begreifen lehrt, wenigstens die Wahrheit, die wir als Menschen begreifen können. / *Art is a lie that makes us realize truth, at least the truth that is given to us to understand.*

PABLO PICASSO, 1923

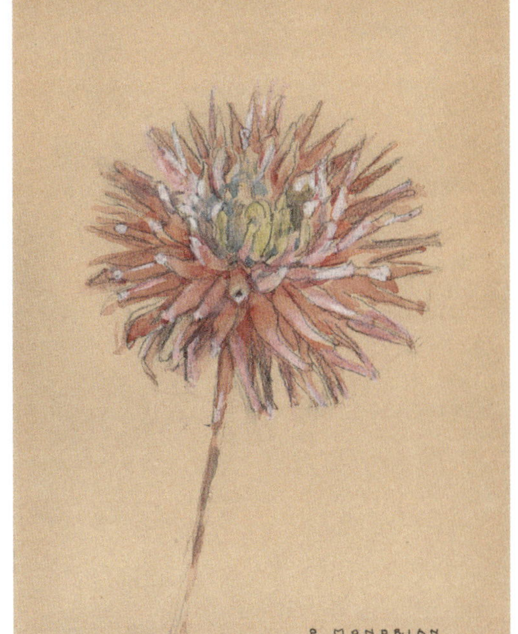

3

2 HILDA JESSER
Vase Modell 868 und Jardinière Modell 872 / *Vase model 868 and jardinière model 872*, 1921; Irdenware, glasiert / *Earthenware, glazed*; Wiener Werkstätte, Wien / *Vienna*; Die Neue Sammlung – The Design Museum

3 PIET MONDRIAN
Dahlie / *Dahlia*, 1922–1925; Aquarell, Gouache und Bleistift auf Papier / *Watercolor, gouache and pencil on paper*; 23,1 × 17,4 cm; Staatliche Graphische Sammlung München; Schenkung / *Gift from* Christof und / *and* Ursula Engelhorn, Art Mentor Foundation Lucerne

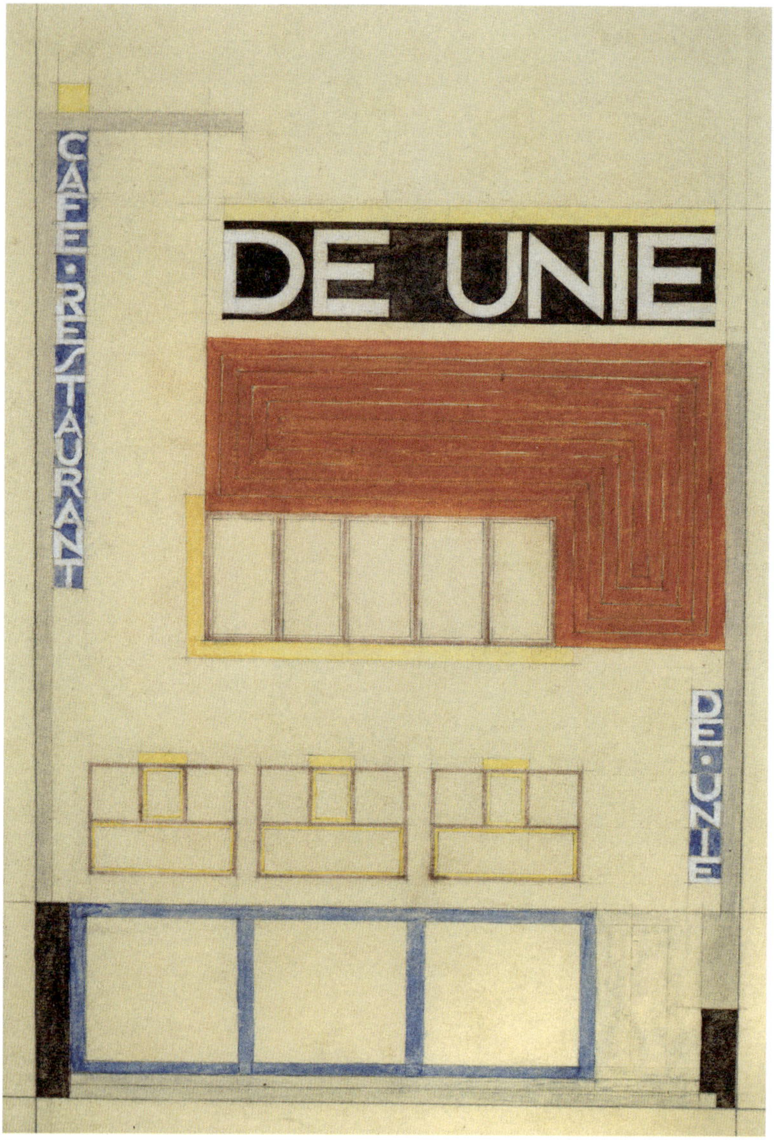

4

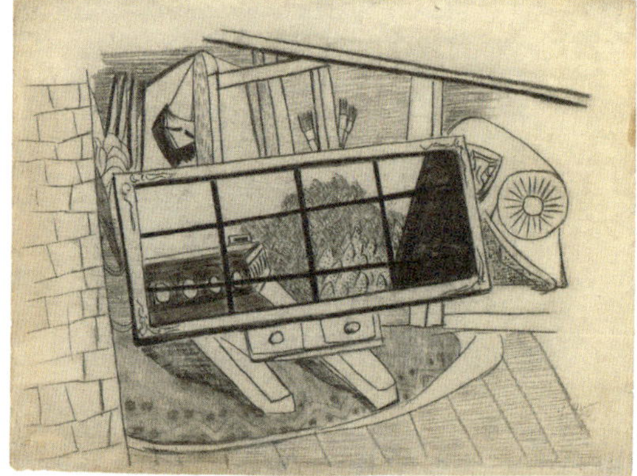

5

4 JACOBUS JOHANNES PIETER OUD
Café de Unie, Rotterdam, 1924; Bleistift, Buntstift auf Transparentpapier / *Pencil and crayon on transparent paper*; Architekturmuseum der TU München

5 MAX BECKMANN
Spiegel auf einer Staffelei / *Mirror on an Easel*, 1926; Kreide auf Papier / *Chalk on paper*; 50,4 x 64,8 cm; Staatliche Graphische Sammlung München

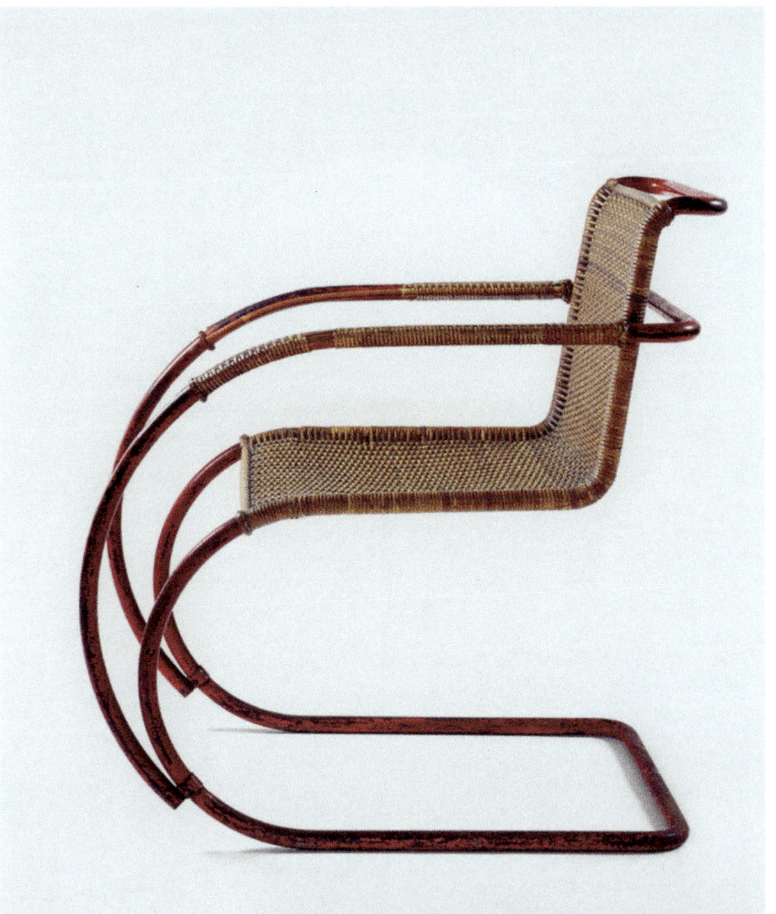

6

Man schafft Steine, Holz, Zement herbei; man macht mit ihnen Häuser, Paläste, das ist Sache der Konstruktion. / *You employ stone, wood and concrete, and with these materials you build houses and palaces. That is construction.*

LE CORBUSIER, 1923

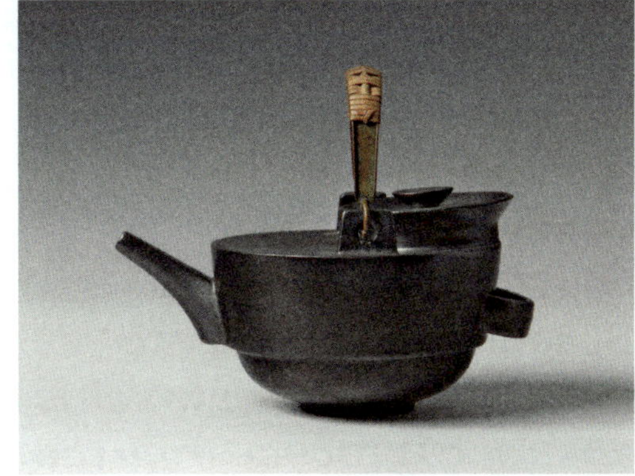

7

6 LUDWIG MIES VAN DER ROHE
Freischwingerstuhl Modell / *Cantilever chair model* MR 20 („Weißenhofstuhl"), 1927; Metall, Peddigrohrgeflecht / *Metal, rattan*; Berliner Metallgewerbe Joseph Müller, Berlin; Die Neue Sammlung – The Design Museum

7 THEODOR BOGLER
Kombinationsteekanne / *Combination teapot*, 1923; Steinzeug, glasiert, Silber, Weidenschiene / *Stoneware, glazed, silver, wickerwork*; Staatliches Bauhaus, Töpferwerkstatt / *pottery workshop*, Dornburg; Die Neue Sammlung – The Design Museum

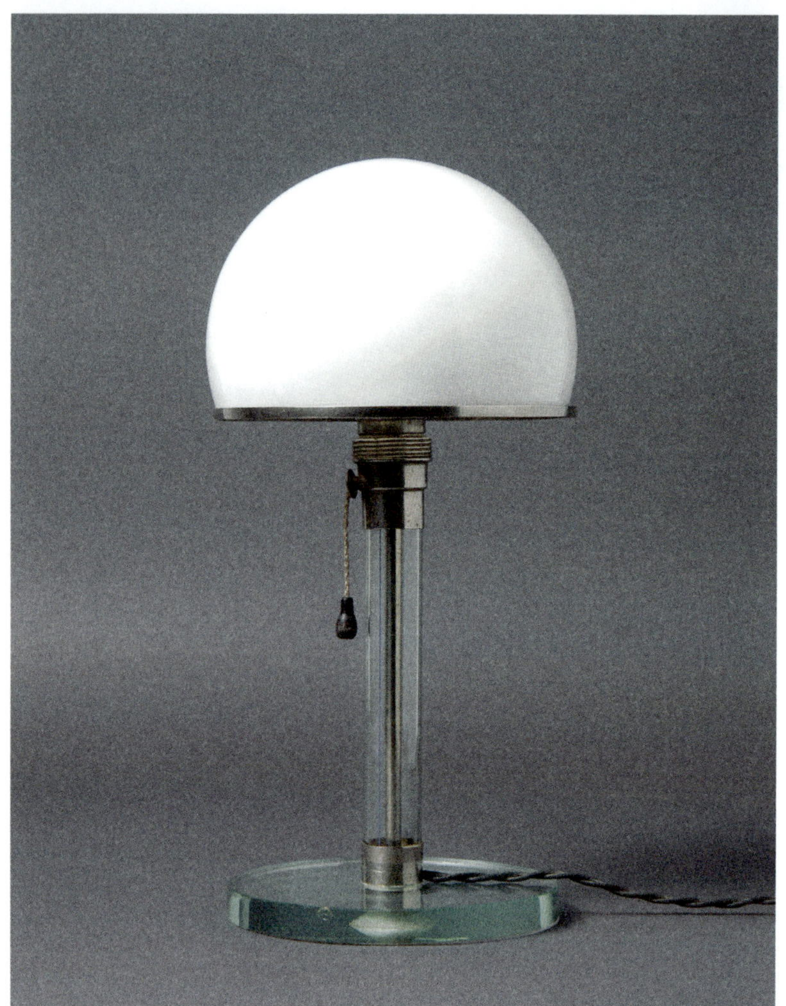

8

[...] ich versuche, das Abstrakte konkret zu machen, ich gehe vom Allgemeinen zum Besonderen. / *[...] I try to make concrete that which is abstract. I proceed from the general to the particular.*

JUAN GRIS, 1921

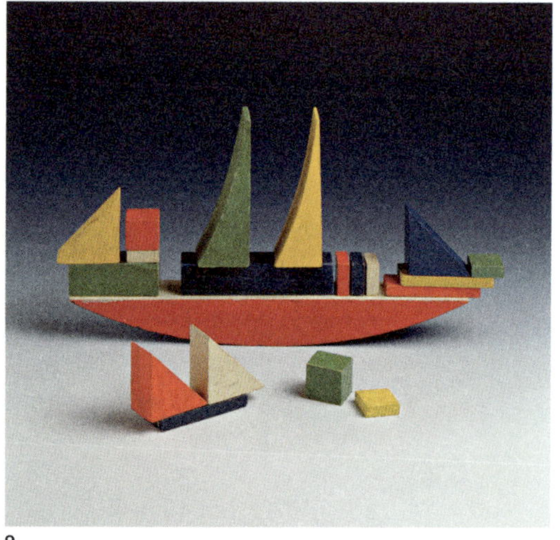

9

8 WILHELM WAGENFELD
(Vorarbeiten / *Preliminary work* Carl Jacob Jucker);
Tischleuchte / *Table lamp* MT 9; Bauhaus Weimar, 1924;
Glas, Spiegelglas, Milchglas (Schirm) / *Clear glass and opaque glass (globe)*; Die Neue Sammlung – The Design Museum; Erworben mit Unterstützung von / *Acquired with the support of* Osram

9 ALMA BUSCHER
Kugel- und Schiffchen-bauspiel / *Bead and boat construction game*, 1923;
Holz, lackiert / *Wood, varnished*; Staatliches Bauhaus, Weimar; Die Neue Sammlung – The Design Museum

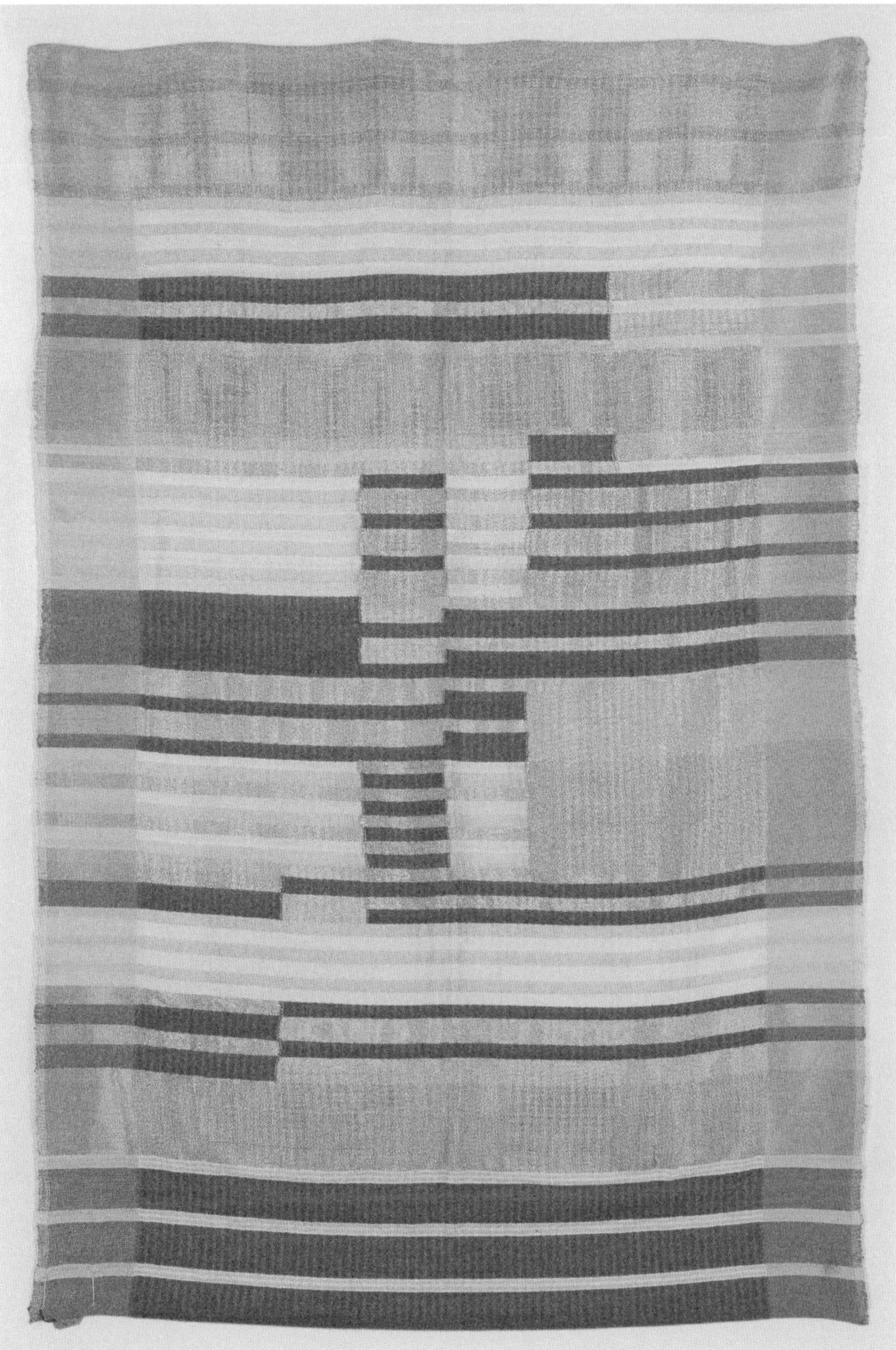

10

10 ANNI ALBERS
Wandbehang Nr. / *Wall
hanging no.* 81, 1925; Gewebe /
Fabric; Staatliches Bauhaus,
Dessau; Die Neue Sammlung –
The Design Museum

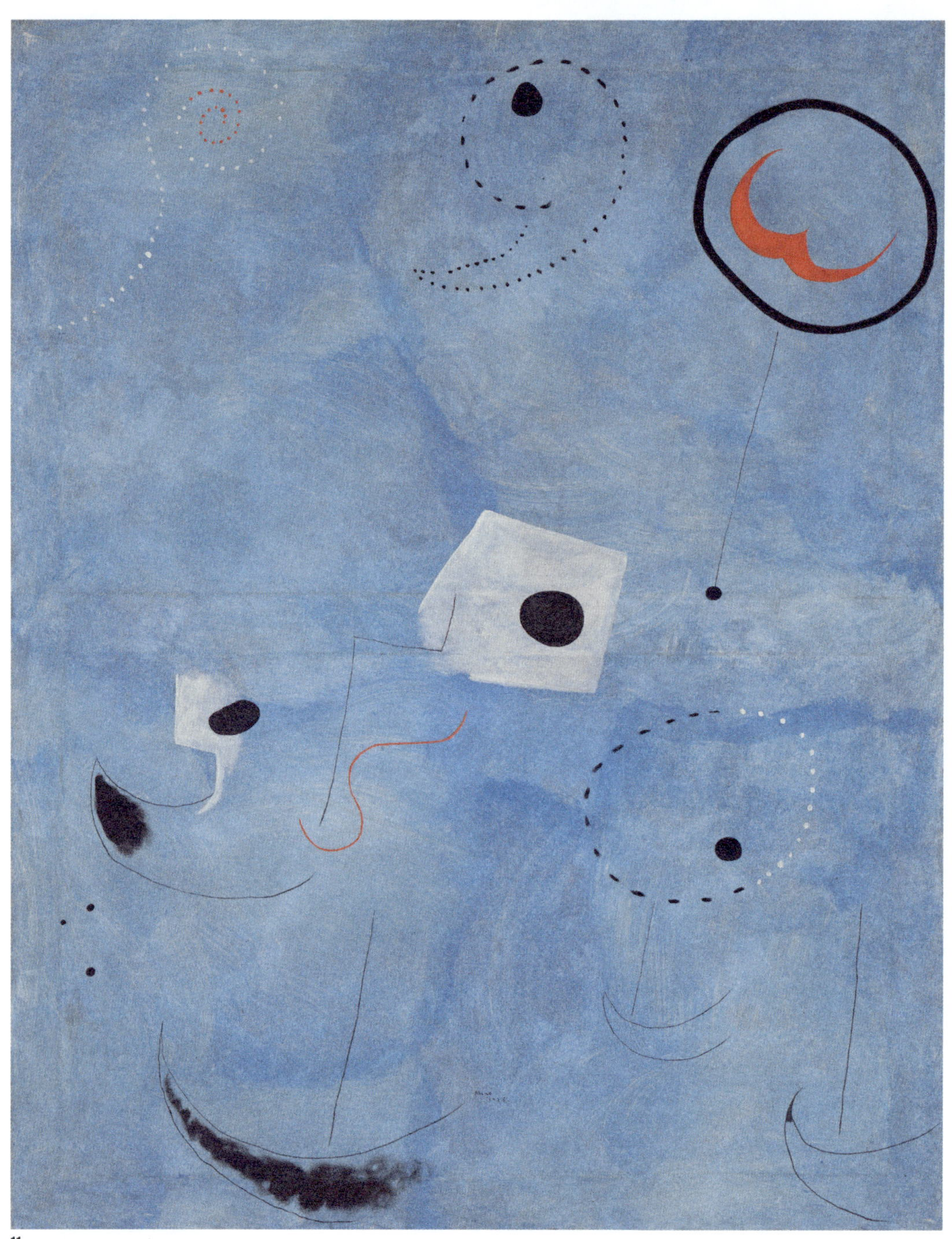

11

11 JOAN MIRÓ
Composition, 1925; Öl und
Tempera auf Leinwand /
Oil and tempera on canvas;
Bayerische Staats-
gemäldesammlungen,
Sammlung Moderne Kunst /
Modern Art Collection; 1971
erworben / *Acquired 1971*

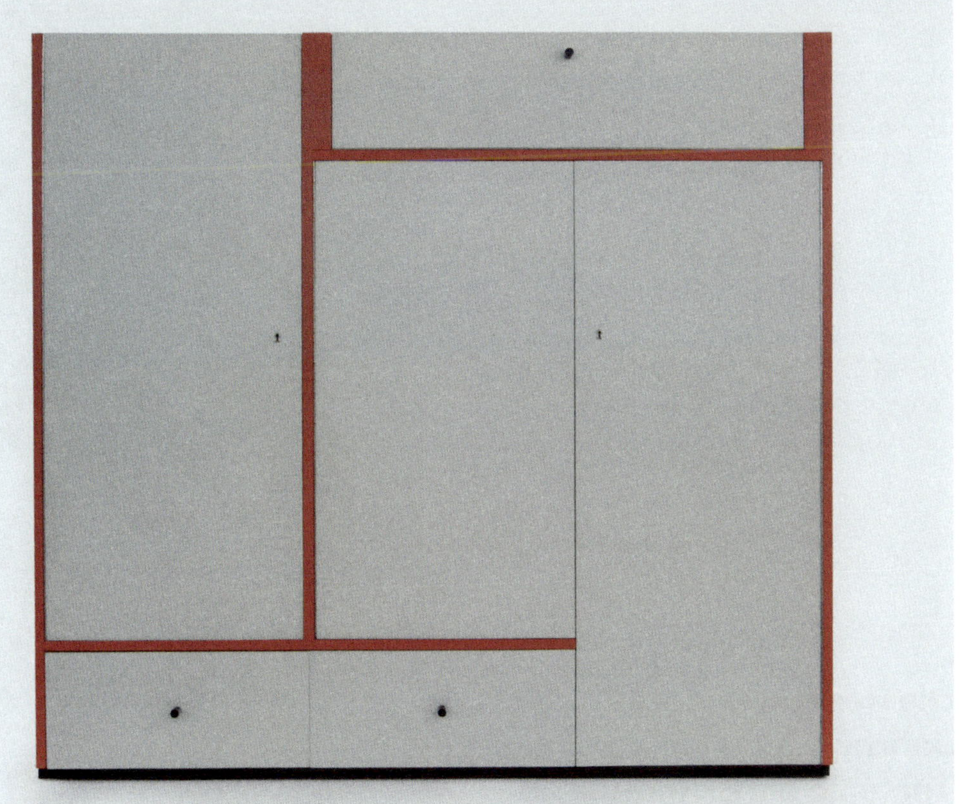

12

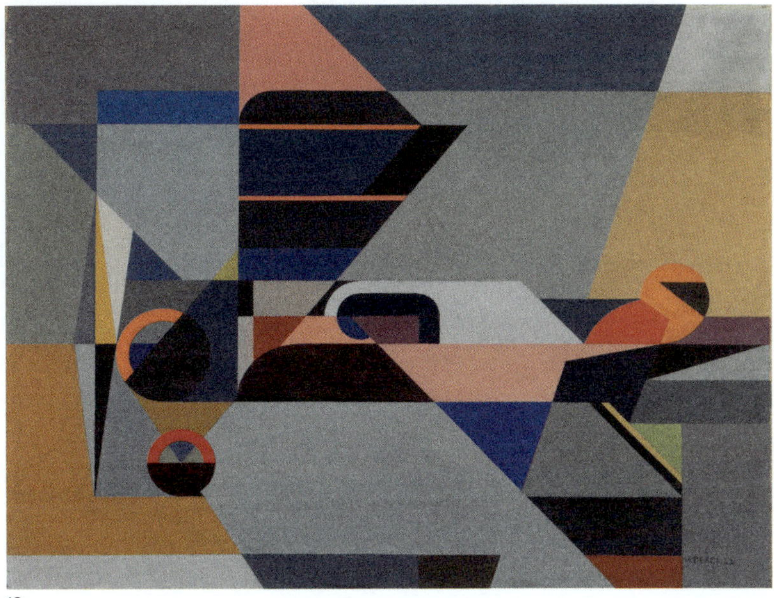

13

12 MARCEL BREUER
Kleiderschrank / *Wardrobe*
ti 113, 1925/26; Ausführung /
produced in 1927; Holz,
lackiert / *Wood, varnished*;
Staatliches Bauhaus, Dessau;
Die Neue Sammlung – The
Design Museum

13 WALTER DEXEL
Das Flugzeug / *The
Aeroplane*, 1922; Öl auf
Leinwand / *Oil on canvas*;
Bayerische Staats-
gemäldesammlungen,
Sammlung Moderne Kunst /
Modern Art Collection; 1964
erworben / *Acquired 1964*

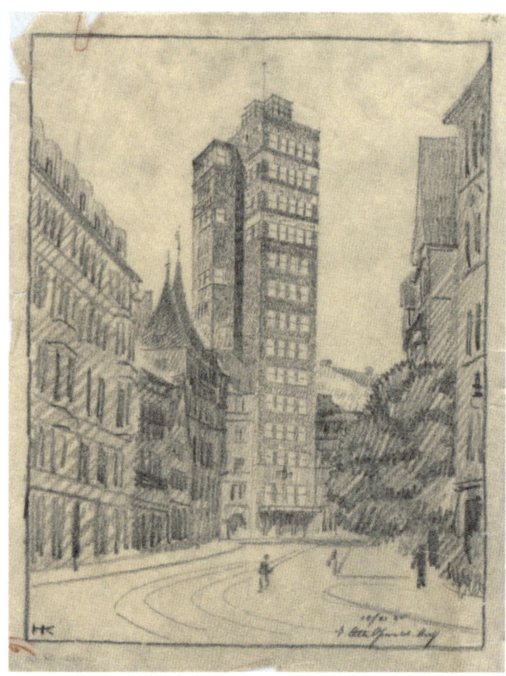

14

Die Realität unseres Jahrhunderts ist die Technik: die Erfindung, Konstruktion und Wartung der Maschine. / *The reality of our century is technology: the invention, construction and maintenance of machines.*

LÁZLÓ MOHOLY-NAGY, 1921

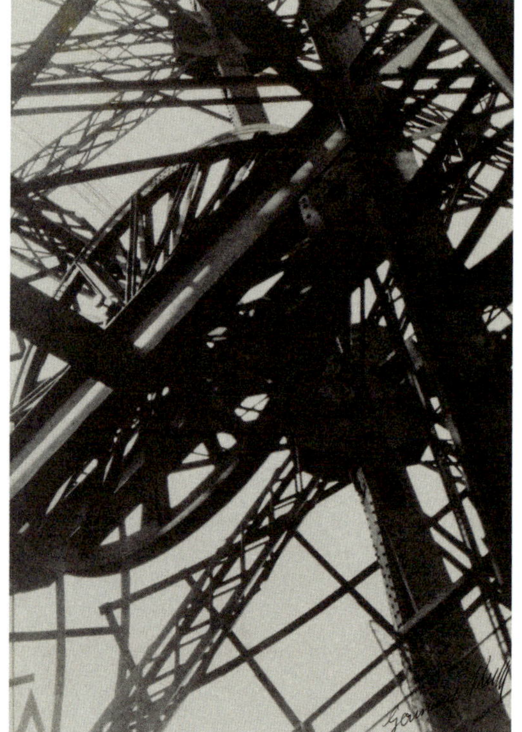

15

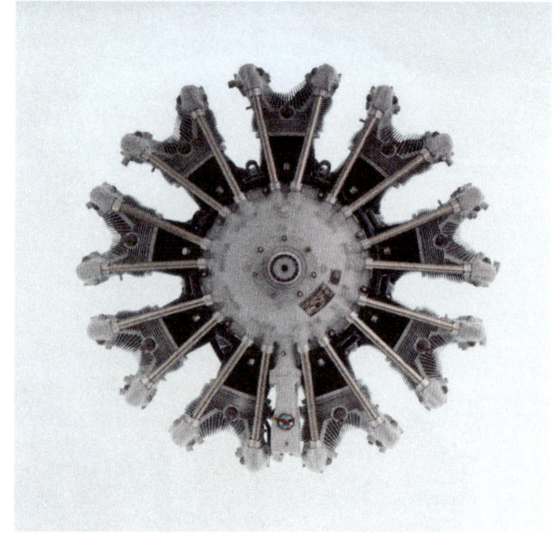

16

14 ERNST OTTO OSSWALD
Turmhaus Stuttgarter Neues Tagblatt / *Stuttgarter Neues Tagblatt tower building*, Stuttgart, 1925; Bleistift auf Transparentpapier / *Pencil on transparent paper*, Architekturmuseum der TU München

15 GERMAINE KRULL
Tour Eiffel, 1927, veröffentlicht in / *published in* Métal, 1928; Silbergelatineabzug / *Gelatin silver print*; Bayerische Staatsgemäldesammlungen, Sammlung Moderne Kunst / *Modern Art Collection*, 2010 Stiftung Ann und Jürgen Wilde / *Ann and Jürgen Wilde Foundation*

16
9-Zylinder Sternmotor / *9-cylinder radial engine* Wasp Junior, Modell / *model* R985-AN, 1928; Ausführung 1940er Jahre / *Produced in the 1940s*; Metall / *Metal*; Pratt & Whitney, East Hartford, Connecticut; Die Neue Sammlung – The Design Museum

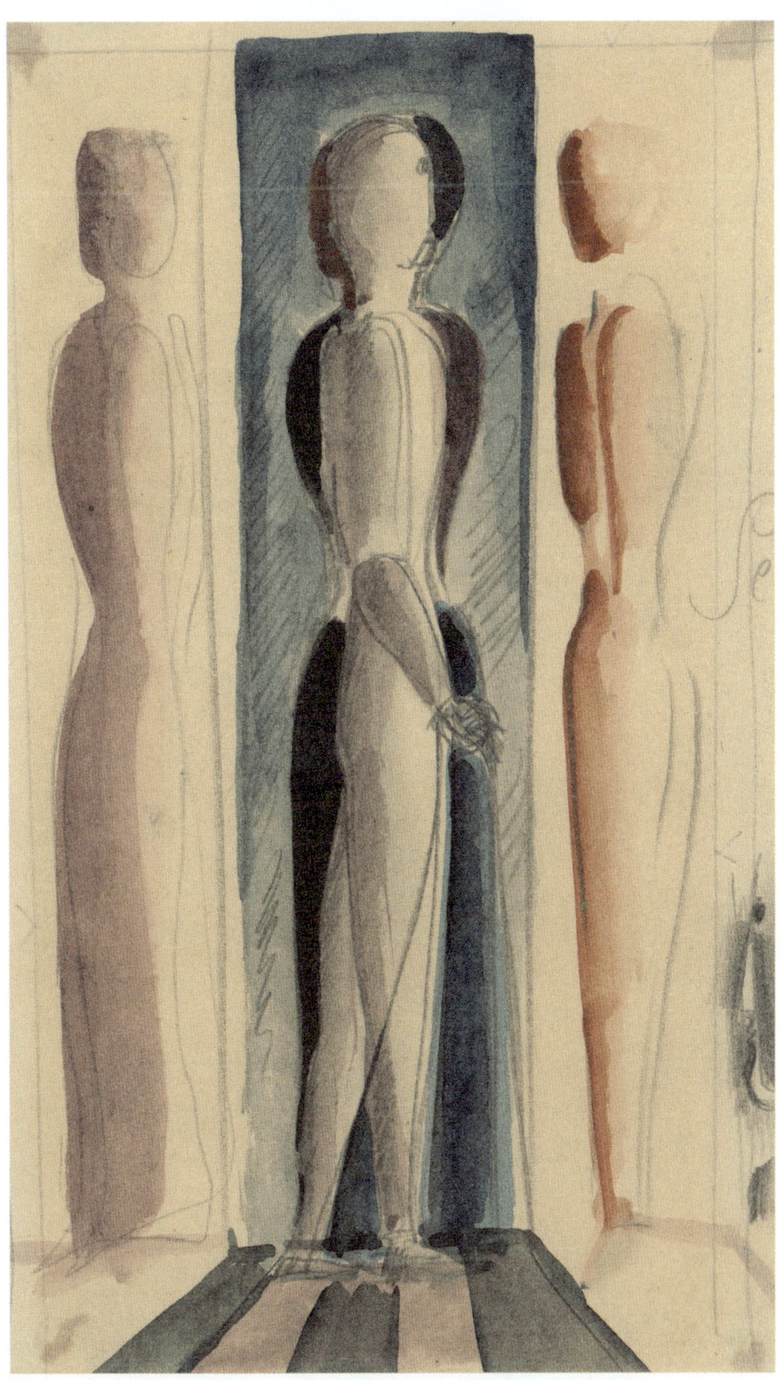

17

17 OSKAR SCHLEMMER
Dreiteilung II / *Tripartition II,*
1925; Aquarell über Bleistift
auf Papier / *Watercolor over
pencil on paper*; 27,7 x 15,8 cm;
Staatliche Graphische
Sammlung München

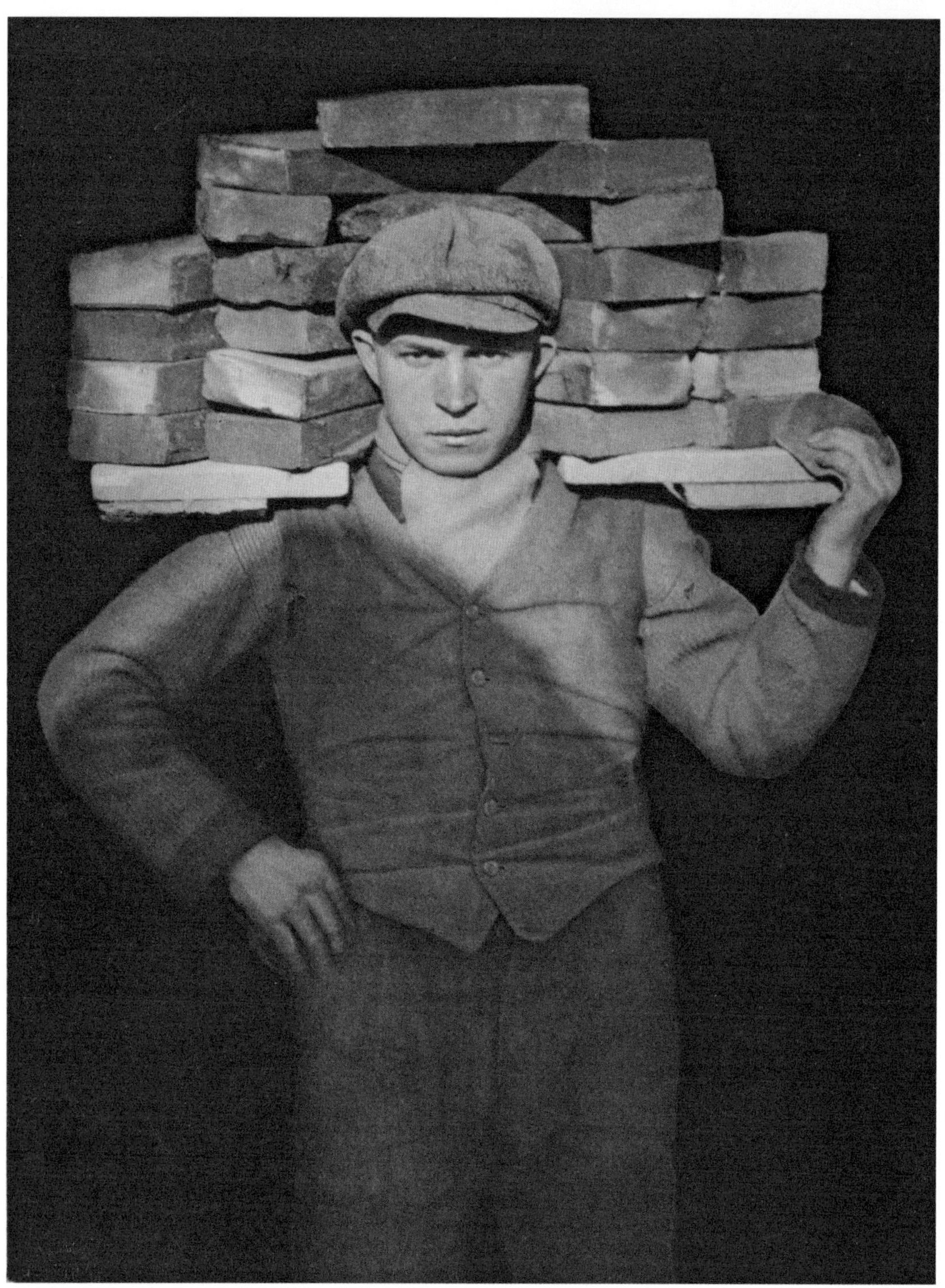

18

18 AUGUST SANDER
Handlanger / *Bricklayer*,
1926; Silbergelatineabzug;
Bayerische Staats-
gemäldesammlungen,
Sammlung Moderne Kunst /
Modern Art Collection; 2014
erworben aus der Sammlung
Lothar Schirmer, München /
*Acquired 2014 from the
Lothar Schirmer Collection,
Munich*

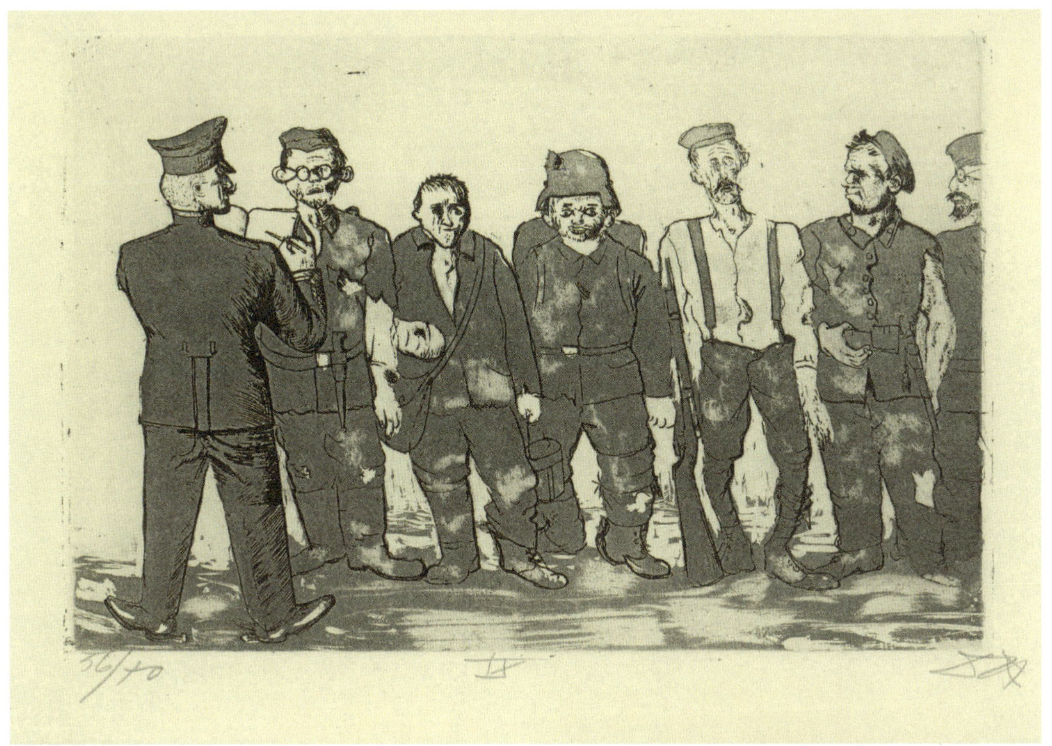

19

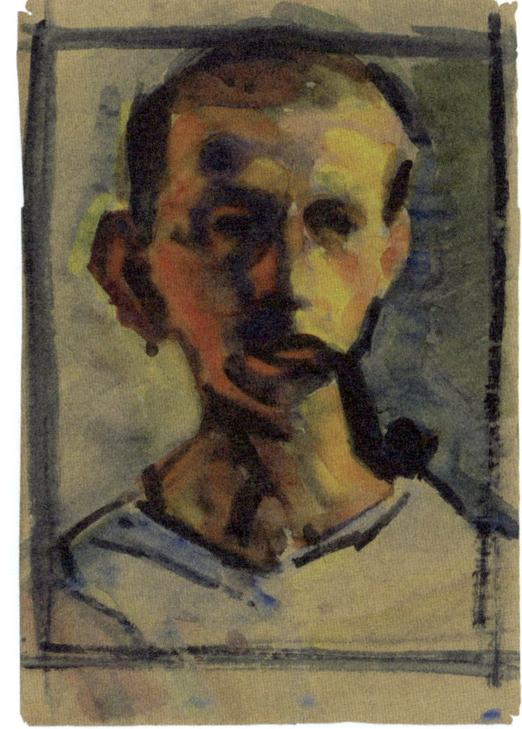

20

19 OTTO DIX
Appell der Zurückgekehrten /
*Roll-call of the Returning
Troops*, 1924; Radierung auf
Papier / *Etching on paper*;
Blatt / *Sheet*: 35 x 47,5 cm,
Platte / *Plate*: 19,5 x 28,3 cm;
Aus: Der Krieg, Fünfte Mappe,
Verlag Karl Nierendorf,
Berlin / *From: Der Krieg
(The War), Folder Five, Karl
Nierendorf Publisher, Berlin*;
Staatliche Graphische
Sammlung München

20 HERMANN GLÖCKNER
Selbstbildnis mit Pfeife / *Self-
portrait with Pipe*, 1923/1924;
Aquarell auf Papier /
Watercolor on paper,
47,5 x 32,5 cm; Staatliche
Graphische Sammlung
München; Dauerleihgabe der /
On permanent loan from the
Vereinigung der Freunde der
Staatlichen Graphischen
Sammlung München

53

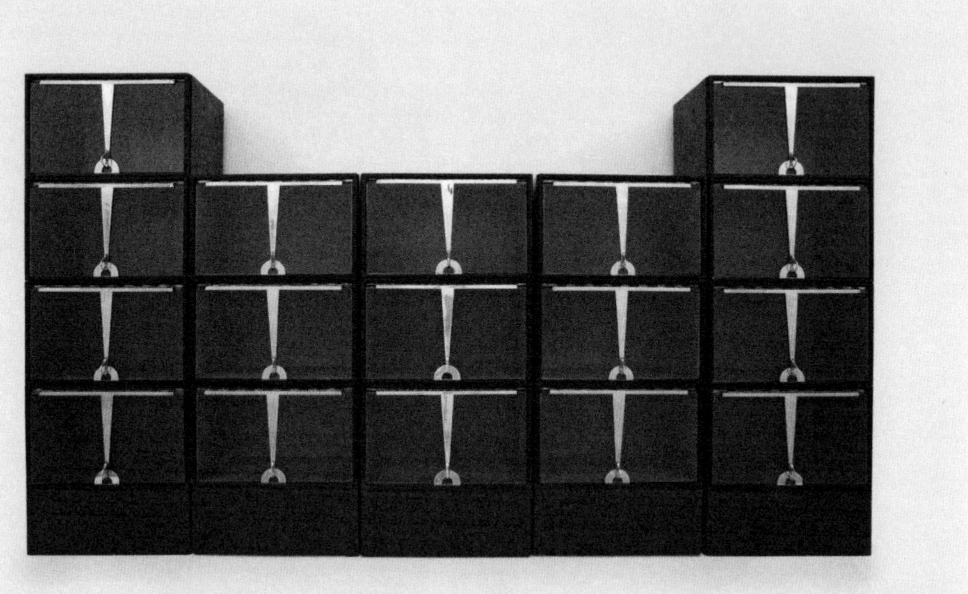

21

Ein Ding ist bestimmt durch sein Wesen. Um es so zu gestalten, daß es richtig funktioniert [...], muß sein Wesen zuerst erforscht werden. / *A thing is defined by its essence. To design it such that it functions correctly [...], you first have to research its essence.*

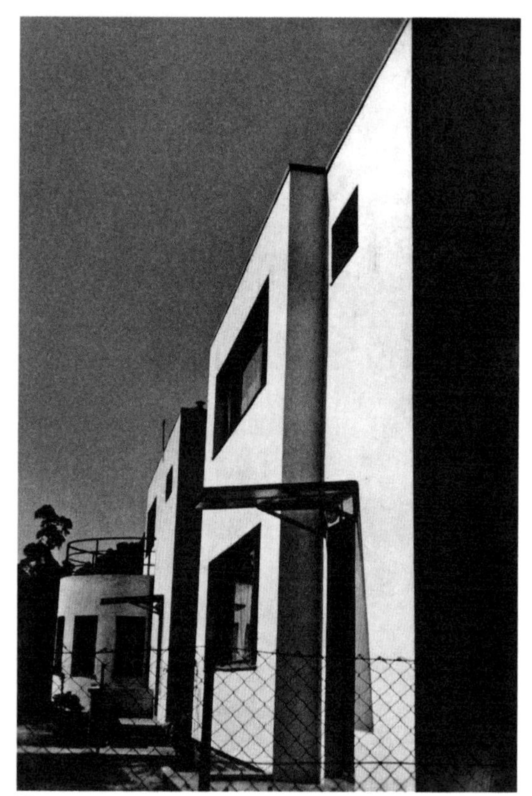

22

21 JACQUES-ÉMILE
RUHLMANN
Bücherschranksystem
Bibliothèque / *Bibliothèque
bookshelf system*, um /
around 1928; Holz, lackiert,
Glas, Metall, verchromt /
*Wood, varnished,
glass, metal, chromed*;
Etablissements Ruhlmann,
Paris; Die Neue Sammlung –
The Design Museum

22 RICHARD PAULICK
Haus Naurath, Haus Hahn /
*Naurath House, Hahn
House*, Dessau, 1928;
Fotografie / *Photograph*;
Architekturmuseum der
TU München

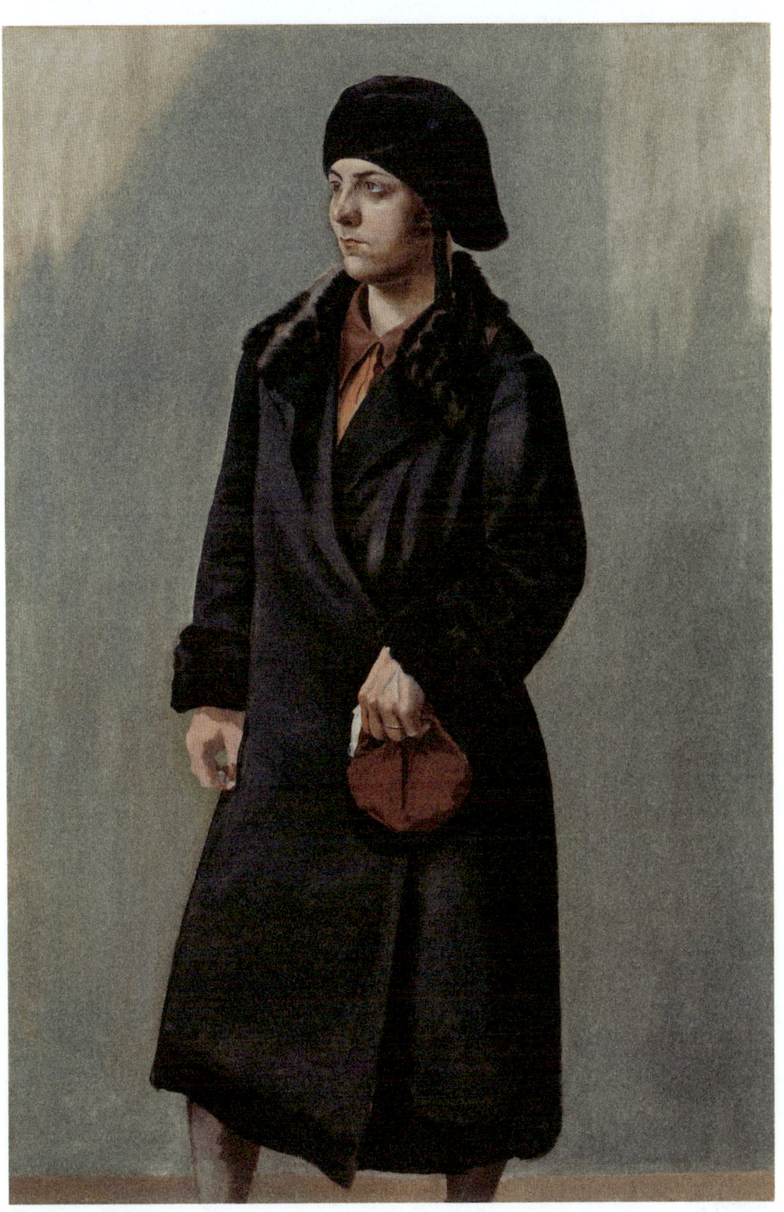

23

23 GEORGE GROSZ
Frau im schwarzen Mantel /
Woman in Black Coat,
1927; Öl auf Leinwand /
Oil on canvas; Bayerische
Staatsgemäldesammlungen,
Sammlung Moderne Kunst /
Modern Art Collection; 2008
erworben mit Unterstützung
der / *Acquired 2008 with the
support of* Kulturstiftung der
Länder, Dr. Winterstein und
der Theo Wormland-Stiftung /
*and the Theo Wormland
Foundation*

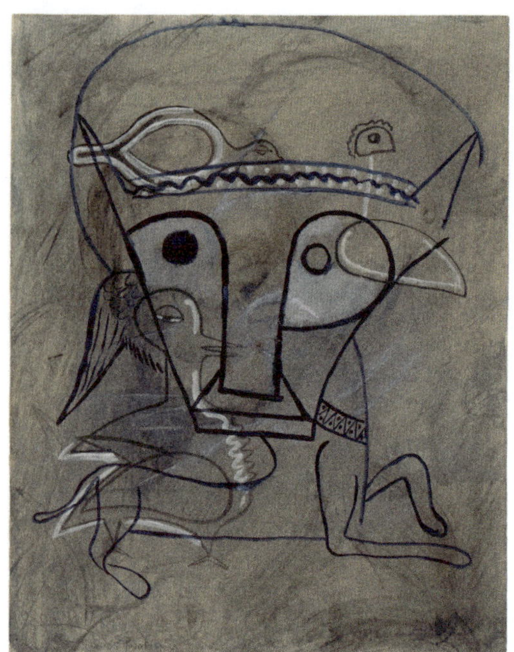

24

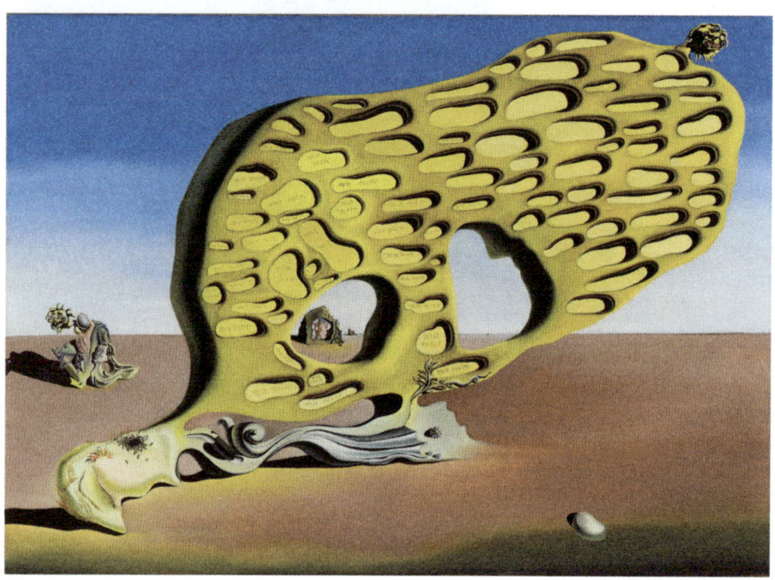

25

24 FRANCIS PICABIA
Masque en transparence /
Transparent Mask, 1925;
Gouache, Aquarell und
Bleistift auf Papier / *Gouache,
watercolor and pencil on
paper*; 64,2 x 49,9 cm; Staat-
liche Graphische Sammlung
München; Dauerleihgabe der /
On permanent loan from the
Vereinigung der Freunde der
Staatlichen Graphischen
Sammlung München

25 SALVADOR DALÍ
Das Rätsel der Begierde oder
„Meine Mutter, Meine Mutter,
Meine Mutter" / *The Enigma
of My Desire or "My Mother,
My Mother, My Mother"*,
1929; Öl auf Leinwand /
Oil on canvas; Bayerische
Staatsgemäldesammlungen,
Sammlung Moderne Kunst /
Modern Art Collection; 1982
erworben mit Unterstützung
der Theo Wormland-
Stiftung / *Acquired 1982
with the support of the Theo
Wormland Foundation*

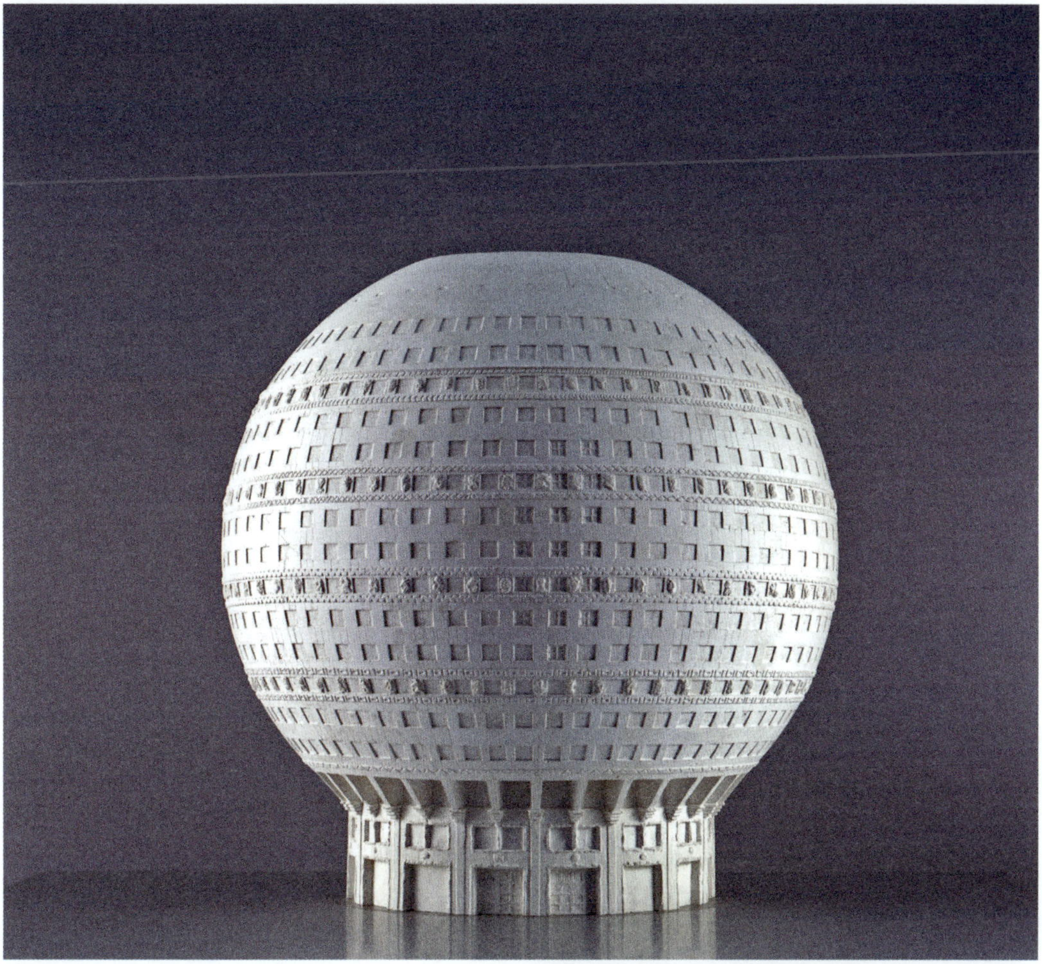

26

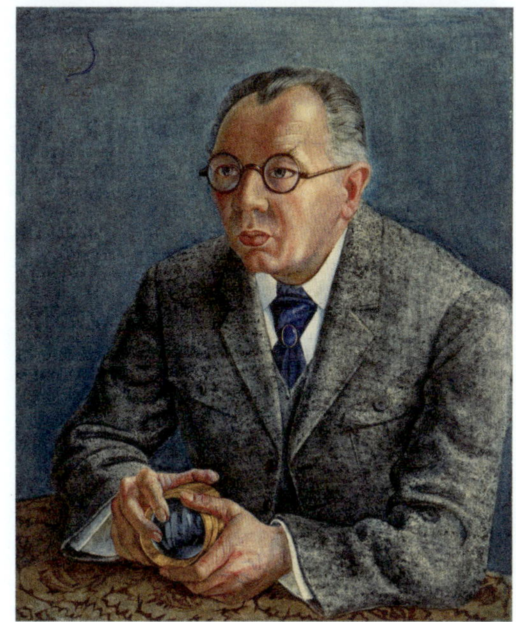

27

26 PETER BIRKENHOLZ
Messehotel / *Trade fair
hotel*, Leipzig, 1927–1928;
Schnittmodell / *Section
model* 1100; Gips, Holz,
Aluminium / *Plaster, wood,
aluminum*; Architektur-
museum der TU München

27 OTTO DIX
Bildnis des Fotografen /
Portrait of the Photographer
Hugo Erfurth, 1925;
Tempera auf Holz / *Tempera
on wood*; Bayerische
Staatsgemäldesammlungen,
Sammlung Moderne Kunst /
Modern Art Collection; 1964
erworben als Schenkung von /
Acquired 1964 as a gift from
Sofie und / *and* Emanuel Fohn

1930

—

1949

In stürmischen Zeiten:
Die 1930er und 1940er Jahre /
Stormy Times:
the 1930s and 1940s

Christoph Zuschlag

Wie eine Furie tobt er über eine öde, menschenleere Landschaft, gewalttätig, bedrohlich, furchteinflößend: der HAUSENGEL, der so gar nichts von einem Engel hat, dafür aber viel mehr von einem Teufel. Mit diesem Bild reagierte Max Ernst 1937 auf die immer bedrohlicher werdende politische und kulturelle Situation in Europa, die sich im Spanischen Bürgerkrieg und der Niederlage der Republikaner ebenso zeigte wie in der sich verschärfenden Kunstpolitik im nationalsozialistischen Deutschland. 1937 – das ist das Jahr, in dem die Nationalsozialisten in München die beiden Parallelausstellungen GROSSE DEUTSCHE KUNSTAUSSTELLUNG und ENTARTETE KUNST inszenierten, um damit unmissverständlich klarzumachen, welche Kunst in Hitler-Deutschland gefördert und welche Kunst abgelehnt (und das hieß: beschlagnahmt, in Ausstellungen an den Pranger gestellt, zerstört oder verkauft) werden sollte. Viele Künstler zogen sich daraufhin in die innere Emigration zurück oder verließen das Land, so etwa 1937 Lyonel Feininger und Max Beckmann. 1937 war auch das Jahr der Weltausstellung in Paris. Sie wurde von den Folgen der Weltwirtschaftskrise, die im Oktober 1929 mit dem New Yorker Börsencrash begonnen hatte, von sozialen Unruhen im Gastgeberland Frankreich und vom Spanischen Bürgerkrieg überschattet. So ist im spanischen Pavillon GUERNICA ausgestellt, Pablo Picassos „Jahrhundertbild" (Max Imdahl). Und auch der drohende Weltkrieg warf in Paris bereits seine Schatten voraus: Als ob sie sich belauern und gegenseitig einschüchtern wollten, lagen sich der deutsche, von Albert Speer errichtete und mit zwei monumentalen Figurengruppen von Josef Thorak ausgestattete Pavillon und der sowjetische Bau genau gegenüber – eine hochsymbolische Konstellation.

Die 1930er und 1940er Jahre sind zwei Jahrzehnte dramatischer historischer Ereignisse, die, weit über Deutschland und Europa hinaus, tiefe Spuren in der weltpolitischen Ordnung hinterlassen haben. In Deutschland wechselte in diesen zwanzig Jahren mehrfach das politische System: Auf die letzten Jahre der Weimarer Republik folgten zwölf Jahre NS-Diktatur, auf

Like a fury it rages across desolate, deserted landscape – violent, threatening, terrifying: Fireside Angel or The Triumph of Surrealism (HAUSENGEL), which bears absolutely no resemblance to an angel at all, but is much more reminiscent of a devil. With this painting Max Ernst responded in 1937 to the increasingly menacing political and cultural situation in Europe, which was equally reflected in the Spanish Civil War and the defeat of the Republican side, and the ever stricter art policy of the Third Reich. 1937 is the year when the Nazis orchestrated the two parallel exhibitions in Munich: the GROSSE DEUTSCHE KUNSTAUSSTELLUNG and ENTARTETE KUNST (Degenerate Art) in order to make it unmistakably clear what kind of art was required in Hitler Germany, and what art was rejected (which also meant confiscated, being vilified in exhibitions, destroyed or sold). Many artists retreated into a kind of inner exile or left the country, among them Lyonel Feininger and Max Beckmann in 1937. That was also the year of the World Expo in Paris, though it was overshadowed by the impact of the Great Depression (which began October 1929 with the Wall Street crash), social unrest in the host country, France, and the Spanish Civil War. Consequently, the Spanish pavilion exhibited GUERNICA, what Max Imdahl termed Pablo Picasso's "painting of the century". And the impending world war also cast a cloud over Paris: As if they wanted to watch and intimidate each other, the German pavilion (built by Albert Speer and featuring two monumental groups of figures by Josef Thorak) and the Soviet Russian pavilion stood directly opposite each other – a highly symbolic constellation.

The 1930s and 1940s are two decades of dramatic historical events, which have left deep marks on the landscape of world politics well beyond Germany and Europe. In Germany, the political system changed several times in these two decades: The final inter-War years were followed by twelve years of Nazi dictatorship, then liberation and the end of World War II, followed in 1945 by Germany's division into four occupation zones governed by the Allied victors, and in 1949 by the foundation of two separate German states.

die Befreiung und das Ende des Zweiten Weltkrieges 1945 die Aufteilung Deutschlands unter den alliierten Siegermächten in vier Besatzungszonen sowie 1949 die Gründung beider deutscher Staaten.

Unmittelbar nach der Ernennung Hitlers zum Reichskanzler am 30. Januar 1933 begann der Auf- und Ausbau der nationalsozialistischen Herrschaft auf allen Ebenen des politischen, gesellschaftlichen und kulturellen Lebens. Durch eine Reihe von „Gleichschaltungsgesetzen" gelang es der NSDAP, mit dem Staat zu einer Einheit zu verschmelzen und so eine Monopolstellung zu erringen. Binnen kürzester Zeit fiel das freie kulturelle Leben den staatlichen Kontrollmaßnahmen zum Opfer. Das „Gesetz zur Wiederherstellung des Berufsbeamtentums" vom 7. April 1933 schuf die Grundlage für die fristlose Entlassung unliebsamer Hochschulprofessoren und Museumsbeamter aus „rassischen" bzw. politischen Gründen. Zahlreiche Museumsdirektoren und Professoren an Kunsthochschulen verloren ihre Ämter, darunter Paul Klee (PASTOR KOHL, 1932) in Düsseldorf und Max Beckmann (SELBSTBILDNIS IN SCHWARZ, 1944) in Frankfurt. An die Stelle der entlassenen Beamten in Museen und Hochschulen traten Funktionäre und Gesinnungsgenossen der NSDAP, die oft in enger Verbindung zum völkischen „Kampfbund für Deutsche Kultur" standen. In vielen Städten richteten die neuen Museumsleiter sogenannte „Schreckenskammern der Kunst" ein, in denen der jeweils am Ort vorhandene Bestand an moderner Kunst in diffamatorischer Weise zur Schau gestellt wurde. Diese Schmähausstellungen nahmen die Ausstellung ENTARTETE KUNST von 1937 in Bezug auf ihre politische Funktion, ihre ideologische Stoßrichtung und ihre propagandistische Inszenierung auf lokaler Ebene vorweg.

Wichtigstes Instrument zur totalen ideologisch-politischen, sozialen und ökonomischen Kontrolle des gesamten kulturellen Lebens war die dem Propagandaministerium unterstellte Reichskulturkammer mit sieben Einzelkammern, darunter die Reichskammer der bildenden Künste. Die Liquidierung der Freiheit der

Immediately following the appointment of Hitler as Chancellor on 30 January, 1933 the Nazis set about establishing and expanding their power at all levels of political, social and cultural life. Through a series of "Nazification laws" the Nazi Party succeeded in merging with the state apparatus and obtaining a stranglehold on everything. Within a very short space of time cultural life, which had previously been restricted, was subjected completely to state control. The "Act for the Restoration of the Profession of Civil Servants" (Gesetz zur Wiederherstellung des Berufsbeamtentums) of April 7, 1933 provided the basis for the instant dismissal of unpopular university professors and museum officials on "racist" or political grounds. Numerous museum directors and professors at art universities lost their jobs and they included Paul Klee (PASTOR KOHL, 1932) in Düsseldorf and Max Beckmann (SELBSTBILDNIS IN SCHWARZ, 1944) (Self Portrait in Black) in Frankfurt. The dismissed museum officials and university professors were replaced by Nazi Party functionaries and supporters, who often had close connections to the national "Militant League for German Culture" (Kampfbund für Deutsche Kultur). In many cities the new museum directors installed horror chambers of art (Schreckenskammern der Kunst) in which existing examples of Modernist art were showcased in a defamatory manner. At the local level, these defamatory exhibitions preempted the DEGENERATE ART exhibition in 1937 in terms of political function, ideological thrust and propagandist orchestration.

The most important instrument for the total, ideological, political, social and economic control of all cultural life was the Reichskulturkammer (Reich Chamber of Culture); under the control of the Propaganda Ministry it had seven chambers including the Reichskammer der bildenden Künste (Reich Chamber of Fine Arts). Ending the freedom of the arts (which as a response to the censorship in the Second Reich had been guaranteed in the inter-War constitution and protected by the state) was fully in line with the Nazis' claim to total power and the total authority of the state and art was accordingly assigned the sole

Künste (die – als Reaktion auf die Zensur im Kaiserreich – in der Verfassung der Weimarer Republik garantiert und staatlich geschützt gewesen war) entsprach dem totalen Macht- und Autoritätsanspruch des Staates, welcher der Kunst die alleinige Funktion zuwies, seine Ideologie und sein rassistisches Menschenbild zu verbreiten.

Öffentlich manifestierte sich dies vor allem in Monumentalplastiken, mit denen Gebäude von Staat und Partei, Aufmarschgelände und Plätze ausgestattet wurden. Der große öffentliche Bedarf an plastischen Arbeiten zeigte sich auch in den GROSSEN DEUTSCHEN KUNSTAUSSTELLUNGEN, die von 1937 bis 1944 jährlich im „Haus der Deutschen Kunst" in München stattfanden. Es dominierte die an der Antike und an der klassischen Tradition der europäischen Bildhauerei orientierte Aktfigur. Männer- und Frauenakte von Bildhauern wie Arno Breker und Josef Thorak hatten im Nationalsozialismus nicht nur einen symbolisch-allegorischen Gehalt, sondern waren zugleich Ausdruck festgelegter Rollenbilder.

Diese Rollenbilder prägten auch die Malerei, in der die traditionelle Gattungsmalerei des 19. Jahrhunderts – Historienmalerei, Porträt, Genre, Landschaft, Stillleben, Akt und Allegorie – wiederbelebt, eine Rückkehr zur altmeisterlichen Malerei propagiert und das Handwerkliche betont wurde. Auch wenn es keinen „NS-Stil" gab, war die stilistische Bandbreite gering, weil eine „volksnahe" naturalistische Gegenständlichkeit gefordert war. So erwies sich die NS-Kunst in erster Linie als kontramodern und restaurativ. Eine „revolutionäre", eine „neue deutsche Kunst" mit eigener Ästhetik auszubilden, gelang hingegen nicht. Dies belegt eines der bekanntesten Gemälde aus der NS-Zeit im Besitz der Bayerischen Staatsgemäldesammlungen: Adolf Zieglers Triptychon DIE VIER ELEMENTE. Ziegler war 1936 zum Präsidenten der Reichskammer der Bildenden Künste ernannt worden, im Juli 1937 führte er die erste von zwei landesweiten Beschlagnahmungen „entarteter Kunst" durch, die der Bestückung der gleichnamigen Münchner Ausstellung diente. Das Triptychon

function of disseminating the Nazi ideology and its racist image of man.

This was publicly manifested above all in monumental sculptures that were erected in state and party buildings, parade ground and squares. The great public need for sculptures was also demonstrated in the GROSSE DEUTSCHE KUNSTAUSSTELLUNGEN (Great German Art Exhibitions) which took place annually 1937 to 1944 in Haus der Deutschen Kunst in Munich. Nude figures inspired by Classical Antiquity and the classical tradition of European sculpture predominated. Male and female nudes by sculptors such as Arno Breker and Josef Thorak not only had a symbolic, allegorical content in the days of the Third Reich, but were simultaneously an expression of set role models.

These role models also shaped painting in which the traditional painting of the 19th century (historical painting, portraiture, genre, landscape, still-life, nude and allegorical paintings) were revived, marking a return to painting in the manner of the Old Masters, with the emphasis on craftsmanship. Though there was no "Nazi style" as such, one can talk of a stylistic range albeit a narrow one; naturalist, figurative and heroic, the intention was for it to be understood easily by ordinary folk. In brief, Nazi art can be described as primarily contra-Modernist and backward-looking. What was not achieved was to create a "revolutionary", "new German art" with its own aesthetics. This is evidenced by one of the best-known paintings from the Nazi period, now owned by the Bayerische Staatsgemäldesammlungen: Adolf Ziegler's triptych DIE VIER ELEMENTE (The Four Elements). In 1936, Ziegler was appointed President of the Reich Chamber of Fine Arts, and in July 1937 conducted the first of two national campaigns confiscating "degenerate art"; the confiscated works were subsequently shown in the eponymous exhibition in Munich. Hitler acquired the triptych for his Munich office, in 1937 it was one of the major works at the GROSSE DEUTSCHE KUNSTAUSSTELLUNG, while Gobelin simultaneously used the theme for the German pavilion at the World Expo in Paris. The term "degenerate" was used as a catch-all

hatte Hitler für seinen Münchner Dienstsitz erworben, 1937 war es eines der Hauptwerke auf der GROSSEN DEUTSCHEN KUNSTAUSSTELLUNG, gleichzeitig schmückten Gobelins mit dem Bildmotiv den deutschen Pavillon auf der Pariser Weltausstellung.

Unter das Verdikt „entartet" fiel die gesamte ästhetische Moderne vom deutschen Impressionismus über den Expressionismus bis hin zu Dadaismus, Surrealismus und Konstruktivismus, von Künstlern des Bauhauses und der Abstraktion bis hin zur Neuen Sachlichkeit. Nach dem Auftakt in München reiste die Ausstellung ENTARTETE KUNST bis 1941 durch das damalige Reich, wobei sich ihre Zusammenstellung grundlegend veränderte. Die Wanderschau wurde von einem Ausstellungsführer begleitet, auf dessen Umschlag eine Plastik von Otto Freundlich abgebildet war. Der jüdische Künstler wurde 1943 auf der Flucht in Frankreich verhaftet und deportiert. Er wurde vermutlich im KZ Sobibor ermordet oder kam bereits auf der Fahrt dorthin ums Leben. Ein Jahr zuvor hatte er die lichte Gouache COMPOSITION AUTOUR DE DEUX PLANS NOIR ET GRIS geschaffen, eine abstrakte Komposition aus monochromen Farbflächen. Zu Freundlichs Pariser Künstlerfreunden gehörte Pablo Picasso, der in den Jahren der deutschen Besatzung Frankreichs im Zweiten Weltkrieg eine ganze Reihe von Bildern mit dem Motiv „Frau im Sessel" malte. Die Münchner Fassung aus dem Jahr 1941, für die Picassos Geliebte Dora Maar Modell saß, bietet ein Bild der Angst und des Entsetzens und spiegelt so die Zeitsituation wider.

Die Selbstdarstellung des NS-Systems erfolgte vorrangig in der offiziellen Staatsarchitektur und im Städtebau. Auch dieser Bereich wurde von der Reichskulturkammer kontrolliert, denn die Architekten mussten Mitglied der Fachgruppe Baukunst der Reichskammer der bildenden Künste werden. Zusammenfassend lässt sich sagen, dass es eine einem homogenen Architekturprogramm und einheitlichen Stilprinzipien folgende NS-Architektur nicht gab. Vielmehr existierten verschiedene, mehr oder minder konservativ-traditionelle architektonische

phrase for all Modernist art from German Impressionism via Expressionism through to Dadaism, Surrealism and Constructivism, from Bauhaus artists and those who worked in an abstract vein through to New Objectivity. Following the start in Munich in 1941, the DEGENERATE ART exhibition traveled throughout the Third Reich, but its composition altered radically. The traveling show was accompanied by a guide with a cover featuring a sculpture by Otto Freundlich. The Jewish artist was arrested in 1943 having fled to France, and deported. He is thought to have been murdered in the Sobibor concentration camp or died during the journey to the camp. One year before he had created the light gouache COMPOSITION AUTOUR DE DEUX PLANS NOIR ET GRIS, an abstract composition of monochrome color surfaces. Freundlich's artist friends in Paris included Pablo Picasso, who during the German occupation of France in World War II realized an entire series of paintings that took as its subject "Woman in chair". The version in Munich dating from 1941 for which Picasso's lover Dora Maar sat presents an image of fear and horror, and essentially mirrors the situation at the time.

The Nazi system promoted itself primarily in official state architecture and urban planning. This area was also controlled by the Reich Chamber of Culture because architects had to become members of the architecture section of the Reich Chamber of Fine Arts. In summary, it can be said that there was no homogenous architecture program or uniform Nazi architecture following certain style principles. Rather, a number of different styles existed reflecting a more or less conservative, traditional architectural language depending on the task and type of building. Alsace-born Paul Schmitthenner, a member of the Nazi Party from 1933, was amongst the architects, who, following the occupation of the border region by the Wehrmacht in summer 1940, supplied designs for the "New Strasbourg". Similarly, the architect German Bestelmeyer joined the Nazi Party after it seized power in 1933. However, his model for a new "City Hall for Larger Berlin" was not realized, and neither were the urban planning measures Albert Speer drew up

Formensprachen, je nach Bauaufgabe und Gattung. Der im Elsass geborene Paul Schmitthenner, seit 1933 Mitglied der NSDAP, gehörte zu den Architekten, die nach der Besetzung des Grenzlandes durch die Wehrmacht im Sommer 1940 Entwürfe für das „Neue Straßburg" lieferten. Auch der Architekt German Bestelmeyer trat nach der Machtergreifung 1933 der NSDAP bei. Sein Modell eines neuen „Rathauses für Großberlin" wurde ebenso wenig realisiert wie die von Albert Speer geplanten städtebaulichen Neuordnungen vieler Großstädte, allen voran Berlins. Wilhelm Kreis wurde 1938 Rektor der Technischen Hochschule Dresden. Im selben Jahr entwarf er ein neues Krieger-Ehrenmal für den deutschen Soldatenfriedhof Cambrai im französischen Département Nord. Diese Anlage war 1917 von den deutschen Truppen eingerichtet und mit einem von Wilhelm Kreis geschaffenen Denkmal ausgestattet worden, das heute noch ihr Mittelpunkt ist. Am Ende des Zweiten Weltkrieges lagen viele deutsche Städte in Trümmern, und Architekten wie Martin Elsaesser und Georg W. Buchner lieferten Pläne für den Wiederaufbau. Im Bereich des modernen Designs war die STOCKHOLMER AUSSTELLUNG 1930 unter Leitung des Architekten Erik Gunnar Asplund ein vielbeachtetes Ereignis. Die wichtigste Kunst- und Designhochschule in Europa, das 1919 in Weimar gegründete Bauhaus, hatte im NS-Deutschland keine Zukunft, es wurde 1933 in Berlin geschlossen. Viele Bauhäusler mussten emigrieren. So entstanden die wesentlichen Innovationen im Bereich des Designs in diesem Zeitraum außerhalb Deutschlands. Zu nennen sind hier etwa die irische Innenarchitektin und Designerin Eileen Gray, der Franzose Jean Prouvé sowie die Amerikaner Walter Dorwin Teague, Isamu Noguchi und Ray und Charles Eames.

for many cities, above all Berlin. In 1938, Wilhelm Kreis was appointed Rector of Dresden Technical University. That same year he designed a new war memorial for a cemetery in northern France at Cambrai, which had first been built in 1917 by German troops and featured a memorial created by Wilhelm Kreis, which is still its focal point today. At the end of World War II many German cities were in ruins and architects like Martin Elsaesser and Georg W. Buchner supplied plans for their reconstruction.In the field of modern design, the 1930 STOCKHOLM EXHIBITION supervised by architect Erik Gunnar Asplund was an event that attracted a lot of attention. The most important art and design university in Europe, the Bauhaus founded 1919 in Weimar, had no place in Nazi Germany; it was closed 1933 in Berlin and many of its members had to emigrate. Thus, the fundamental innovations in the area of design during this period took place outside of Germany. Worthy of mention in this context are Irish interior decorator and designer Eileen Gray, Frenchman Jean Prouvé but also Americans Walter Dorwin Teague, Isamu Noguchi as well as Ray and Charles Eames.

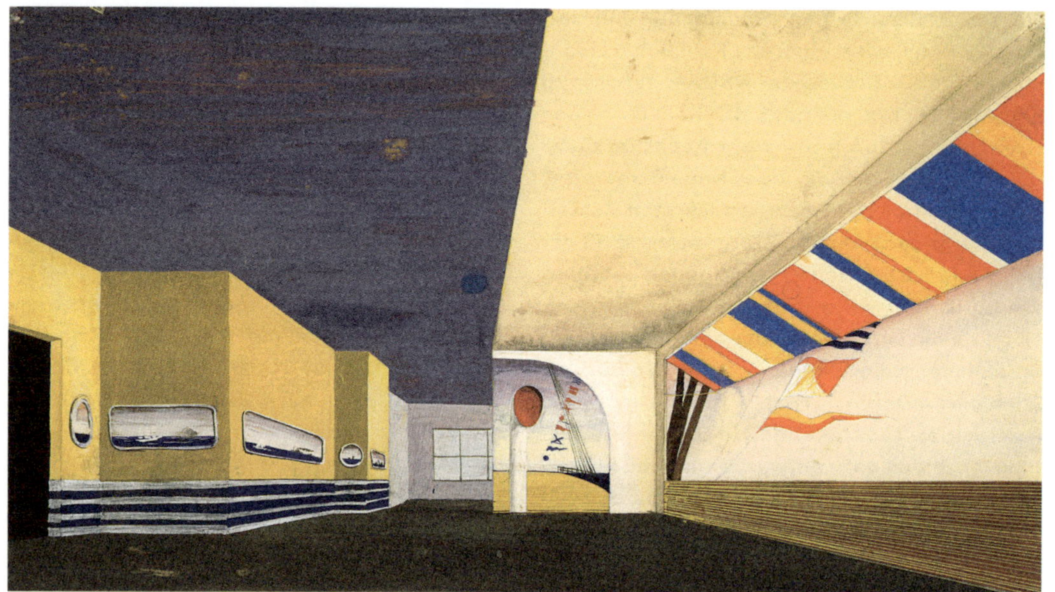

1

Die Umgebung ist die Komposition. / *The environment is the composition.*

WASSILY KANDINSKY, 1935

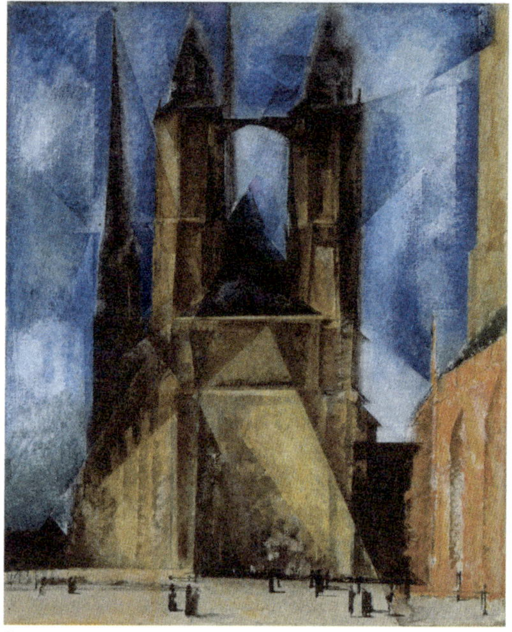

2

1 ERIK GUNNAR ASPLUND
Ausstellungspavillon /
Exhibition pavilion,
Stockholm, 1930; Bleistift,
Wasserfarben auf Papier /
Pencil, watercolors on paper;
Architekturmuseum der
TU München

2 LYONEL FEININGER
Marktkirche in Halle,
1930; Öl auf Leinwand /
Oil on canvas; Bayerische
Staatsgemäldesammlungen,
Sammlung Moderne Kunst /
Modern Art Collection; 1954
erworben / *Acquired 1954*

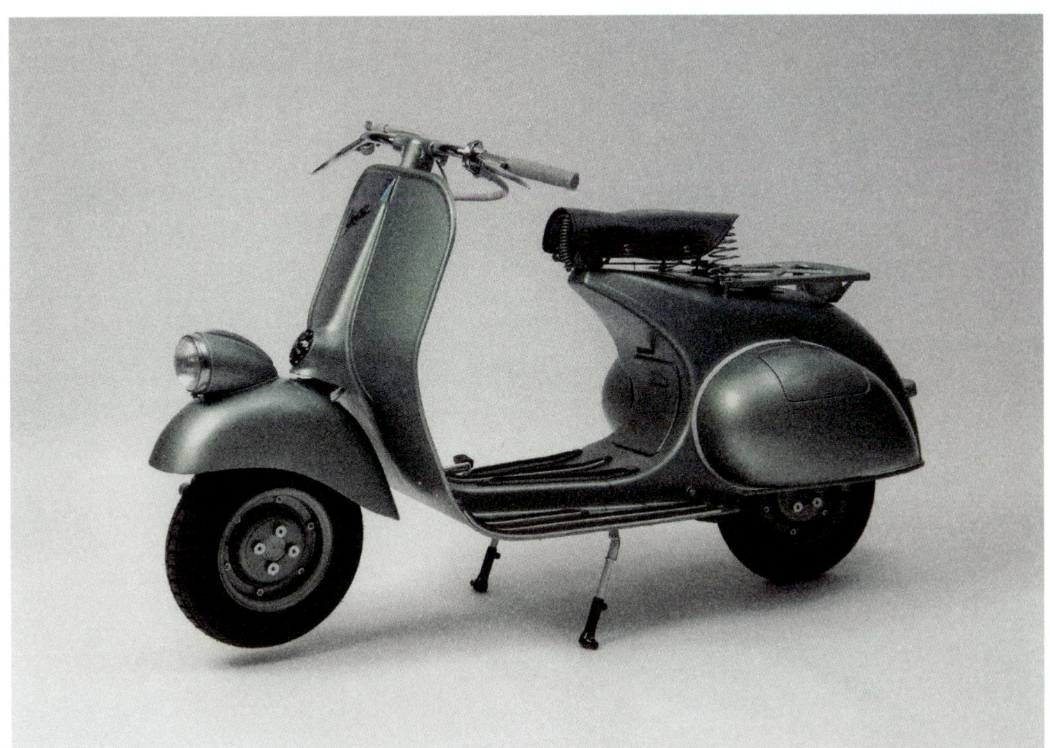

3

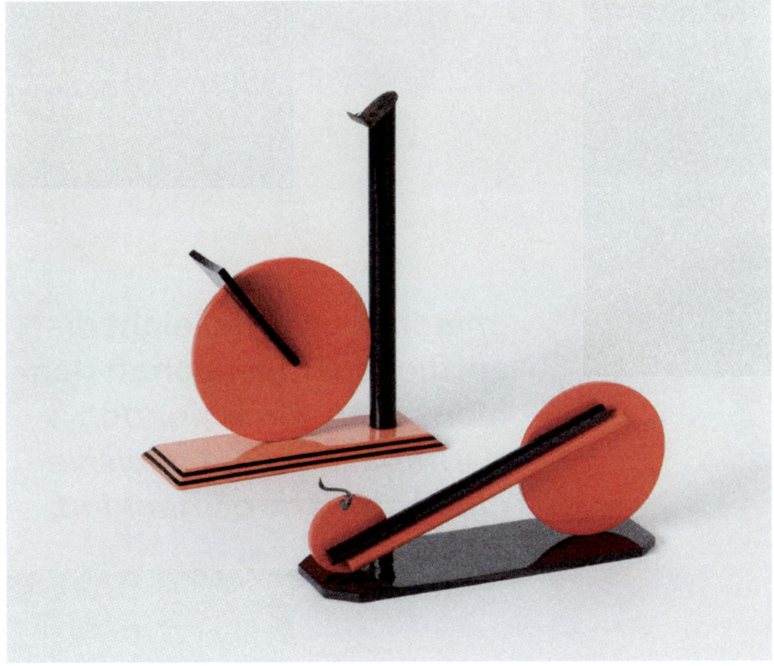

4

3 CORRADINO D'ASCANIO
Motorroller / *Motor scooter*
Vespa 125, Grundentwurf /
basic design in 1945,
Ausführung / *produced* in
1951; Metall / *Metal*; Piaggio
& C., Genua / *Genoa*; Die
Neue Sammlung – The Design
Museum

4
Schuhständer / *Shoe
Tidy*, um / *around* 1930;
Phenoplast / *Phenolic plastic*;
Izegem, Belgien / *Belgium*;
Die Neue Sammlung – The
Design Museum

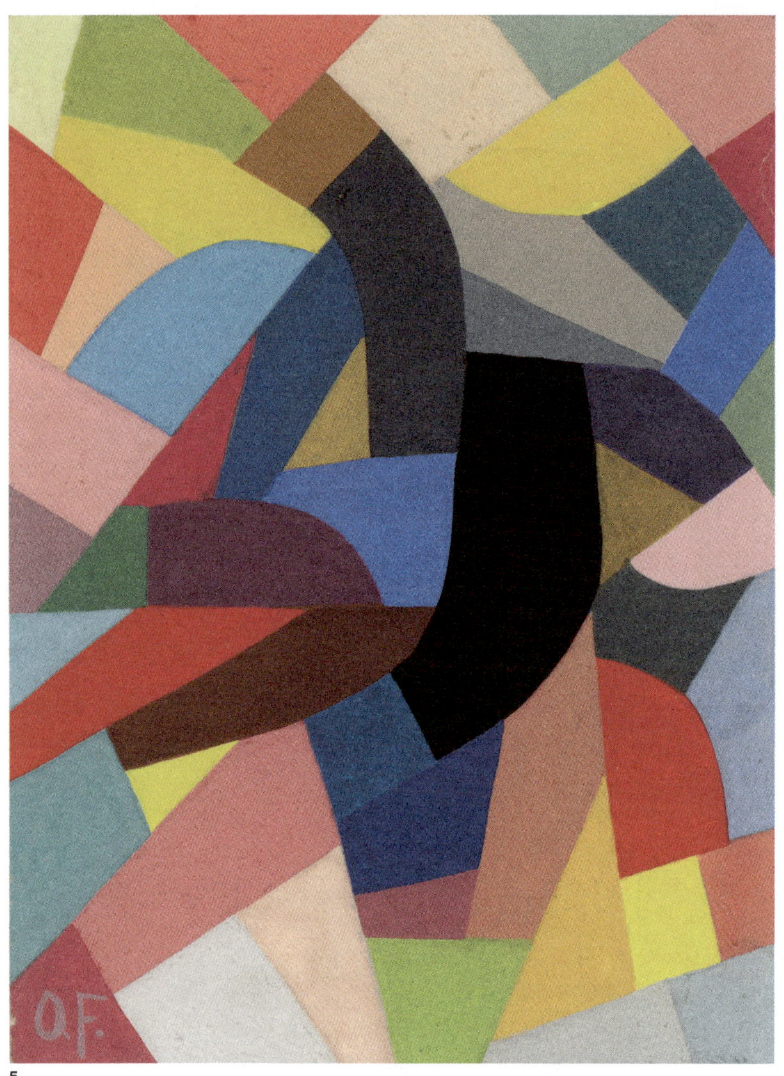

5

Imagination – vielleicht die göttlichste Eigenschaft des Menschen. / *Imagination is perhaps the most decisive characteristic of mankind.*

MAX BECKMANN, 1938

5 OTTO FREUNDLICH
Composition autour de
deux plans noir et gris /
*Composition around Two
Black and Gray Planes*, 1942;
Gouache auf Papier / *Gouache
on paper*; 16,9 x 12,2 cm;
Staatliche Graphische
Sammlung München

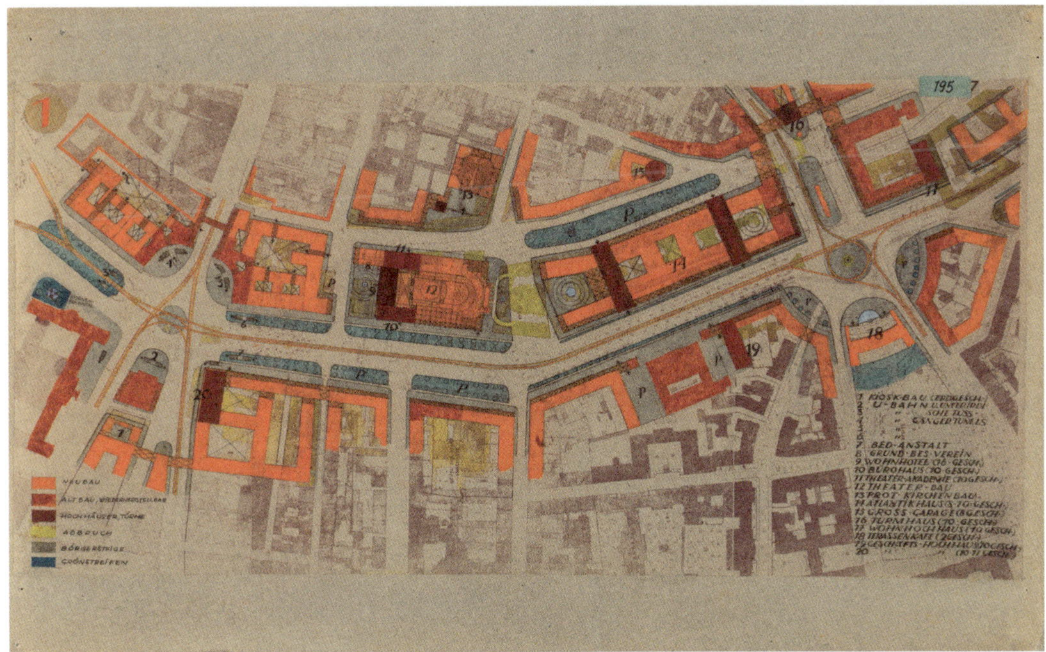

6

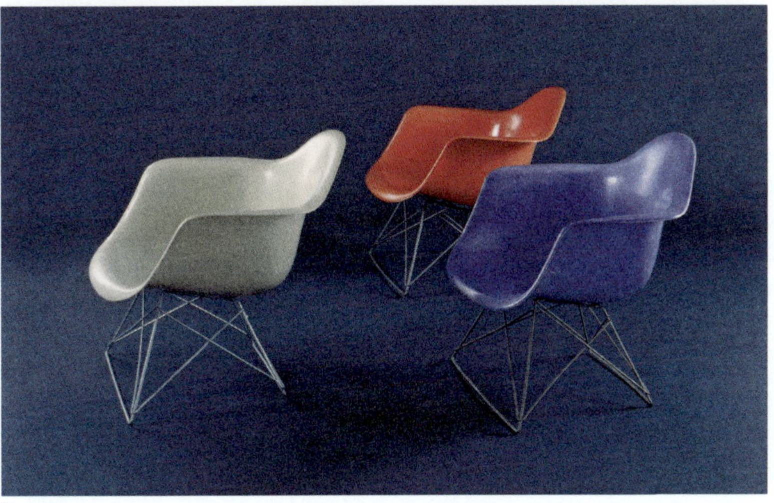

7

6 GEORG W. BUCHNER
Wiederaufbau Sonnenstraße/
Karlsplatz München /
*Reconstruction of
Sonnenstrasse / Karlsplatz,
Munich*, 1947; Lichtpause,
Feder, koloriert auf Karton /
*Blueprint and pen and ink,
colored, on cardboard*;
Architekturmuseum der
TU München

7 CHARLES EAMES,
RAY EAMES
Sessel / *Armchair* LAR
(„Lounge Armchair
Rod"), 1948; Kunststoff,
fiberglasverstärkt, Metall,
verchromt / *Plastic,
fiberglass-reinforced,
metal, chromed*; Herman
Miller Furniture Company,
Zeeland, Michigan; Die Neue
Sammlung – The Design
Museum

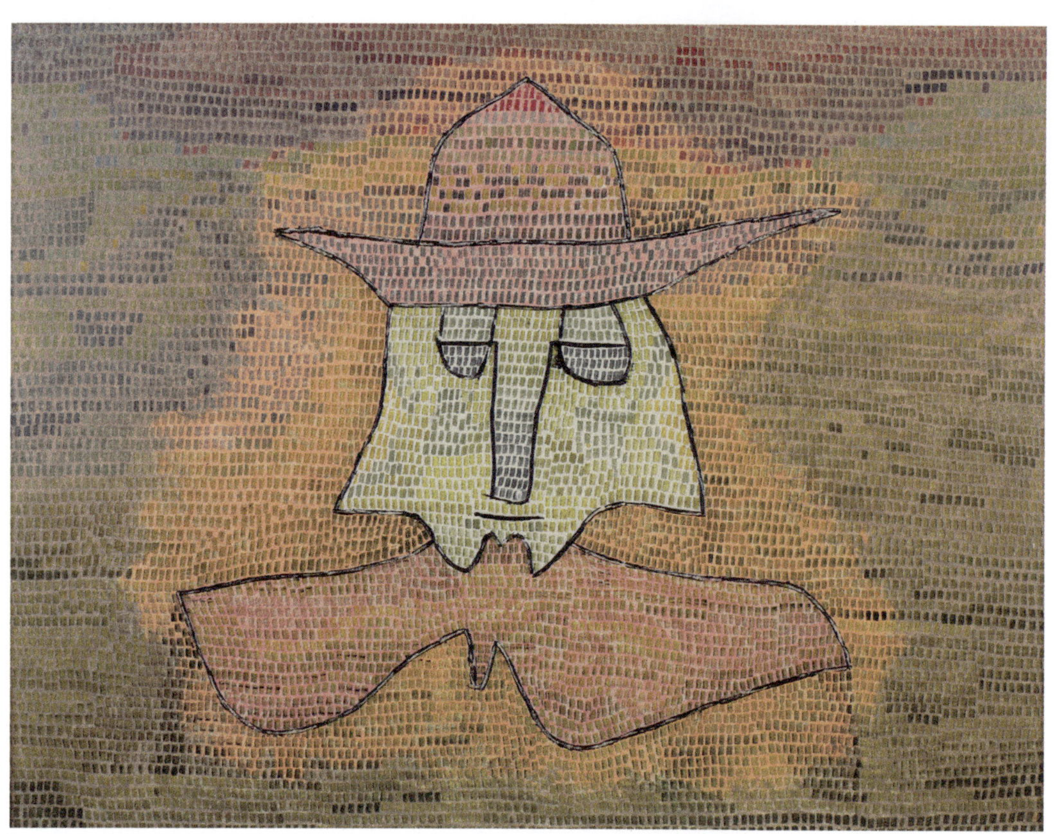

8

8 PAUL KLEE
Pastor Kohl, 1932; Ölfarbe
auf Nesseltuch auf
Sperrholz / *Oil on nettle
on plywood*; Bayerische
Staatsgemäldesammlungen,
Sammlung Moderne Kunst /
Modern Art Collection;
2015 erworben mit Unter-
stützung von / *Acquired
2015 with the support of* PIN.
Freunde der Pinakothek der
Moderne e. V., Ernst von
Siemens Kunststiftung und /
and Kulturstiftung der Länder

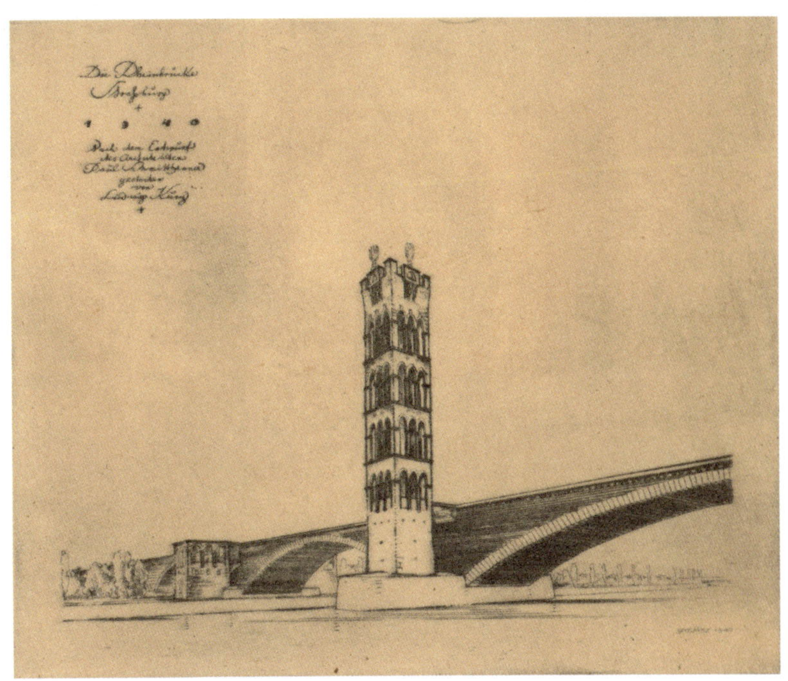

9

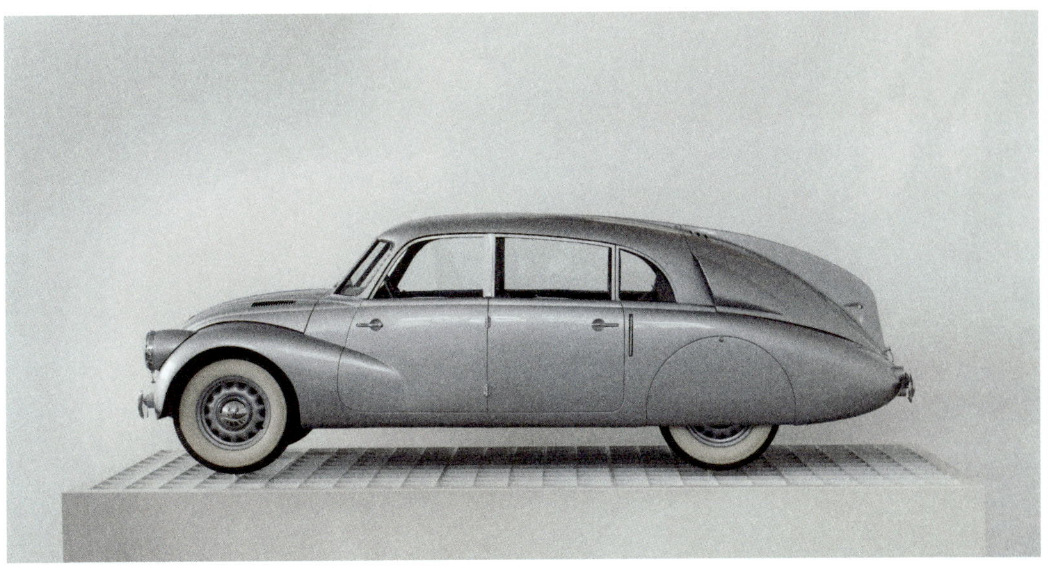

10

9 PAUL SCHMITTHENNER
Stadtplanung, Straßburg /
Urban planning, Strasbourg,
1940–1942; Rheinbrücke /
Bridge over the Rhine, 1940;
Druck auf Papier / *Print on
paper*; Architekturmuseum
der TU München

10 HANS LEDWINKA
Personenwagen / *Car
Tatra* 87, 1937; Metall,
lackiert / *Metal, varnished*;
Tatra-Werke, Nesselsdorf
(Kopřivnice) / *Tatra Works,
Kopřivnice*; Die Neue
Sammlung – The Design
Museum

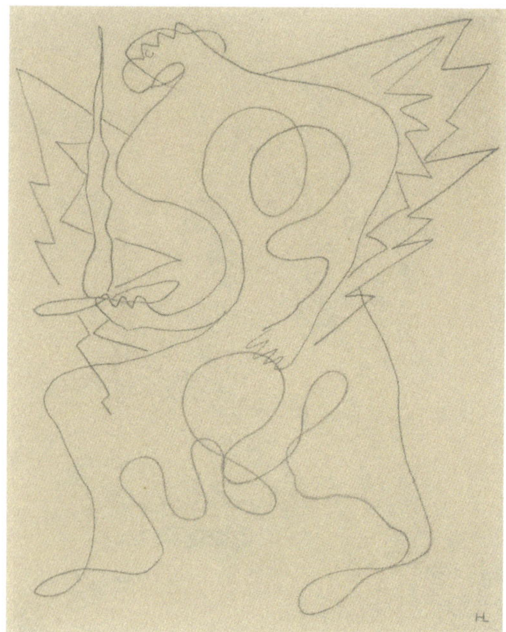

11

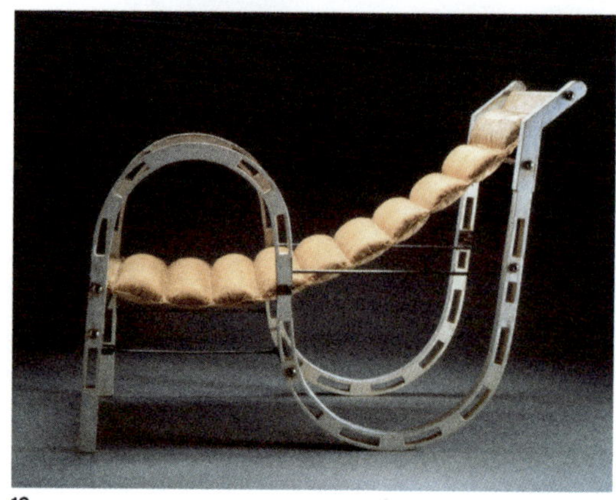

12

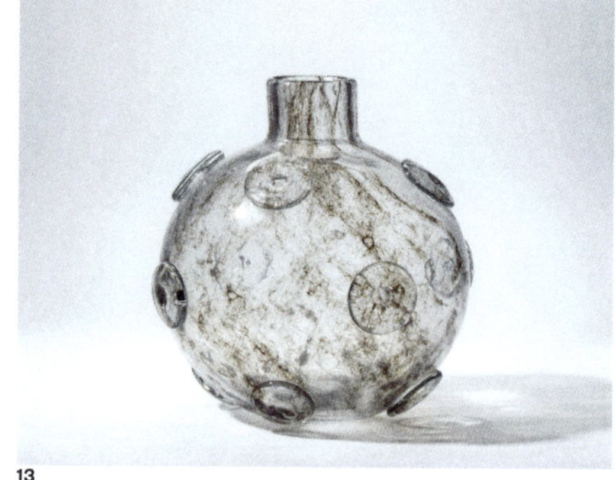

13

11 HENRI LAURENS
L' Ange / *The Angel*, um /
around 1940; Bleistift auf
Papier / *Pencil on paper*;
57,5 x 45,8 cm; Staatliche
Graphische Sammlung
München; Dauerleihgabe
der / *On permanent loan
from* Museumsstiftung zur
Förderung der Staatlichen
Bayerischen Museen,
München

12 EILEEN GRAY
S-Chair, 1938; Holz, Metall,
Polsterauflagen / *Wood,
metal, cushions*; André-
Joseph Roattino, Castellar;
Die Neue Sammlung – The
Design Museum; Erworben
mit Unterstützung der /
*Acquired with the support
of the* Ernst von Siemens
Kunststiftung

13 ERCOLE BAROVIER
Kugelvase / *Globe vase*
Crepuscolo, 1935/36; Glas,
Stahlwolle / *Glass, steel wool*;
Barovier & Toso, Murano; Die
Neue Sammlung – The Design
Museum

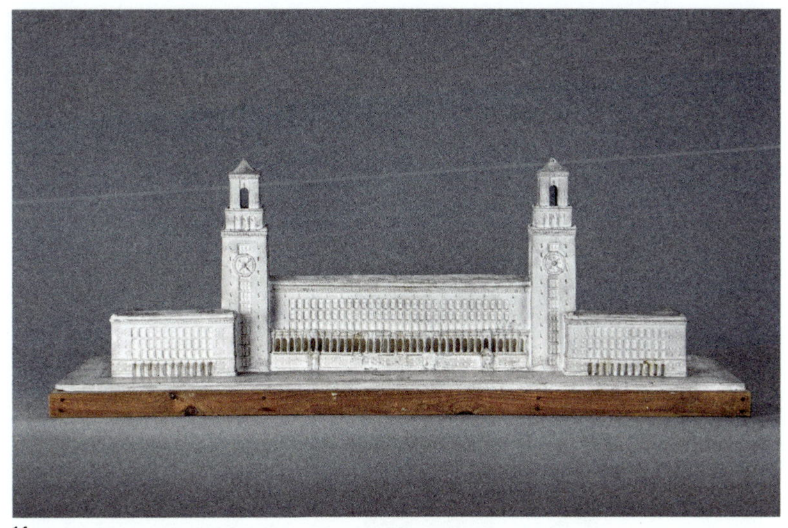

14

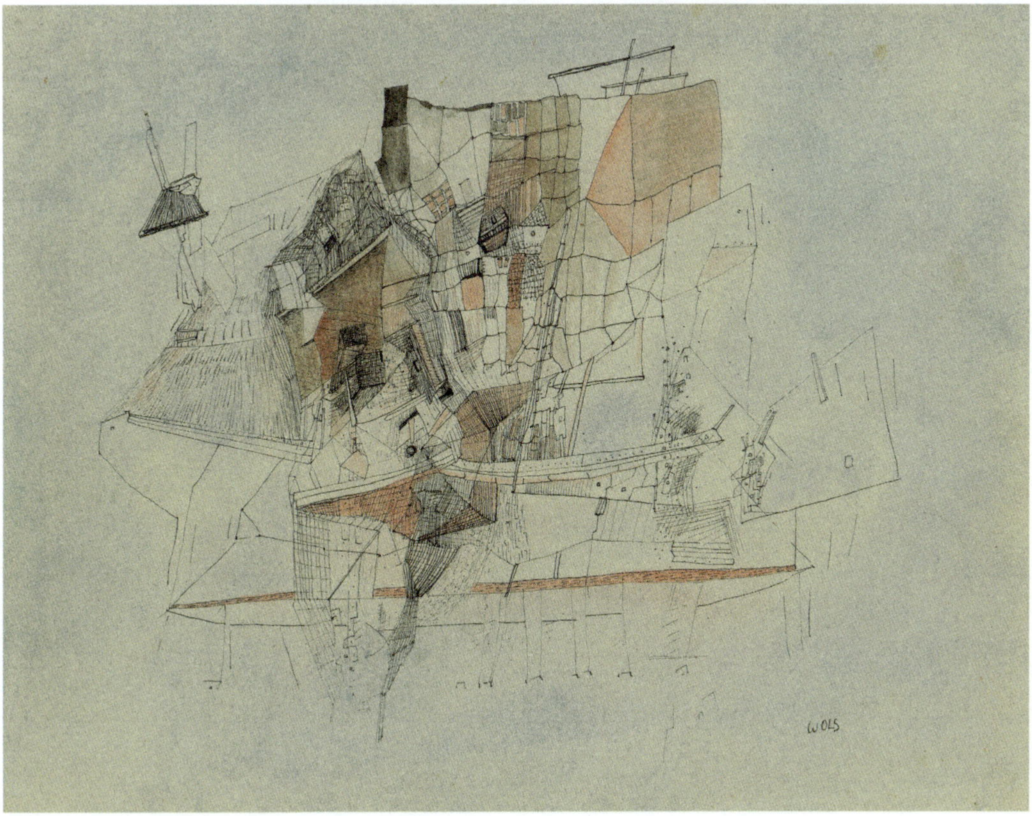

15

14 GERMAN BESTELMEYER
Rathaus für Großberlin /
City Hall for Greater Berlin;
Berlin, 1940; Modell / *Model*;
Gips, Holz / *Plaster, wood*;
Architekturmuseum der
TU München

15 WOLS
Showboat, 1942; Tusche und
Aquarell auf Papier / *India
ink and watercolor on paper*;
24,3 x 30,4 cm; Staatliche
Graphische Sammlung
München

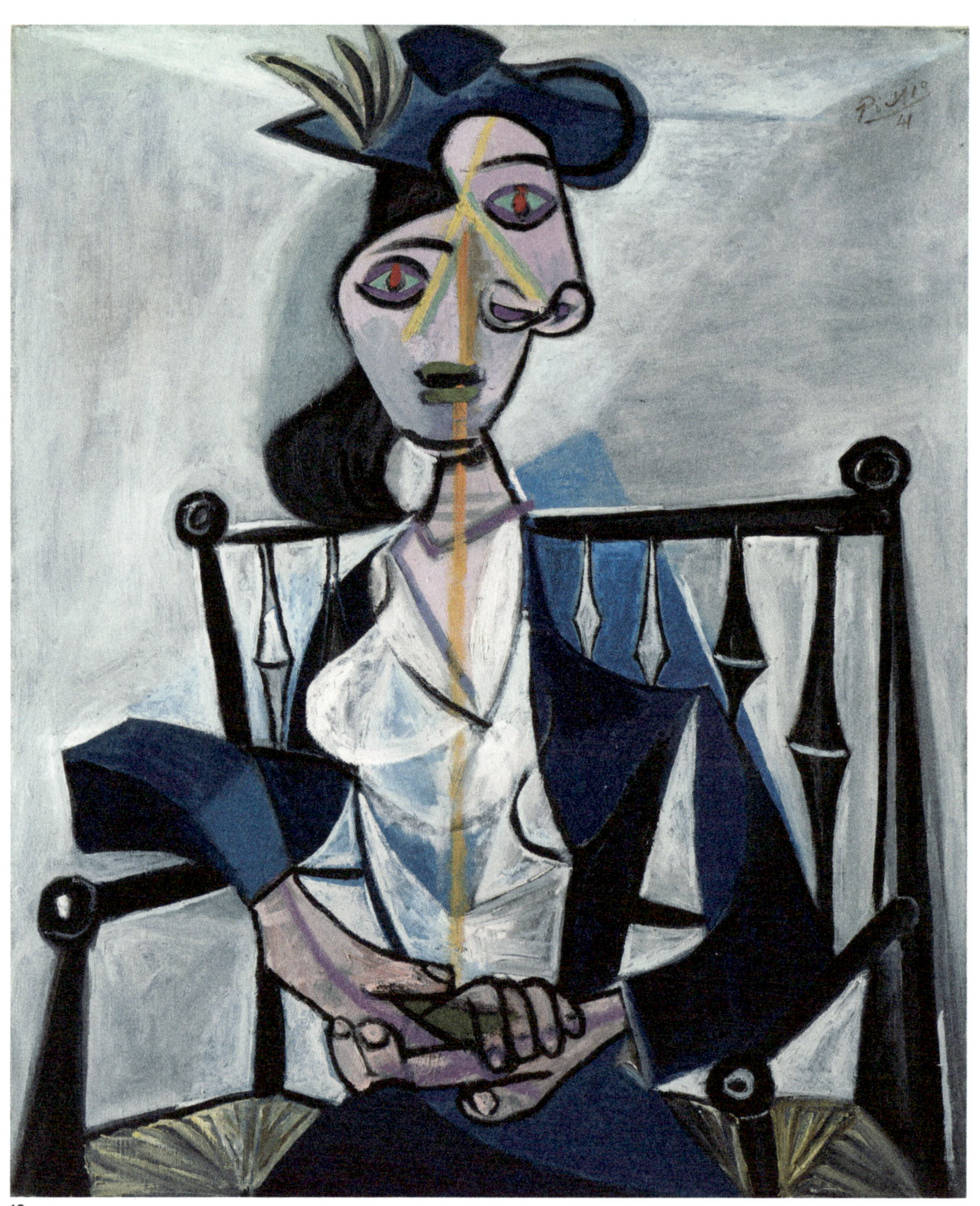

16

16 PABLO PICASSO
Femme assise au fauteuil
Dora Maar / *Seated
Woman: Dora Maar*, 1941;
Öl auf Leinwand / *Oil
on canvas*; Bayerische
Staatsgemäldesammlungen,
Sammlung Moderne Kunst /
Modern Art Collection; 1971
erworben als Vermächtnis
Theodor und Woty Werner /
*Acquired 1971 as a bequest
from Theodor and Woty
Werner*

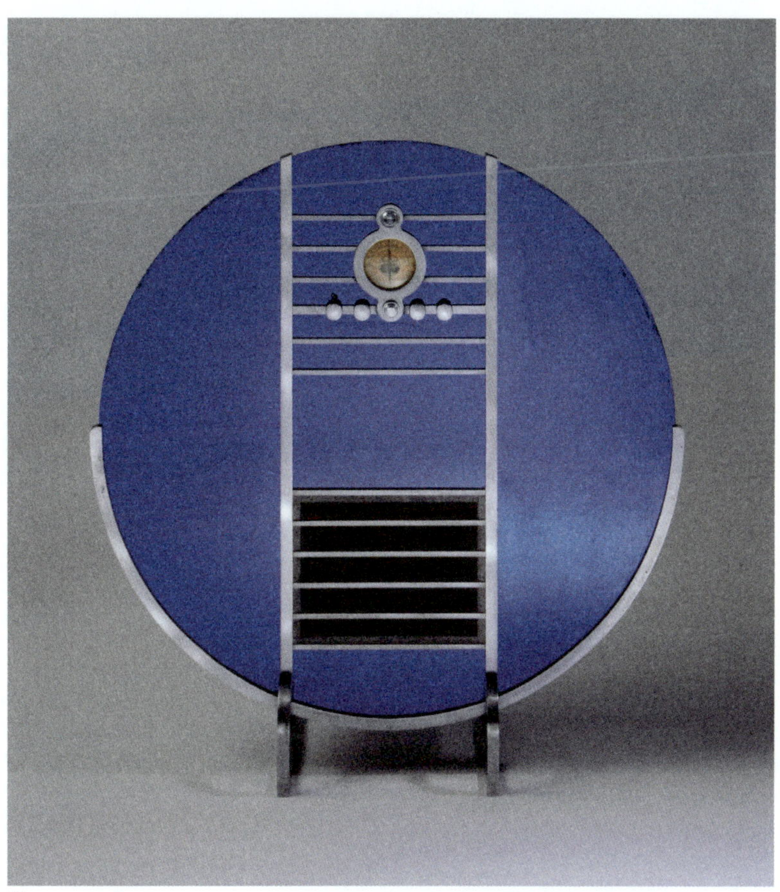

17

Unter einer guten Form
verstehen wir eine
natürliche [...] Form eines
Produktes, das seinem
Zweck ganz entspricht und
das gleichzeitig schön ist. /
*We understand a good form
to be a natural [...] form of a
product [...], that completely
corresponds to its purpose
and is at the same time
beautiful.*

17 WALTER DORWIN
Teague Radio Nocturne,
Modell / *model* 1186, 1936;
Sparton Corporation,
Jackson, Michigan;
Glas,verspiegelt, Metall, ver-
chromt, Holz, gestrichen /
*Glass with reflective
coating, metal, chromed,
wood, painted*; Die Neue
Sammlung – The Design
Museum

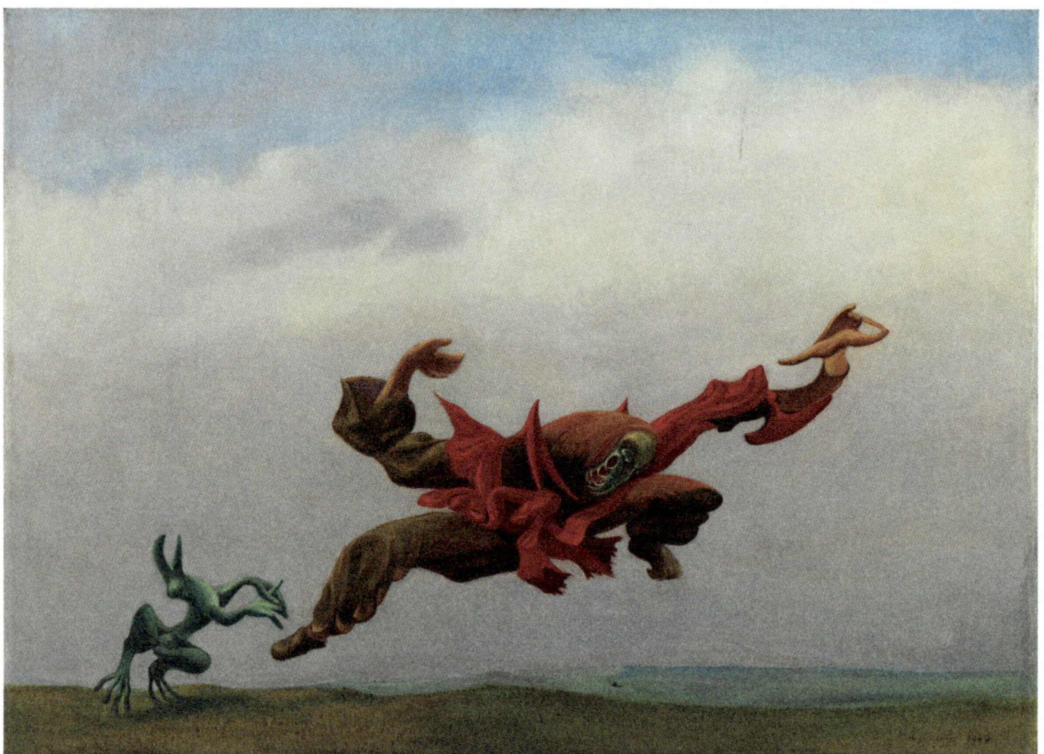

18

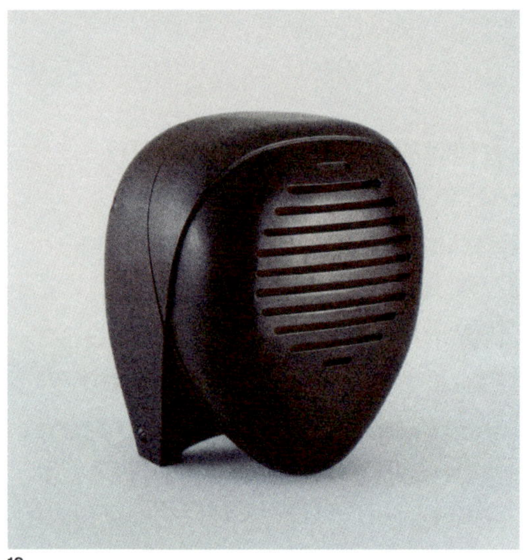

19

Vornehmliche Aufgabe aller Kunst ist es, das statische Gleichgewicht durch die Erschaffung eines dynamischen zu zerstören. / *The important task of all art is to destroy the static equilibrium by establishing a dynamic one.*

PIET MONDRIAN, 1937

18 MAX ERNST
L'Ange du foyer (Hausengel /
*The Angel of Hearth and
Home*), 1937; Öl auf Leinwand/
Oil on canvas; Bayerische
Staatsgemäldesammlungen,
Sammlung Moderne Kunst /
Modern Art Collection; 2013
erworben als Schenkung der
Theo Wormland-Stiftung /
*Acquired 2013 as a gift
from the Theo Wormland
Foundation*

19 ISAMU NOGUCHI
Kurzwellenradio / *Shortwave
radio* Radio Nurse, 1938;
Phenoplast / *Phenolic
plastic*; Zenith Radio Cor-
poration, Chicago; Die Neue
Sammlung – The Design
Museum

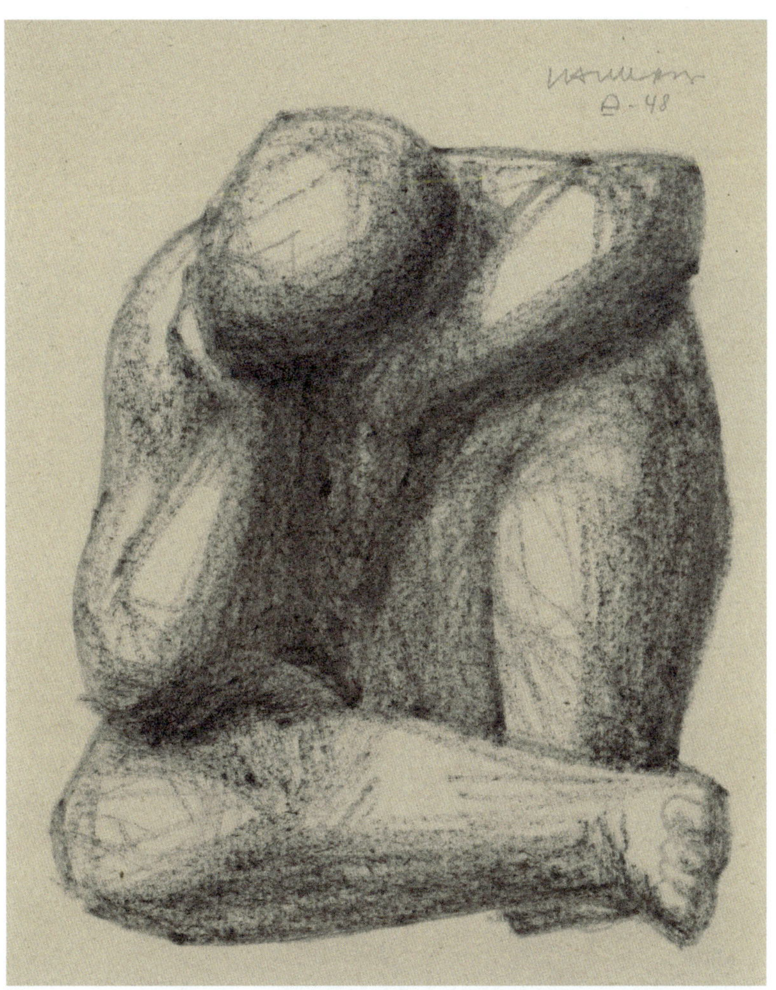

20

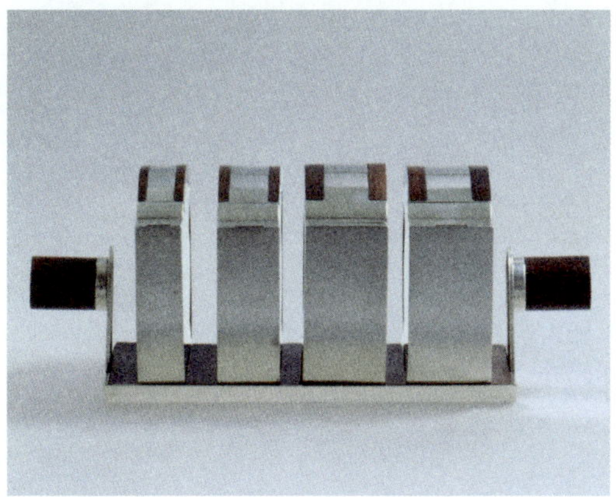

21

20 EDUARDO CHILLIDA
Ohne Titel (Sitzende Figur) /
Untitled (Sitting Figure),
1948; Kreide auf Papier /
Chalk on paper; 21 x 17,2 cm;
Staatliche Graphische
Sammlung München

21 ROBERT MALLET-
STEVENS
zugeschrieben Tee- und
Kaffeeservice / *Tea and
coffee service*, um / *around*
1930; Silber, Ebenholz /
Silver, ebony; Orfèvrerie
Bloch-Eschwège, Paris; Die
Neue Sammlung – The Design
Museum

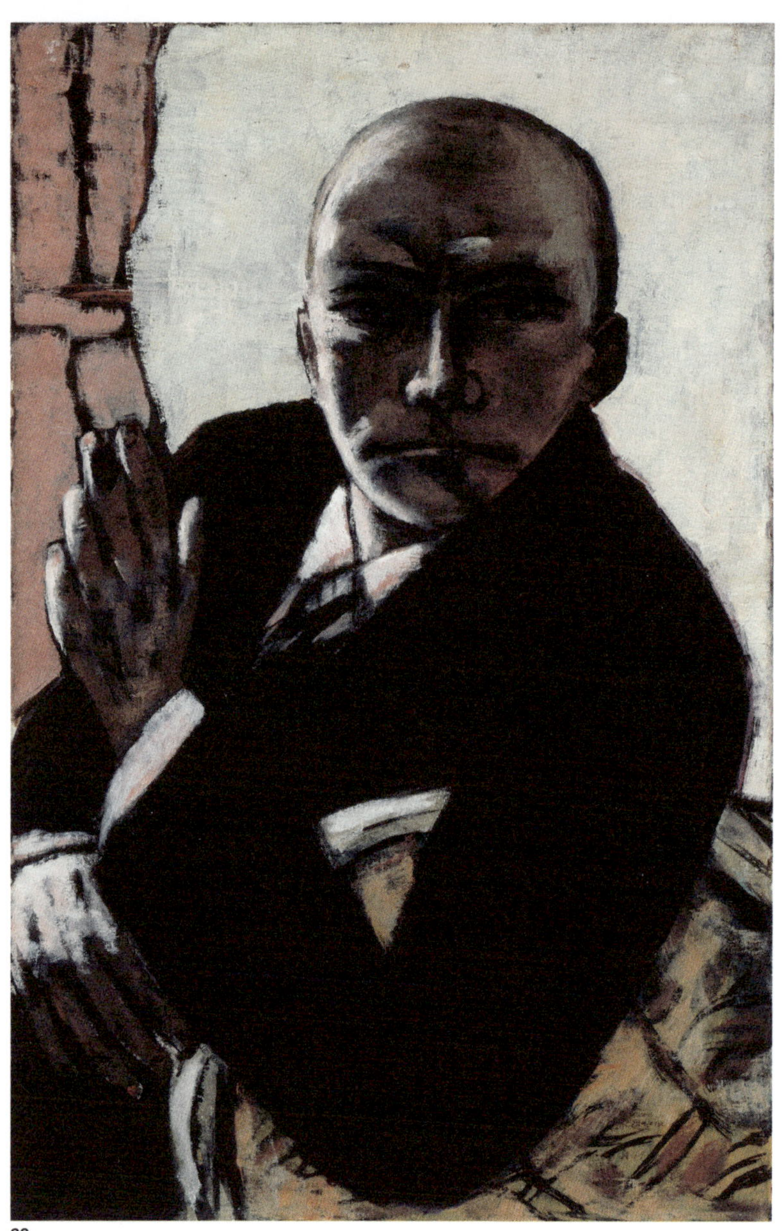

22

22 MAX BECKMANN
Selbstbildnis in Schwarz /
Self-Portrait in Black,
1944; Öl auf Leinwand /
Oil on canvas; Bayerische
Staatsgemäldesammlungen,
Sammlung Moderne Kunst /
Modern Art Collection; 1949
erworben / *Acquired 1949*

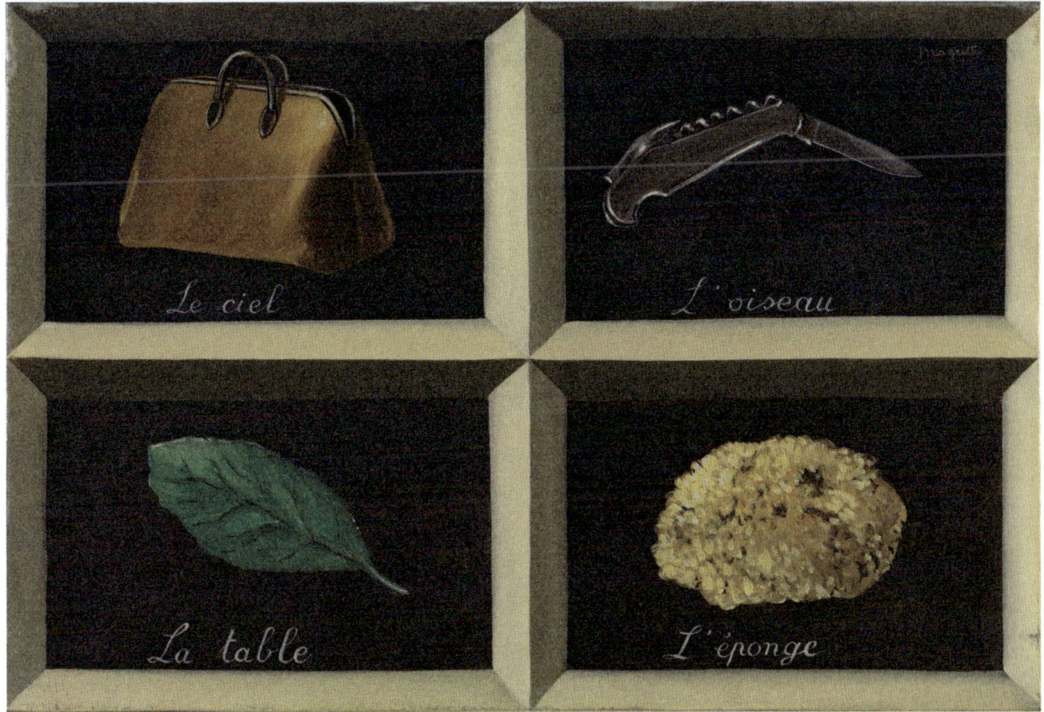

23

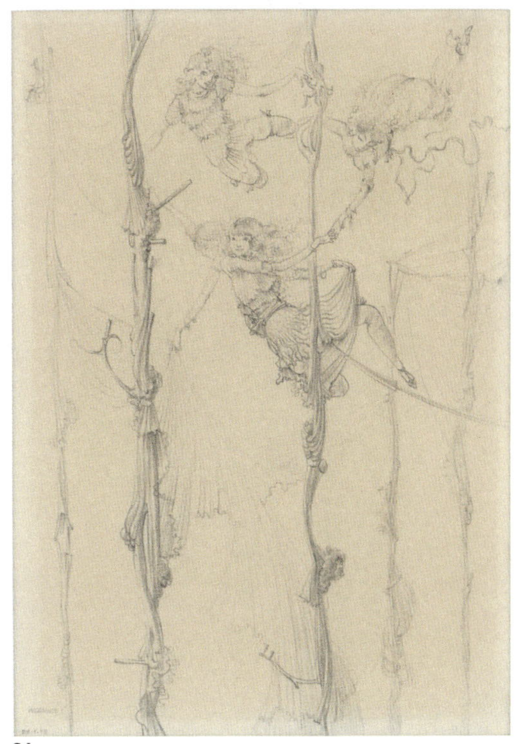

24

1950
—
1959

Bild- und Wirklichkeitsbefragung: Die 1950er Jahre / *Questioning the Image and Reality: the 1950s*

Sigrid Hofer

Das Feld der Kunst präsentierte sich in der Nachkriegszeit ausgesprochen heterogen. Während die Altmeister der Klassischen Moderne noch tätig waren, Max Ernst seine surrealistischen Phantasiewelten fortschrieb, Lionel Feiningers zarte Zeichnungen seinen kristallinen Bauhaus-Stil anklingen ließen und Pablo Picasso in seinem expliziten Erfindungsreichtum als uneinholbar galt, suchten die Jungen nach gänzlich anderen Wegen. Viele ihrer Konzepte waren als Reaktion auf die unmittelbare Vergangenheit zu lesen, reflektierten aber auch kunstimmanente Überlegungen. Für den Handlungsrahmen der Akteure können zwei Fragestellungen als bestimmend angesehen werden: Wem gegenüber ist Kunst verpflichtet, und was kann sie leisten? Die Antworten fielen eindeutig aus: Kunst sei nur mehr Ausdruck ihrer selbst und habe keiner übergeordneten Idee gerecht zu werden. Diese beiden Maximen ermöglichten eine bis dato nicht gekannte Freiheit mit weitreichenden Folgen.

Die Barbarei des Dritten Reiches hatte eine tiefe Skepsis gegenüber der Vernunft als zentraler Kategorie von Erkenntnis und Wahrheit hervorgerufen. Im Schaffensprozess wich folglich die Ratio dem Vertrauen in das Unbewusste, das sich unter Verzicht auf jegliche verstandesmäßige Kontrolle äußern sollte; es war das Verfahren der ÉCRITURE AUTOMATIQUE, das schon den Surrealisten als Inspirationsquelle gedient hatte. Innere Empfindungen und emotionale Zustände stellten das letztliche Thema dar und teilten sich in gekritzelten und gekratzten Linien, in Flecken, wild durchfurchten Oberflächen mit. Die Radikalität, mit der etwa WOLS seine Arbeiten in Resonanzkörper seiner seelischen Nöte verwandelte, raubte selbst Zeitgenossen wie Georges Mathieu den Atem. Häufig entstanden derartige Werke unter dem Einfluss von psychedelischen Drogen, wie sie Henri Michaux konsumierte, dessen Zeichnungen häufig kalligrafisch inspiriert waren.

Was in Paris begonnen hatte und sich unter anderem mit den Begriffen des Informel oder des Tachismus verband, wurde vor allem im Rheinland, aber auch andernorts in vielfältigster Weise weiterverfolgt. Unter den Zeichen einer

Art in the post-War era was extremely diverse. The "Old Masters" of classical Modern art were still active, Max Ernst was busy working on his Surrealist fantasy world and Lionel Feininger was producing delicate drawings that continued to call to mind the pure Bauhaus style, and Pablo Picasso, with his rich, explicit treasure trove of inventiveness, was very much considered streets ahead of anybody else. Young artists had to search for something entirely different. Many of their concepts can be read as responses to the immediate past, while also reflecting considerations inherent in art. Two questions can be seen as decisive in terms of the protagonists' scope: To whom is art obligated and what can it achieve? And the answers were unequivocal – these artists believed art to be no more than a form of self-expression which, therefore, was not obliged to serve any overarching idea. These two maxims allowed for an unprecedented freedom with far-reaching consequences.

The barbarity of the Third Reich had engendered a deep skepticism vis-à-vis reason as the key source of knowledge and truth. Consequently, in the creative process rationality started to take a backseat to a faith in the unconscious; the latter was to express itself without being subjugated to any kind of constraints exercised by the rational mind; this took the form of ÉCRITURE AUTOMATIQUE that had already served the Surrealists as a source of inspiration in earlier times. Inner feelings and emotional states were an essentially subjective matter, communicated through such devices as squiggled and scratched lines, splashes or wildly furrowed surfaces. The radical way that WOLS, for example, transformed his work into an echo of his emotional distress took his contemporaries' breath away, among them Georges Mathieu. Such works were often produced under the influence of psychedelic drugs such as those consumed by Henri Michaux whose drawings were frequently inspired by calligraphy.

What had started in Paris and was associated with terms such as Abstract art and Tachisme was also pursued in any number of different ways in other places, mainly in the Rhineland but also

zunehmenden wirtschaftlichen Konsolidierung milderte sich jedoch das ästhetische Vokabular. Übersetzte KO Götz eruptive Körperbewegungen mit dem Rakel in Farbschwünge, folgte Bernard Schultze in fast meditativ zu nennenden Zuständen inneren Impulsen, die seine Hand bedachtsam nachzeichnete, so trugen Maria Lassnig oder auch Emilio Vedova energische, sich überlagernde und kreuzende Farbstriche auf, die den Pinselduktus als expressives Moment nutzten und bei Letzterem undurchdringlich Raumtiefen imaginierten.

Die Intentionen dieser auch ART AUTRE genannten Kunstrichtung teilten auch verschiedene Bildhauer. Die karstigen Bildflächen eines Emil Schumacher oder Jean Dubuffet fanden ihr Pendant in Bronzegüssen mit rauen, zerfurchten Materialoberflächen. Norbert Kricke oder Hans Uhlmann, die die Plastik zum körperlosen Objekt reduzierten, lenkten ihren Blick hingegen auf Raum und Dynamik. Ein gebogener Metallstab visualisierte Dreidimensionalität, Strahlenbündel mit wilden Richtungswechseln unbändige Bewegungsenergien.

Vielfach war das Interesse nicht mehr auf das ästhetische Ergebnis gerichtet, sondern auf das Ereignis des Malvorgangs. Der hieraus resultierende veränderte Werkbegriff war insbesondere für die New Yorker Schule bezeichnend, welche nun Paris als Avantgardezentrum ablöste. Verdankte sich auf dem europäischen Kontinent das Bildgeschehen der gestischen Niederschrift, so präsentierte sich dieses in vergleichsweise bescheidenem Maßstab. Denn erst die amerikanischen Künstler des Abstrakten Expressionismus beziehungsweise des Action Painting sollten es wagen, die Formate eines Gemäldes ins Unerhörte zu steigern. Legte Jackson Pollock riesige Leinwände auf den Boden und agierte er psychische Zustände aus, indem er unter ganzem Körpereinsatz Farbe schleuderte, spritzte und tropfte, bis ein Netz von dichten Strukturen entstanden war, so konzentrierten sich andere wie etwa Sam Francis darauf, Farben durch kontrastierendes Gegenüberstellen zum Leuchten zu bringen. Im Gegensatz zur europäischen Tradition drängte die Malerei über die Bildgrenzen hinaus

elsewhere. However, as economic reconstruction started to gain the upper hand, the aesthetic vocabulary started to become less extreme. And whereas KO Götz used his scraper to translate eruptive physical movements into sweeping colors, Bernard Schultze followed his inner impulse in what were almost meditative states, tracing them carefully by with his hand and drawing simultaneously; by contrast, both Maria Lassnig and Emilio Vedova painted energetically overlapping and intersecting lines using the kind of gesture in which the sweep of the brush took on an expressive momentum and, in Vedova's case, imagined impenetrable depths.

Various sculptors shared the same objectives as the above painters whose work was also known as ART AUTRE. The counterpart of the rocky surfaces found in the pictures by an Emil Schumacher or a Jean Dubuffet were bronze casts with rough, furrowed surfaces. Norbert Kricke and Hans Uhlmann reduced their sculptures to disembodied objects, focusing on space and thrust, with a bent metal rod illustrating three-dimensionality and bundles of rays wildly changing their directions representing irrepressible kinetic energy.

In many cases the artist's interest no longer focused on an aesthetic outcome, but on the process of painting itself. The ensuing and changed concept of the artwork was particularly important to the New York School which now replaced Paris as the center of the avant-garde. Whereas on the European continent the images on canvas were the result of gestural strokes, their North American counterparts operated on a comparatively modest scale. Indeed, it was only the American Abstract Expressionists or perhaps the Action painters who dared to increase the size of their formats to formerly unheard-of dimensions. And whereas Jackson Pollok laid giant canvases on the floor, acting out emotional states by using his entire body to hurl, spray and drip paint until he had achieved a structure composed of a closely meshed network, others such as Sam Francis concentrated on making paint glow by working with contrasts. Unlike the European lineage, painting strived to explode the confines of the frame, continuing it, in virtual

und schien sich in dem umgebenden Raum virtuell fortzusetzen. Dieser ungestüme Farbauftrag kennzeichnet auch Willem de Koonings Bilder, die letzte figurative Reminiszenzen aufwiesen, bevor sie sich im Ungegenständlichen auflösten. Gegen diesen ostentativ zur Schau gestellten Subjektivismus setzten die Vertreter der Farbfeldmalerei die Wirkung großer chromatischer Flächen, die bei geringem Bildabstand das gesamte Blickfeld des Betrachters ausfüllten, welcher imaginär in den Bildraum eintreten sollte. Zielte Barnett Newmans intensives Farberlebnis auf die Wahrnehmung des Unendlichen und damit des Sublimen, so evozierte auch Rothko visionäre Tiefenräume. Doch speisten sich seine übereinander schwebenden und an den Rändern unscharf endenden breiten Farbbalken aus der Weite des amerikanischen Kontinents und galten der Erfahrung der Transzendenz. Inhalten wandte sich auch Robert Motherwell zu, dessen intensives Studium der europäischen Kunst- und Literaturavantgarde ihn veranlasste, mittels Schrift und Zeichen seine berühmten Serien zur Liebe beziehungsweise zur Spanischen Republik zu schaffen.

Zur Aufbruchsbewegung der fünfziger Jahre gehörte nicht nur die Ablehnung überlieferter ästhetischer Zeichencodes, sondern auch ein verändertes Verständnis von der Bildoberfläche als Ort der Darstellung. Anders als Newman oder Rothko, die meditative Raumqualitäten schufen, zerstörte Lucio Fontana die Idee des Illusionsraumes grundsätzlich. Er verabschiedete sich von der Vorstellung, ein gültiges Bild von der Wirklichkeit entfalten zu können, und durchschlitzte oder perforierte seine monochromen Leinwände. Die Gattungsgrenze zwischen Bild und Objekt wurde aufgehoben, die Leere hinter der Leinwand nahm sinnbildliche Bedeutung an. Stieß die Moderne nach 1945 noch auf heftige Ablehnung beim Publikum, so änderte sich dies, als die Wirtschaft wie die Politik die Abstraktion als repräsentatives Zeugnis des freien Westens feierten. Ganz entgegen ihren Absichten, sich nicht instrumentalisieren zu lassen, fiel die Avantgarde im Kalten Krieg politischen Interessen zum Opfer. Sie wurde gegen die offizielle

terms, into the surrounding space. This impetuous approach to the application of paint can also be witnessed in Willem de Kooning's pictures which started out as somehow reminiscent of figuration before dissolving into abstraction. Very different from this demonstratively showy subjectivism, the exponents of color field painting relied on the effect of large expanses of color which filled the viewer's entire field of vision when seen up-close; this device was meant to draw the viewer or rather his or her imagination deep into the pictorial space. And while Barnett Newman's intense color experience sought to engender a perception of the infinite and thus the sublime, Mark Rothko's work evoked a visionary depth of space. The broad bars of color with their blurred edges hovering on top of one another that he created were inspired by the wide expanses of the American continent – their intention being to provoke an experience of transcendence. Robert Motherwell was also concerned with content and his in-depth study of European avant-garde art and literature prompted him to use letters and symbols to create his famous series on love and on the Spanish Republic.

In the 1950s the feeling of being involved in new beginnings included not only the rejection of established systems of aesthetic symbols but also a changed understanding of the surface of the picture as the place of representation. Unlike Newman and Rothko who lent a meditative quality to the spaces they produced, Lucio Fontana thoroughly destroyed the idea of a space where illusions are created. He abandoned the idea of being able to evolve a valid image of reality and slashed or perforated his monochrome canvases. In this way, he erased the difference between pictures and sculptures as genres and the void behind the canvas took on a symbolic meaning. After 1945, Modernism was initially vehemently rejected by the public but this changed when both business and the world of politics started to celebrate abstraction as a valid representation of the free West. This was the complete opposite of the intentions of the avant-garde, but during the Cold War they, thus, fell victim to political interests. It was positioned as a contrast to the

Kunstdoktrin der Warschauer-Pakt-Staaten in Stellung gebracht, welche den Sozialistischen Realismus mit seinen das System idealisierenden Erfolgsgeschichten dekretiert hatten. Die Kunstdoktrinen der verfeindeten Mächte trugen mit dazu bei, dass die mutigen nonkonformen Werke der osteuropäischen Avantgarde lange übersehen wurden.

Die Akzeptanz der Abstraktion erhöhte sich schließlich durch ihre Verwertung als Musterlieferant für Tapeten, Stoffe und anderes. Als geschmacksbildend wirkte zudem die Plastik. Gebauchte Volumina, wie sie sich etwa bei Henry Moore zu asymmetrischen Körpern fügten, fanden formale Analogien in organischen Gebilden des Alltagsdesigns. Mit Alvar Aalto oder Verner Panton, deren Möbel fließenden Konturen den Vorzug gaben, kam Skandinavien eine führende Stellung zu. Ihre Entwurfsphilosophie fand insbesondere mit Ray und Charles Eames auch in den USA ihren Widerhall, die preiswerte Sitzmöbel für die serielle Produktion herstellten. Indem sie Sperr- oder Schichtholz in eine dreidimensionale Form bogen, gelang es ihnen, Sitze und Lehnen aus einem einzigen Stück herzustellen und das natürliche Material schließlich gegen Kunststoffschalen zu tauschen. Im Gegensatz hierzu setzte die Ulmer Hochschule für Gestaltung, die ab 1955 an die Lehrmethodik und die Ideologie des Bauhauses anknüpfte, auf schlichte, aus dem Kubus gewonnene Gegenstände. Funktionalität und Sachlichkeit, die ebenfalls auf die beginnende Massenproduktion zielten, garantierten nach ihrem Rektor Max Bill „Die Gute Form". Stießen derartige Entwürfe zunächst auf Unverständnis, so verband sich mit ihnen – in gleicher Weise wie mit der Stromlinienform – doch schnell ein neues Lebensgefühl, das dem ersehnten Abstand zur jüngsten Geschichte Rechnung trug.

Diverse Traditionslinien waren auch in der Architektur zu beobachten. Neben konservativen Konzepten wirkte das Organische Bauen ebenso fort wie die Industrieästhetik des Internationalen Stils. Letzterer hatte mit seinen klaren, kubischen Formen, seinen großen Glasflächen und technischen Materialien eine radikal neue Formensprache begründet. In der

official art doctrine of the Warsaw Pact countries which had decreed a focus on Socialist Realism with its stories idealizing the existing system. The different art doctrines favored by the opposing powers contributed to the fact that the east European avant-garde's bravely nonconformist works were overlooked for a long time.

Acceptance of abstract art finally increased when its patterns started to be used for wallpapers, fabrics and other such concrete items. Sculptures also contributed to the change in people's tastes. Pot-bellied shapes, asymmetric bodies such as those to be found in the work of Henry Moore, boasted formal counterparts in the organic curves of everyday design. With the emergence of Alvar Aalto and Verner Panton, whose furniture designs favored flowing lines, Scandinavia now ruled the roost. The region's design philosophy particularly reverberated with designers Ray and Charles Eames in the United States who developed inexpensive seating furniture for mass production. By bending plywood or laminated wood into three-dimensional objects they succeeded in having seat and backrest manufactured from a single piece of wood and, eventually, in replacing this natural material with a plastic shell. By contrast, the Ulmer Hochschule für Gestaltung (Ulm School of Design), which by 1955 had started following in the tradition of the Bauhaus ideology and using the latter's teaching methods, preferred simple items based on cube shapes. According to the school's principal Max Bill, it was functionality and practicality that guaranteed "good form," partly with a view to mass production, a technology that was just becoming established. Although designs of this kind were originally met with incomprehension they rapidly – in the same way as streamlined shapes – came to be associated with a new attitude to life, one which succeeded in achieving the longed-for distance from the events of recent history.

Various different lineages are also in evidence in architecture. Alongside conservative concepts, organic buildings continued to be an influence, as were the industrial aesthetics of the International Style. With its clear, cubed shapes, large

Nachkriegsmoderne wurde diese vielfach ikonographisch konnotiert und diente bei öffentlichen Bauaufgaben als Zeichen einer transparenten und damit demokratischen Geisteshaltung.

Die in den 1950er Jahren praktizierten medialen Grenzüberschreitungen sollten im nachfolgenden Jahrzehnt in vollkommen neuartigen Kunstformen kulminieren, welche die Weltentsagung des Informel in einem dezidierten Realitätsbezug aufhoben. Sie schärften in der Pop Art den kritischen Blick auf den Massenkonsum und zielten im Environment oder Happening auf die unmittelbare Konfrontation des Publikums. Die Kunst setzte auf Reflexion, sie wurde wieder politisch und sah sich in der gesellschaftlichen Verantwortung.

expanses of glass, and use of technical materials the latter had founded a radically new formal idiom. In post-War Modernism, the International Style was often given iconic connotations and served in public architectural projects as a sign of a transparent and thus democratic mindset.

In the 1950s, artists started eliminating the boundaries between different media and in the following decade this would culminate in completely new forms of art which rejected the asceticism of abstract art with a decided return to reality. In the Pop Art movement, artists cast a critical eye over mass consumerism, whereas Environmental art and happenings saw their functions in direct confrontations with the audience. Art started to demand reflection, it became political once again and saw itself fulfilling a social responsibility.

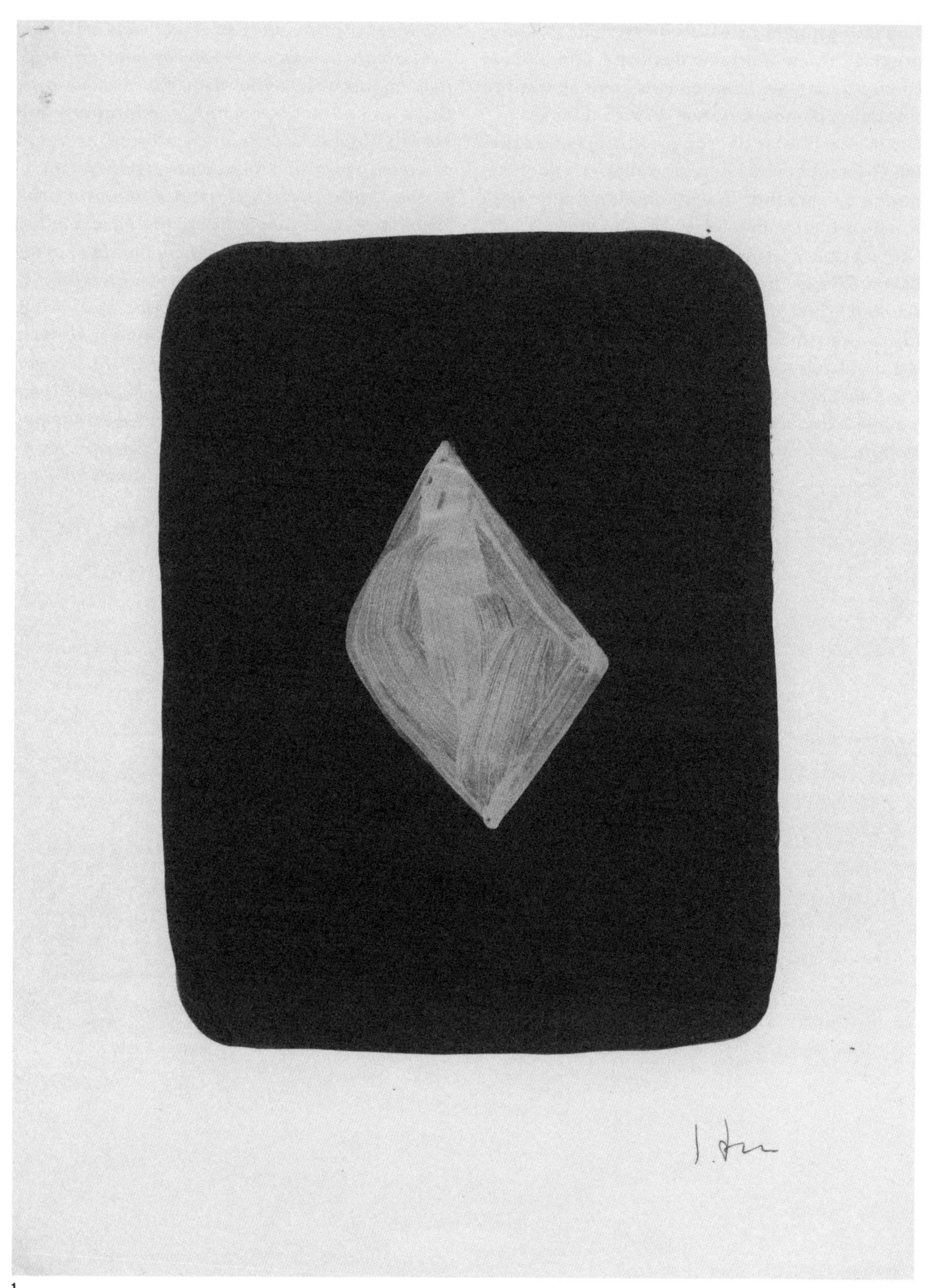

1 LUCIO FONTANA
Concetto Spaziale / *Spatial
Concept*, um / *around*
1950; Gouache mit Gold auf
Papier / *Gouache with gold on
paper*; 70 x 50 cm; Staatliche
Graphische Sammlung
München

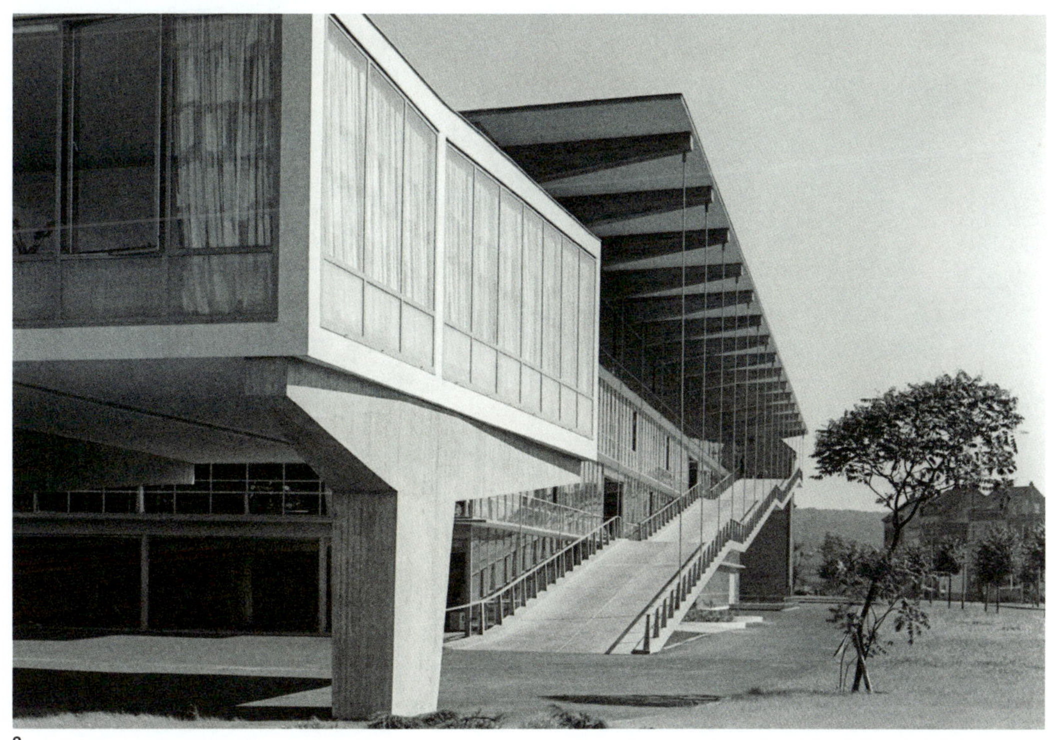

2

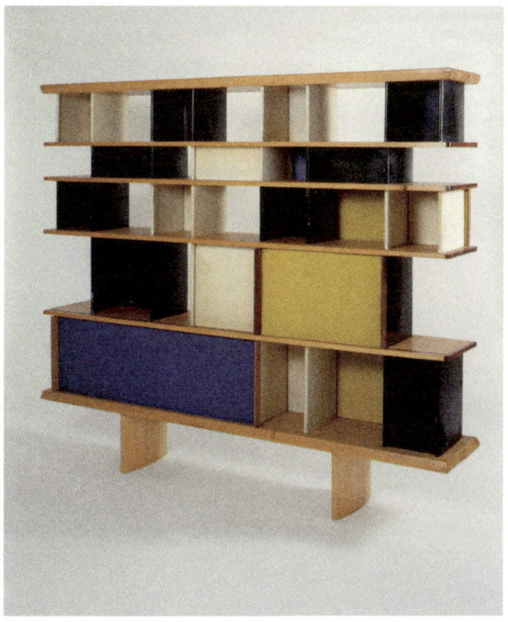

3

Ein Arzt kann seine Fehler begraben, ein Architekt kann hingegen seinen Kunden nur raten, Ranken zu pflanzen. / *The physician can bury his mistakes, but the architect can only advise his client to plant vines.*

FRANK LLOYD WRIGHT, 1953

2 PAUL SCHNEIDER-ESLEBEN Haniel-Garage / *Haniel garage*, Düsseldorf, 1950–1953; Fotografie von / *Photograph by* Albert Renger-Patzsch; Architekturmuseum der TU München

3 CHARLOTTE PERRIAND Raumteiler | Regal für die / Folding screen | *shelving for the* Maison du Méxique, Cité Universitaire, Paris, 1953; Holz, Metall / *Wood, metal*; Les Ateliers Jean Prouvé, Maxéville; Die Neue Sammlung – The Design Museum

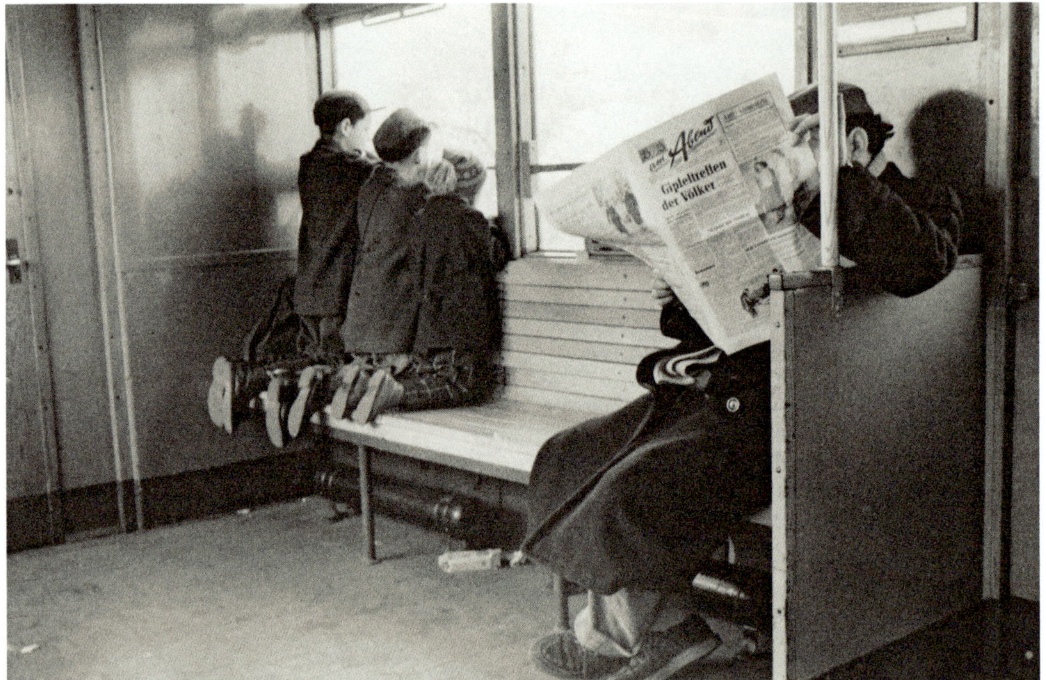

4

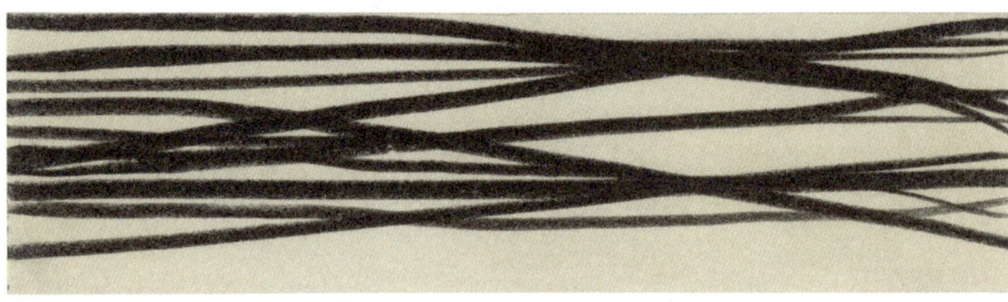

5

4 ARNO FISCHER
Ohne Titel / *Untitled,*
aus / *from:* Situation
Berlin, 1953–1960;
Silbergelatineabzug / *Gelatin
silver print*; Bayerische
Staatsgemäldesammlungen,
Sammlung Moderne Kunst /
Modern Art Collection; 2011
erworben von / *Acquired
2011 by* PIN. Freunde der
Pinakothek der Moderne

5 NORBERT KRICKE
Schallzeichnung / *Sonic
drawing (55/002),* 1955;
Kohle auf Papier / *Charcoal
on paper,* 13,5 x 61 cm;
Staatliche Graphische
Sammlung München

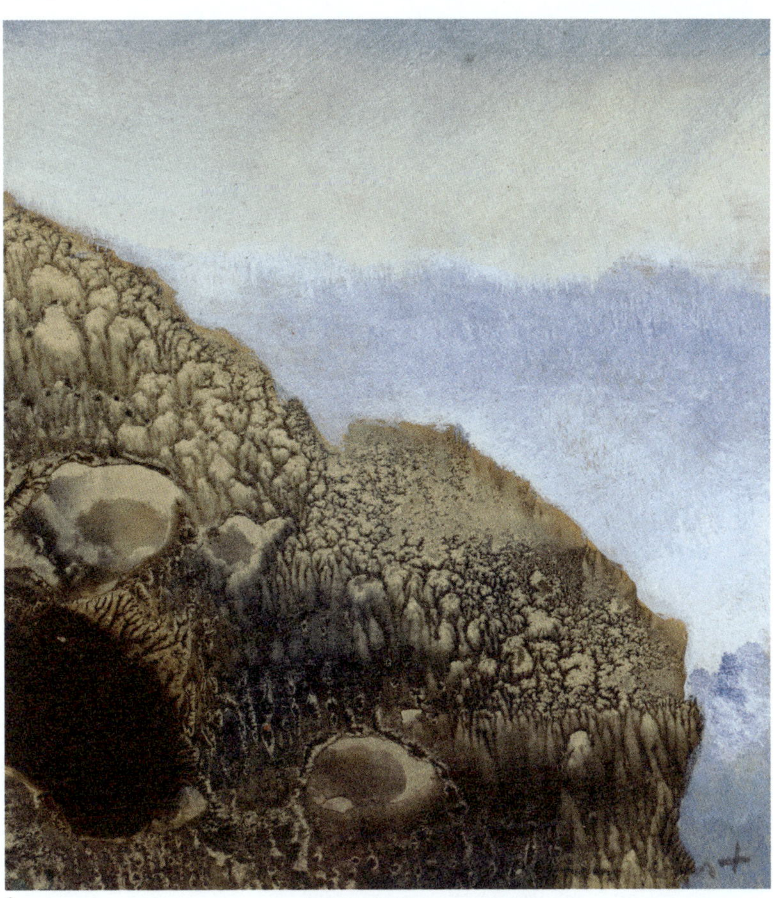

6

Kunst ist Anklage, Ausdruck, Leidenschaft! Kunst, das ist schwarze Zeichenkohle, die sich auf weißem Papier zermürbt! / *Art is accusation, expression, passion. Art is a fight to the finish between black charcoal and white paper.*

GÜNTER GRASS, 1959

6 MAX ERNST
Ohne Titel / *Untitled*, 1950;
Öl in Décalcomanie-Technik
auf Karton / *Oil on cardboard
using the decalcomania
technique*; 14,9 x 13 cm;
Staatliche Graphische
Sammlung München

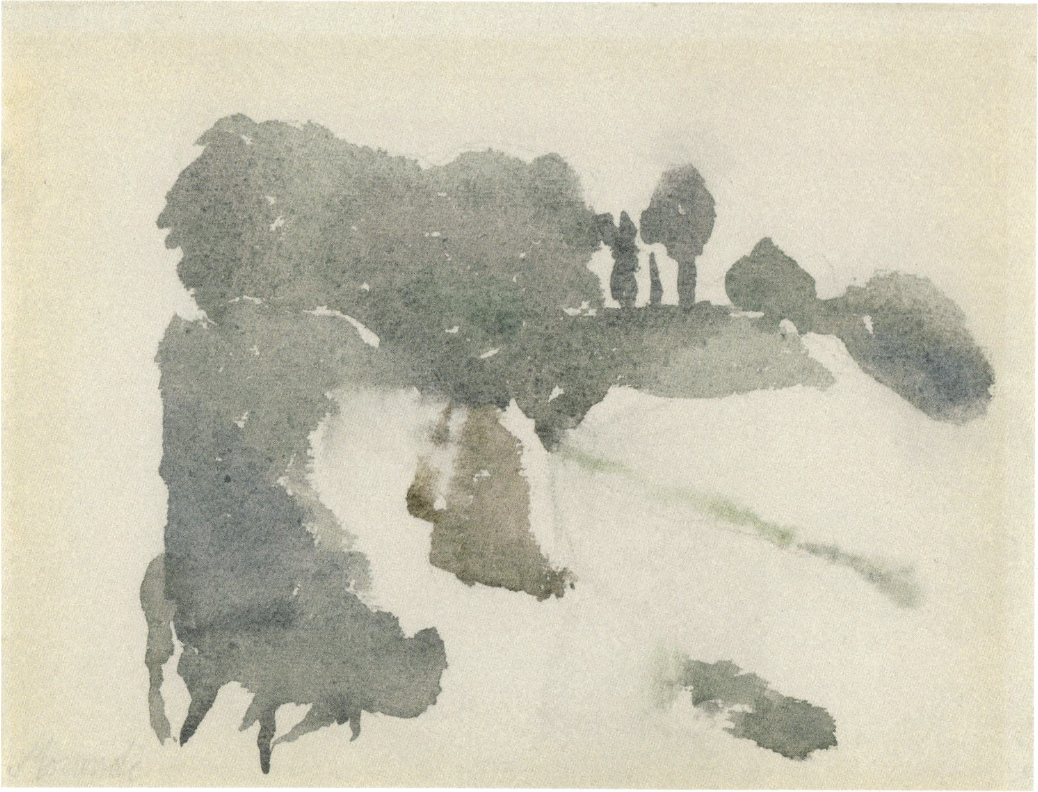

7

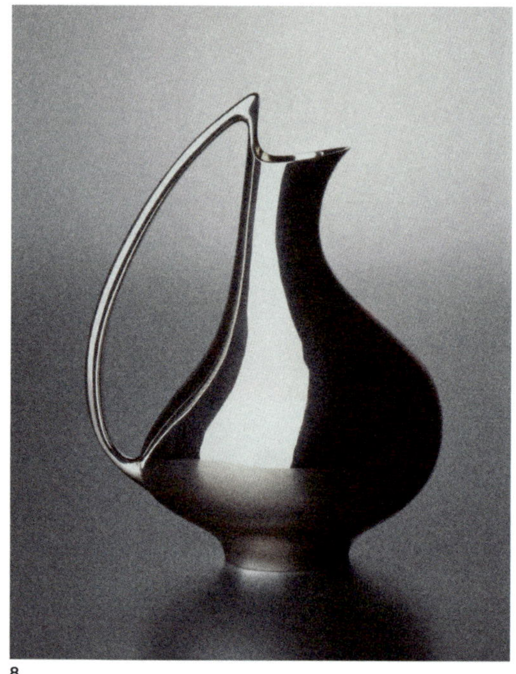

8

7 GIORGIO MORANDI
Paesaggio / *Landscape*, 1959;
Aquarell auf Papier / *Water-
color on paper*; 16 x 21 cm;
Staatliche Graphische
Sammlung München

8 HENNING KOPPEL
Kanne Nr. / *Jug no.* 992,
1952; Silber, getrieben,
montiert / *Silver, beaten,
mounted*; Georg Jensen
Silberschmiede /
Silversmiths, Kopenhagen;
Die Neue Sammlung –
The Design Museum;
Dauerleihgabe der Danner-
Stiftung, München / *On
permanent loan from the
Danner Foundation, Munich*

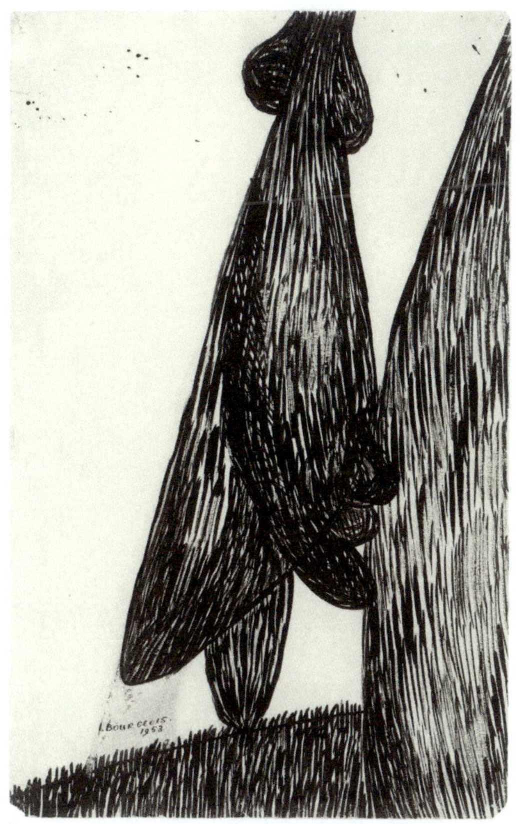

9

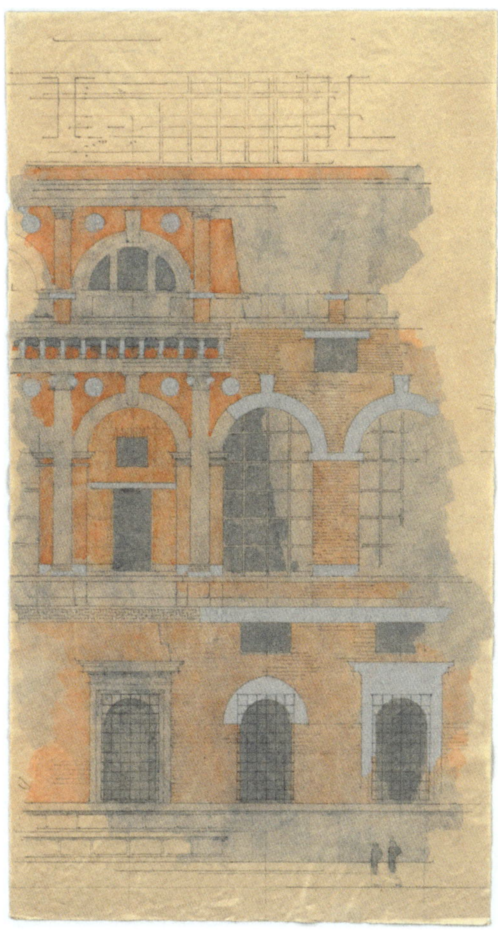

10

9 LOUISE BOURGEOIS
Ohne Titel / *Untitled*, 1953;
Tusche auf Papier / *India
ink on paper*; 39,4 x 24,1 cm;
Staatliche Graphische
Sammlung München; Dauer-
leihgabe von / *On permanent
loan from* PIN. Freunde der
Pinakothek der Moderne

10 HANS DÖLLGAST
Alte Pinakothek,
Wiederherstellung,
München / *Alte Pinakothek,
reconstruction, Munich*;
Großhelfendorf, 1952–1975;
Bleistift, aquarelliert
auf Papier / *Pencil,
water-colored on paper*;
Architekturmuseum der
TU München

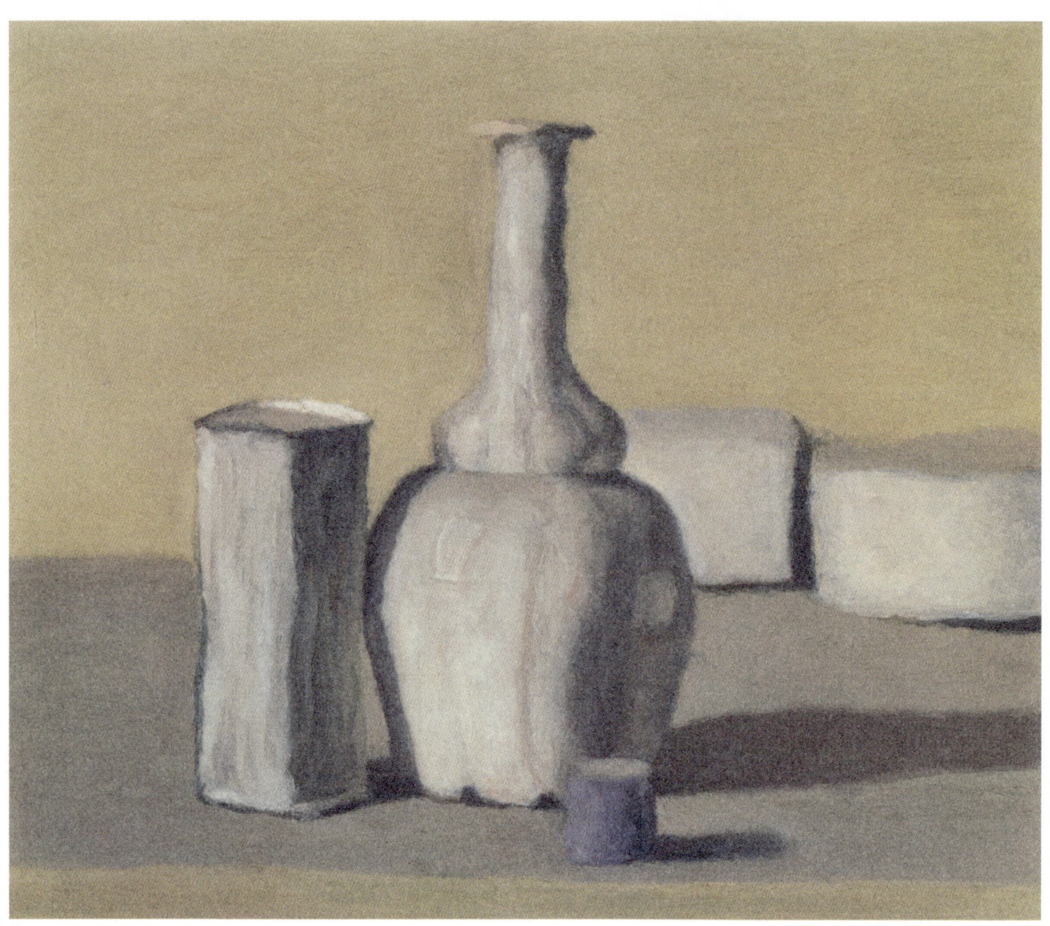

11

11 GIORGIO MORANDI
Natura morta (Stillleben / *Still
Life*), 1959; Öl auf Leinwand /
Oil on canvas; Bayerische
Staatsgemäldesammlungen,
Sammlung Moderne Kunst /
Modern Art Collection; 1976
erworben als Vermächtnis
von Klaus Gebhard,
München / *Acquired 1976 as a
bequest from Klaus Gebhard,
Munich*

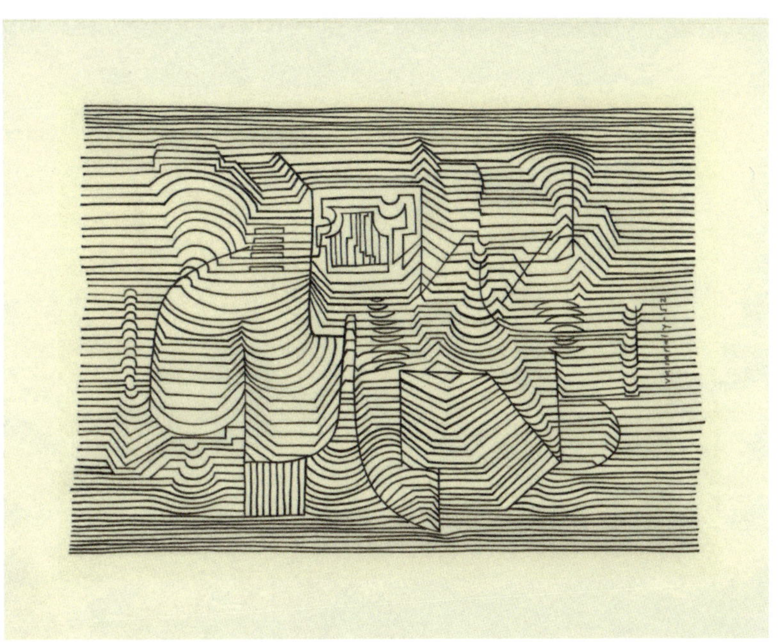

12

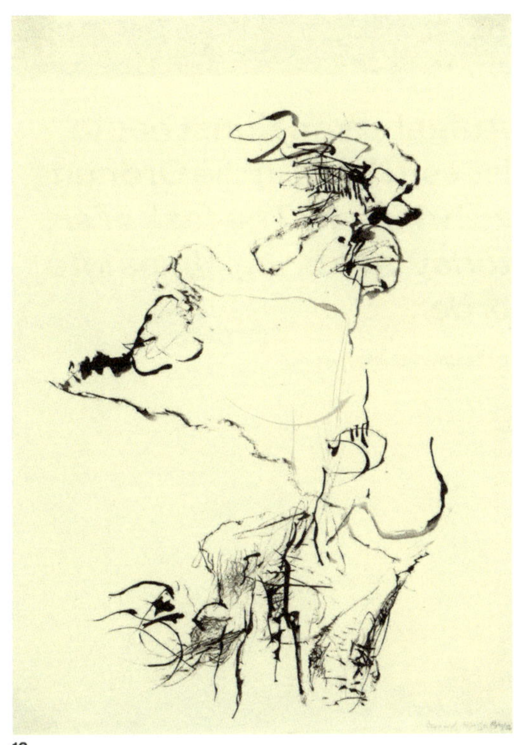

13

12 VICTOR VASARELY
Komposition / *Composition*,
1952; Tusche auf Papier /
India ink on paper; 42 x 43 cm;
Staatliche Graphische
Sammlung München

13 BERNARD SCHULTZE
Ohne Titel (12.10.56) /
Untitled (10/12/56), 1956;
Tusche auf Papier / *India
ink on paper*; 66 x 45 cm;
Staatliche Graphische
Sammlung München

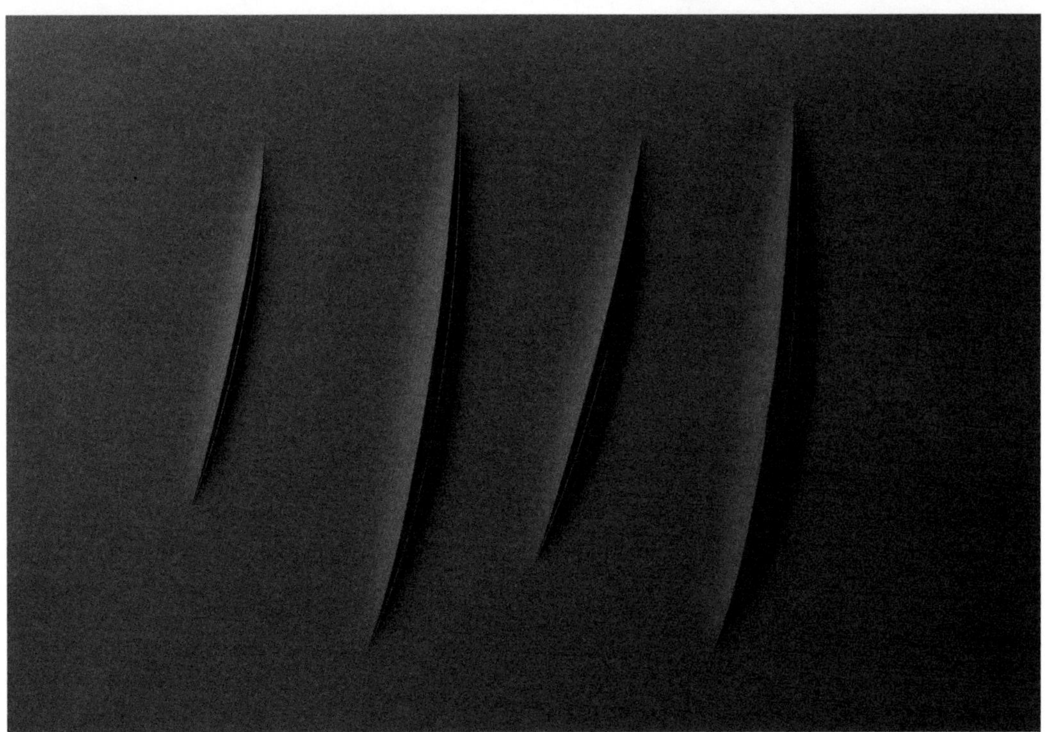

14

Aufgabe von Kunst heute ist es, Chaos in die Ordnung zu bringen. / *The task of art today is to bring chaos into order.*

THEODOR W. ADORNO, 1951

14 LUCIO FONTANA
Concetto Spaziale / *Spatial Concept*, Attese (59 T 132), 1959; Blaue Tinte auf Leinwand, Schnitte / *Blue ink on canvas, incisions*; Bayerische Staatsgemäldesammlungen, Sammlung Moderne Kunst / *Modern Art Collection*; 1986 erworben / *Acquired 1986*

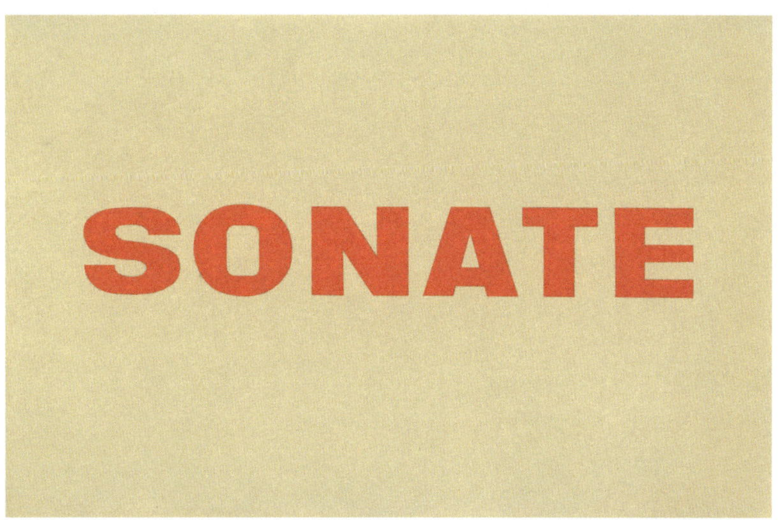

15

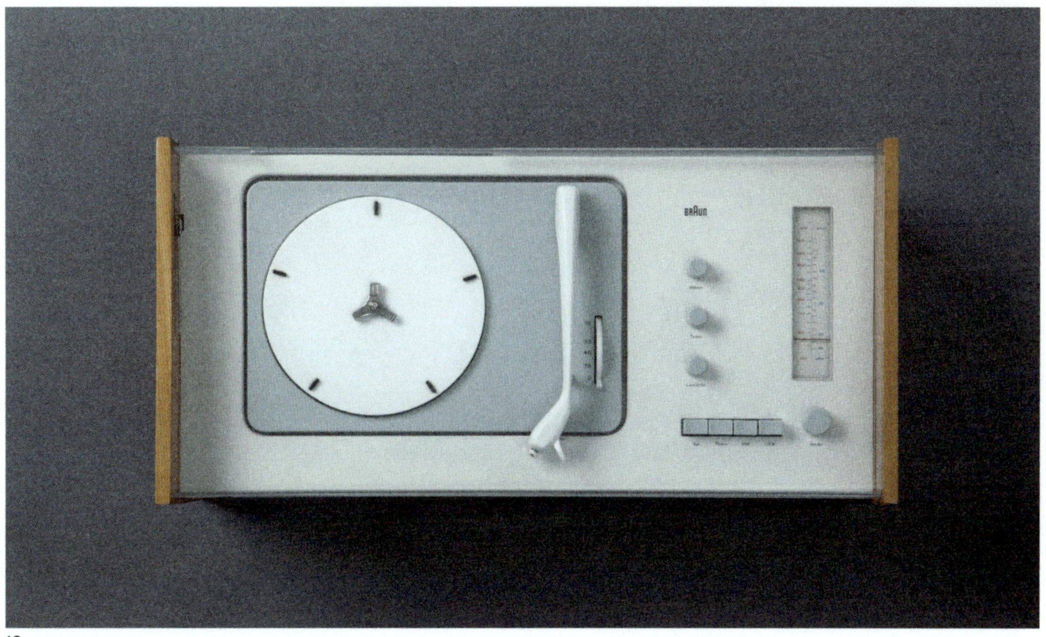

16

15 FRANZ ERHARD
WALTHER
Sonate / *Sonata*, 1958;
aus der Folge Wortbilder /
*from the series Word Images
series*; Bleistift und Tempera
auf Papier / *Pencil and
tempera on paper*, 39,5 x 59,6
cm; Staatliche Graphische
Sammlung München, Dauer-
leihgabe von / *On permanent
loan from* PIN. Freunde der
Pinakothek der Moderne

16 HANS GUGELOT,
DIETER RAMS
Radio-Plattenspieler-
Kombination / *Combined
radio/record player*
Phono-Super SK 4
(„Schneewittchensarg" /
"Snow White's coffin"),
1956; Holz, Kunststoff /
Wood, plastic; Max Braun,
Frankfurt am Main; Die Neue
Sammlung – The Design
Museum

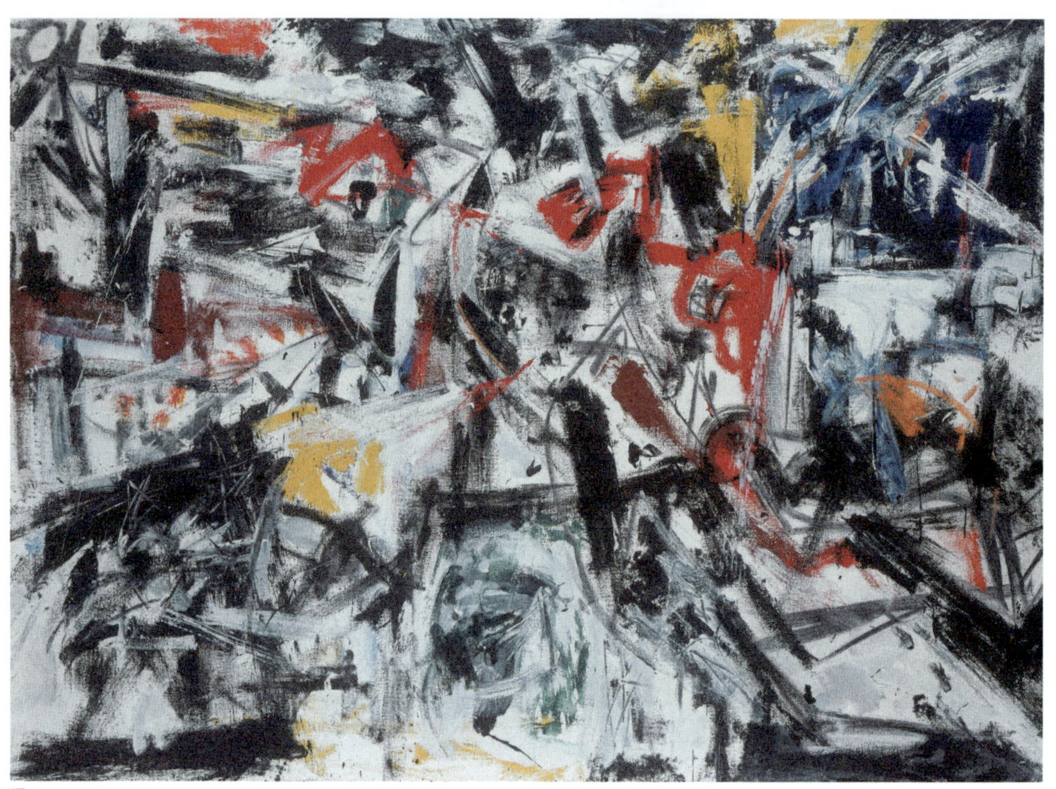

17

17 EMILIO VEDOVA
Scontro situazioni
(Zusammenprall von
Situationen / *Collision of
Situations*), 1958; Tempera
und Mischtechnik auf
Leinwand / *Tempera
and mixed media on
canvas*; Bayerische
Staatsgemäldesammlungen,
Sammlung Moderne Kunst /
Modern Art Collection; 1979
erworben / *Acquired 1979*

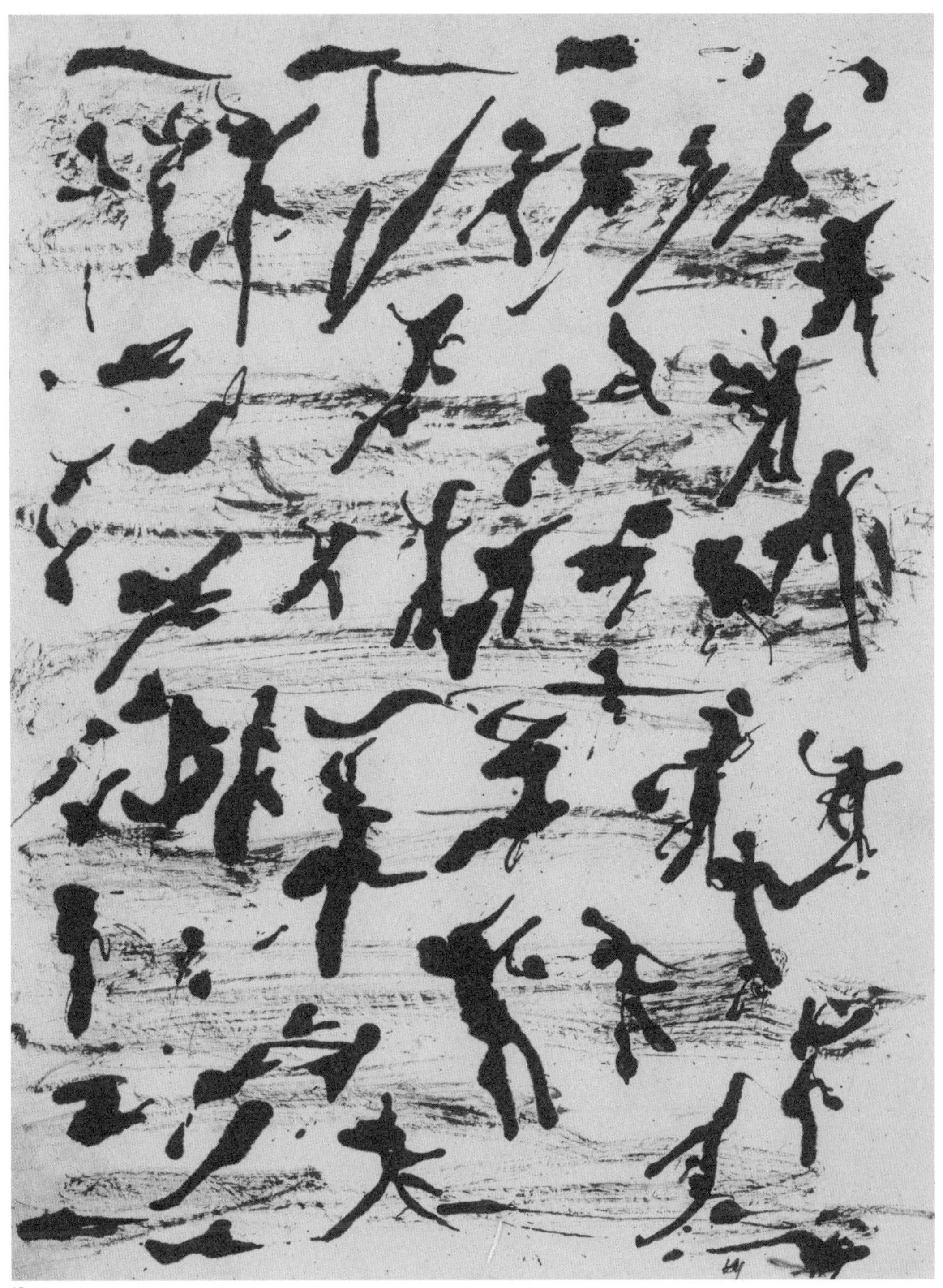

18

18 HENRI MICHAUX
Ohne Titel / *Untitled*, 1959;
Tusche auf Papier / *India
ink on paper*; 33 x 24 cm;
Staatliche Graphische
Sammlung München

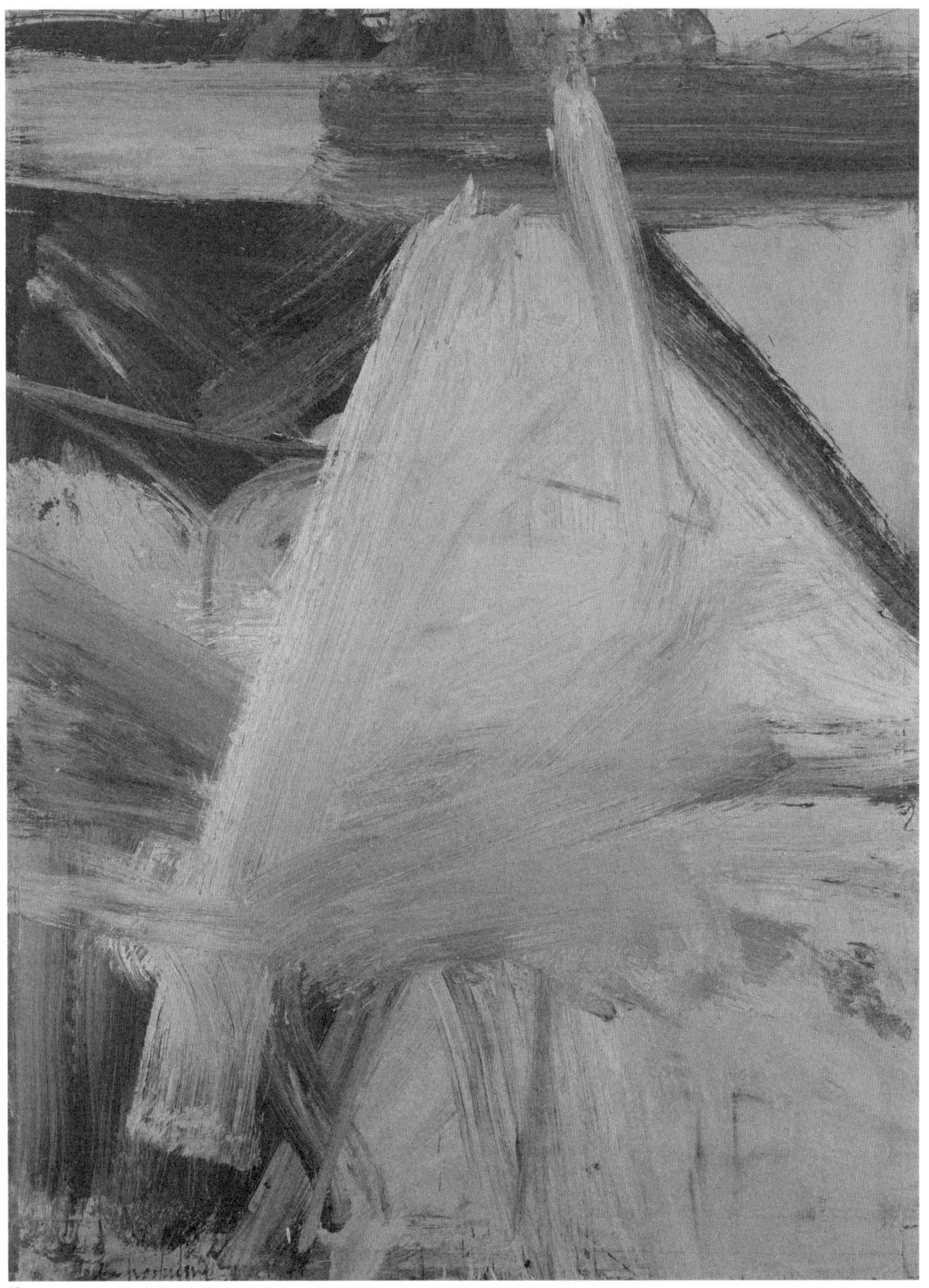

19

19 WILLEM DE KOONING
Detour, 1958; Öl auf Papier
auf Leinwand / *Oil on paper
on canvas*; Bayerische
Staatsgemäldesammlungen,
Sammlung Moderne Kunst /
Modern Art Collection; 1979
erworben mit Unterstützung
von / *Acquired 1979 with the
support of* PIN. Freunde der
Pinakothek der Moderne

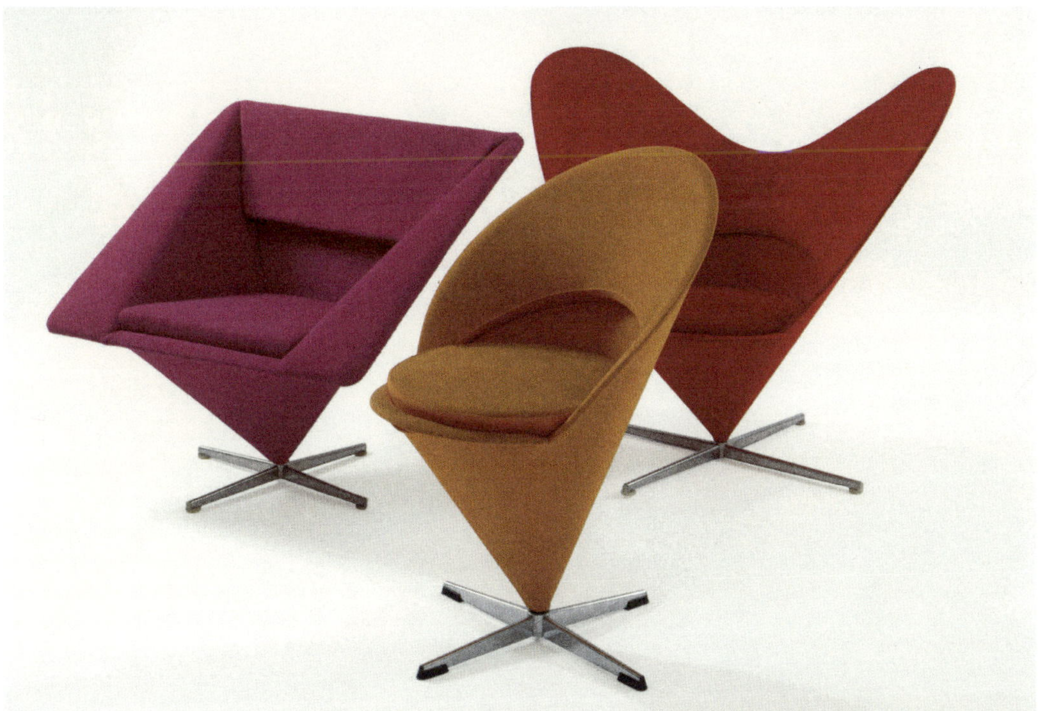

20

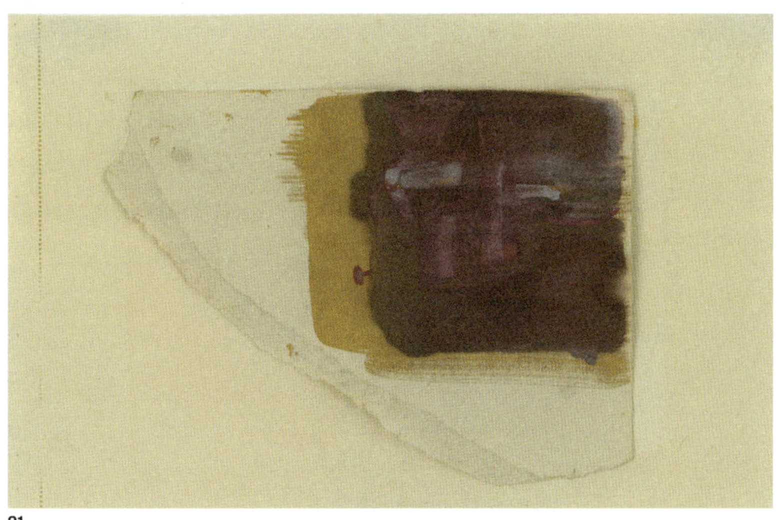

21

20 VERNER PANTON
Stühle / *Chairs* K1 ("Cone"),
K3 ("Heart"/"Micky Mouse")
und / *and* K4, 1958–60;
Metall, Textil, Polsterauflage /
Metal, textile, cushion; Plus-
linje, Kopenhagen; Die Neue
Sammlung – The Design
Museum

21 JOSEPH BEUYS
Johannisbeergelee machen /
Making Redcurrant Jelly,
1957; Collage und Aquarell
auf Papier / *Collage and
watercolor on paper*; 21,5 x
33 cm; Staatliche Graphische
Sammlung München

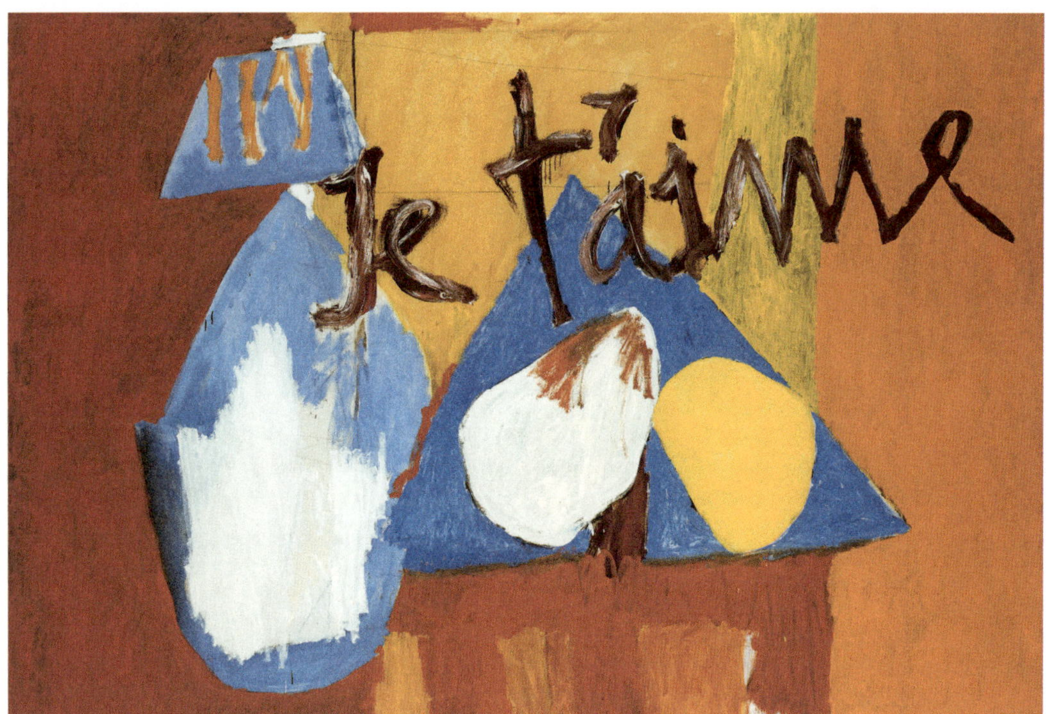

22

Kunst ist die Erzeugung von Formen, die menschliches Fühlen symbolisieren. /
Art is the creation of forms symbolic of human feeling.

SUSANNE K. LANGER, 1959

22 ROBERT MOTHERWELL
**Je t'aime No. IV, 1955–1957;
Öl auf Leinwand /** *Oil
on canvas*; **Bayerische
Staatsgemäldesammlungen,
Sammlung Moderne Kunst /**
Modern Art Collection; **1983
erworben /** *Acquired 1983*

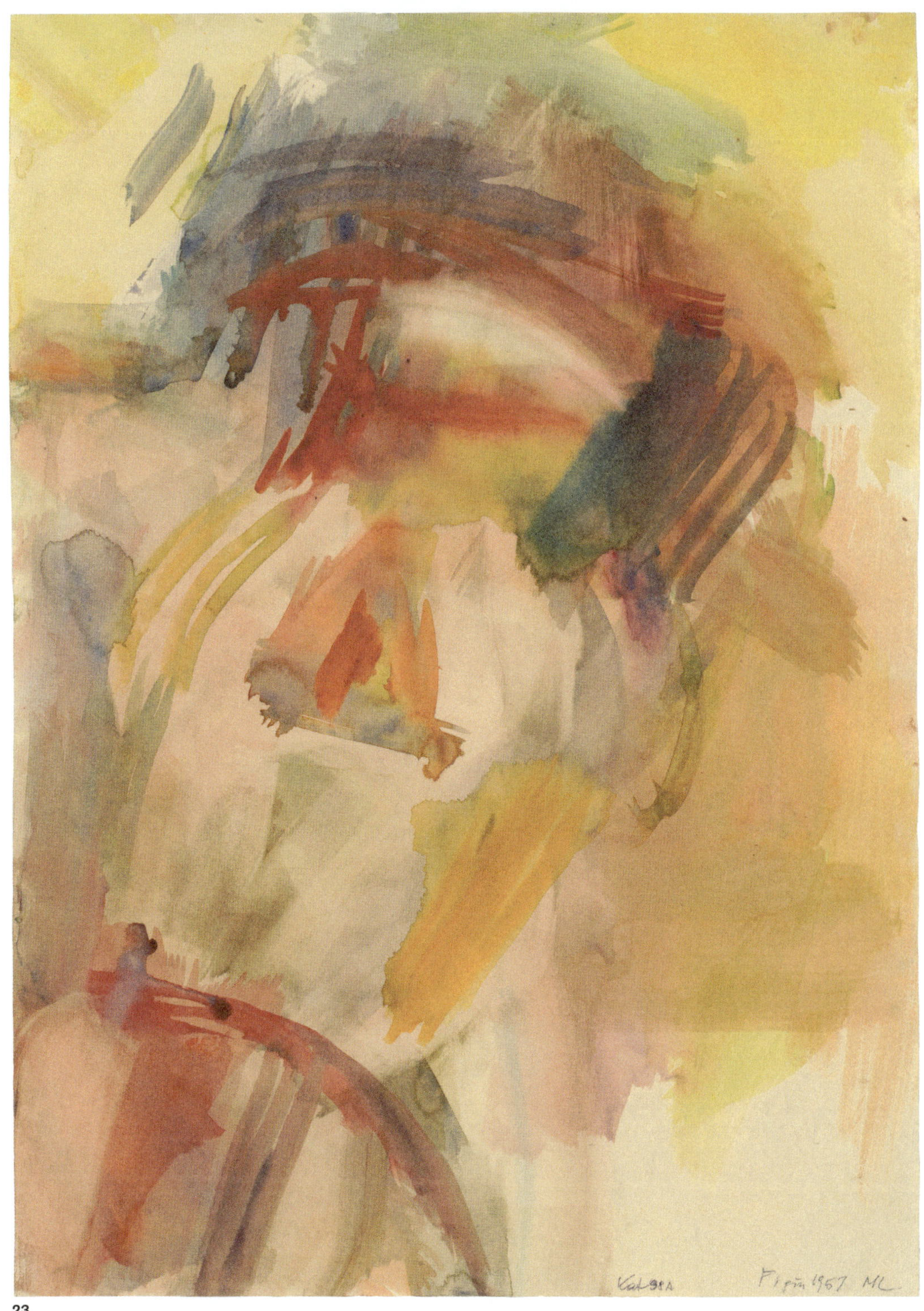

23

23 MARIA LASSNIG
Figur (Körperöffnung) /
Figure (Orifice), 1957;
Aquarell auf Papier /
Watercolor on paper;
62,3 x 43,7 cm; Staatliche
Graphische Sammlung
München

1960

–

1979

Materialwechsel:
Die 1960er und 1970er Jahre /
A Change of Materials:
the 1960s and 1970s

Monika Wagner

In Westeuropa und den USA waren die 1960er Jahre eine Zeit der großen Umbrüche. In den bildenden Künsten ging es dabei nicht allein um stilistische Neuerungen oder die Auseinandersetzung um Abstraktion und Gegenständlichkeit; vielmehr wurden die Grenzen zwischen den tradierten Gattungen der Kunst ebenso durchlässig wie die zwischen HIGH und LOW, zwischen Kunst und Populärkultur. Hochkunst und Alltagskultur gingen vielfältige Verbindungen ein. Manche der künstlerischen Neuansätze, insbesondere das performative Happening, standen in direkter Verbindung zu gesellschaftspolitischen Protestbewegungen.

Mit den Grenzverwischungen veränderten sich auch die Werkformen der Kunst, ihre Materialien und Herstellungsverfahren. Wie Harald Szeemanns legendäre Berner Ausstellung WHEN ATTITUDES BECOME FORM (1969) belegt, waren Ende der 1960er Jahre nahezu sämtliche Materialien und Dinge kunstfähig geworden. Jahrhundertelang hatten Dauerhaftigkeit und Stabilität als Kriterien für das künstlerische Material gegolten, für die Farben und Bildträger der Malerei, für die Bronze, den Stein und das Holz der Skulptur. Nun gelangten neben vergänglichen Stoffen – unter ihnen sogar Nahrungsmittel – auch neu entwickelte Plastikmaterialien in den Bereich der Kunst, was die traditionelle Hierarchie der Materialien erschütterte.

Unter dem Gesichtspunkt des Materials rückten in den 1960er Jahren zeitgenössische Kunst, Design und Architektur, also freie und angewandte Künste, eng zusammen. Das zeigt sich etwa an den Kunststoffen: Ihre Gießfähigkeit und Plastizität ermöglichten im Design wie in der Architektur die Realisierung neuer Formen und beflügelten in der Kunst zahlreiche Experimente. „Das Plastik", so heißt es in Roland Barthes' zuerst 1957 erschienenen MYTHEN DES ALLTAGS, „ist eine Haushaltssubstanz. Es ist die erste magische Materie, die zur Alltäglichkeit bereit ist." Ihre Magie beruht darauf, „daß die Wandlungsfähigkeit des Plastiks total ist, es kann ebenso gut Eimer wie Schmuckstücke bilden". Aus Fiberglas entstanden farbstarke skulpturale Möbel, transparentes Plexiglas diente als Bedeck-

In west Europe and the United States the 1960s and 1970s were a time of radical change. Fine artists started taking an interest not only in stylistic innovations or whether to favor abstraction or figurative art; instead, the borders between the traditional art genres became as blurred as those between HIGH and LOW, between art and popular culture, with high art and everyday culture becoming frequent bedfellows. A number of the new currents in art, particularly performative happenings, were directly connected with protest movements in society.

This blurring resulted in changes to the art forms favored, the materials used for them and to their production processes. As evidenced by Harald Szeemann's legendary exhibition in Bern WHEN ATTITUDES BECOME FORM (1969), almost all materials and all things had become suitable for art. For centuries, durability and stability had been considered decisive qualities for artists' materials, the paints and surface used, the bronze, the stone and the wood employed in sculpture. And now suddenly, alongside transient materials – which even included foodstuffs – newly developed plastic materials turned up in the world of art, something which shattered the received hierarchy of materials.

And while we are on the subject of materials, in the 1960s contemporary art, design and architecture, i.e., the fine arts and applied art, moved closer together. This was apparent in such things as plastics which could be poured and molded and thus allowed the genesis of new shapes, both in design and in architecture, and inspired a large number of experiments in the arts. As Roland Barthes explained in MYTHOLOGIES, first published in 1957, plastic "is a household material. It is the first magical material which consents to be prosaic." He adds that plastic's magic is due to the fact that its mutability is total, "it can become buckets as well as jewels." Fiberglass was used to create bright sculptural furniture and a transparent Perspex pavilion roof to cover the buildings designed by Behnisch & Partner, Frei Otto and others at the Olympic park in Munich; in the case of portable devices, plastics began to replace metal, which was heavier, in items such as

ung für das Zeltdach der Münchner Olympia-
bauten von Behnisch & Partner, Frei Otto und
anderen; Plastik begann bei beweglichen Objekten, wie der legendären Reiseschreibmaschine
von Ettore Sottsass oder Modellen für funktio-
nale Autos, das schwerere Metall zu ersetzen.
Gleichzeitig finden sich utopische Raumprojek-
te aus transparenten PVC-Folien, wie die von
Haus Rucker & Co, aufblasbare Ausstellungs-
hallen wie die des „Modern Art Museum" in München, in Serien gefertigte Häuser aus glasfaser-
verstärktem Polyester, wie das FUTURO von
Matti Suuronen, kleinteilige Schmuckstücke und
anderes aus Acrylglas, von Christo und Jeanne-
Claude Polyethylen- und Nylonverpackungen,
vielfältige, zum Teil aufblasbare Skulpturen in
der Pop Art oder ephemere Aufführungen von
Polyurethanexpansionen, die wachsende Formen als Ergebnis chemischer Verbindungen
demonstrierten.

Während der Abstrakte Expressionismus, der
seinen Höhepunkt in den 1950er Jahren hatte,
die individuelle gestische Spur als subjektiven
Ausdruck des manuell arbeitenden Künstlers
feierte, traten in den 1960er Jahren Verfahren
in den Vordergrund, die das Prinzip des READY-
MADE und des OBJET TROUVÉ aufgriffen,
unpersönliche Herstellungsverfahren bevor-
zugten oder sich selbst organisierende Syste-
me initiierten. Die Pop Art nutzte fotografische
Bilder der Massenmedien ebenso wie Dinge aus
dem Alltag als präfabrizierte Elemente. Robert
Rauschenberg, einer der Vorreiter der Pop Art,
leistete hinsichtlich der Verbindung von Kunst
und Alltag Pionierarbeit. Ähnlich wie kurz darauf auch Andy Warhol übertrug er aktuelle Fotos
aus Presse und Werbung in seine Arbeiten. Auf
diese Weise gelangten unter anderem Fotos politisch bedeutsamer Ereignisse wie der Ermor-
dung John F. Kennedys oder der Mondlandung
neben Bildern der Warenwelt in einem medialen
Transfer auf die Leinwand. Im Vervielfältigungs-
verfahren des Siebdrucks wurden die fotogra-
fischen Bilder auf Leinwand übertragen, ein
Medium, das zuvor der Malerei von Hand vorbehalten gewesen war. Wo Letztere praktiziert
wurde, befasste sie sich mit dem „Kunstwerk im

Ettore Sottsass' legendary portable typewriter,
or in models for functional cars. At the same time
there were utopian spatial projects made from
transparent PVC film, e.g., the one produced
by Haus Rucker & Co, inflatable exhibition halls
such as the "Modern Art Museum" in Munich,
mass-produced houses in fiberglass-reinforced
polyester such as Matti Suuronen's FUTURO,
intricate jewelry items and other articles made
of acrylic glass, Christo and Jeanne-Claude's
polyethylene and nylon packaging, all kinds of
Pop Art sculptures, some of them inflatable, and
ephemeral performances featuring expanding
polyurethane and involving burgeoning shapes
as the result of chemical bonding.

Whereas Abstract Expressionism, which had its
heyday in the 1950s, celebrated the individual
gestural impression as the subjective mark left
by the artist working with his hands, in 1960s the
focus moved to the kind of techniques that favored the READY-MADE and the FOUND OBJECT
(both impersonal manufacturing processes) or
initiated self-organizing systems. Pop Art used
not only photographic images from the mass media but also prefabricated elements consisting of
everyday things. Robert Rauschenberg, one of
the trailblazers of Pop Art, performed pioneering work by combining art with the everyday.
Rather like Andy Warhol, Rauschenberg, who
started slightly earlier, transferred photos from
the press and from advertising into his work. In
this way not only photos of politically significant
events such as the murder of John F. Kennedy or
the Moon landing but also images from the world
of products found their way onto the canvas in a
process of media transfer. The duplication technique of silkscreen printing allowed photographic images to be transferred onto the canvas, a
medium that had previously been used exclu-
sively for painting by hand. Where the latter was
practiced it was concerned with the "Work of art
in the age of mechanical reproduction" and its
distribution in the printed media. Artists such as
Roy Lichtenstein and Sigmar Polke quoted paintings, not only stylistically but also in their manner
of typographical dissemination, by transferring
the dot screen of production processes back to

Zeitalter seiner technischen Reproduzierbarkeit" und Distribution in den Printmedien. Künstler wie Roy Lichtenstein oder Sigmar Polke zitierten Gemälde nicht allein stilistisch, sondern in ihrer drucktechnischen Verbreitung, indem sie das Punktraster des Reproduktionsverfahrens in die Malerei rückübersetzten. Diese Bilder dritter Ordnung beziehen sich also auf schon vorhandene und in die Massenmedien eingespeiste Kunstwerke. Im Kontext solchen Medienbewusstseins begannen auch Fotografie und Werbedesign Kunststatus zu erlangen.

Warhol trieb die Annäherung an Verfahren der Konsumwelt auf der Motivebene wie der Serialisierung voran, indem er Markenikonen wie Campbells Suppendosen, Colaflaschen oder Idole wie Marilyn Monroe aufgriff und nach dem Motto „100 sind besser als 1" die ikonischen Motive in Bildserien wie auch innerhalb eines Bildes vervielfältigte. Serialität wurde in den 1960er Jahren jedoch nicht allein mit der Massenproduktion und -konsumption von Waren verbunden, auf die sich Warhol bezog. Serialität war auch ein durch den Massenwohnungsbau ins Bewusstsein drängendes Phänomen. Der Gleichförmigkeit der Wiederholung durch ästhetische Varianz zu begegnen – ähnlich wie Warhol in seinen Bildern – bedeutete in der Architektur wie in den modularen Systemen des Möbeldesigns eine enorme Herausforderung, wollte man sich nicht mit Oberflächenvariationen zufriedengeben.

Serialität und Raumbezug zeichnen auch die Werke der Minimal Art aus, die mit ihrem strengen Raster strukturell gleichartiger industriell produzierter Elemente, die einer logischen Anordnung folgen, unpersönliche Verfahren in der Kunst forcierten. Im Fall von Dan Flavins Lichtinstallationen basiert die minimalistische Struktur auf normierten Leuchtstoffröhren, die das Licht gewissermaßen materialisieren, indem sie es an die formale Ordnung binden.

Auch jenseits des seriellen Prinzips wurde die Verbindung zum Alltag über Materialien und Dinge gestärkt. Bereits seit Mitte der 1950er Jahre praktizierte Robert Rauschenberg mit seinen COMBINES das, was László Glózer 1971 treffend als „Ausstieg aus dem Bild" bezeichnete. In den

painting. These images of the third order refer to works of art already reproduced in the mass media. In the context of media consciousness, photography and commercial design also began to acquire the status of art.

Warhol actively advanced the idea of borrowing processes from the consumer world in terms of themes by seizing on brand icons such as Campbell's soup cans and bottles of Coke or on idols such as Marilyn Monroe and, using the principle of "100 are better than one", by duplicating these iconic themes both in series of pictures and within one picture. However, in the 1960s seriality was not only associated with the mass production and mass consumption of goods as referenced by Warhol. Seriality had also become a phenomenon that had taken root in the public mind thanks to mass housing construction. Both in architecture and in the modular systems of furniture design, countering the uniformity of endless repetition with aesthetic variations – similarly to Warhol's techniques with his own pictures – represented a major challenge if one wanted to go beyond surface variations.

Seriality and relationship to space also characterize works of Minimal Art, which, with their rigid grid patterns of structurally identical industrially produced elements following a logical arrangement, promoted impersonal processes in art. In the case of Dan Flavin's light installations their minimalist structure is based on standard fluorescent tube lighting which gives the light material form, as it were, by tying it to a formal arrangement.

Beyond the principle of seriality the connection with everyday life was reinforced by means of materials and things. Since way back in the mid-1950s, Rauschenberg had been using his COMBINES to achieve what László Glózer accurately described as the "exit from the picture plane". Rauschenberg integrated items from the everyday world into these COMBINES, which were a cross between paintings and sculptures, thus creating installations in space. This was even typical of those artists who favored more modest, used and natural materials. For Joseph Beuys, who, around 1963, started working with

COMBINES, die zwischen Malerei und Skulptur angesiedelt sind, integrierte Rauschenberg Dinge der Alltagswelt, so dass räumliche Installationen entstanden. Raumgreifende Arrangements waren auch für Künstler, die auf bescheidene gebrauchte Materialien und auf Primärstoffe der Natur setzten, charakteristisch. Für Joseph Beuys, der um 1963 mit Filz und Fett zu arbeiten begann, jenen Materialien, mit denen er fortan identifiziert werden sollte, wie für Vertreter der italienischen Arte Povera oder für Robert Morris in den USA spielten Plastizität und Veränderlichkeit der Stoffe eine zentrale Rolle. Nicht Waren, sondern Materialverhalten und Nutzungsgeschichten standen im Fokus. Werke europäischer Künstler zeigten häufig die Patina des Gebrauchs – so als hätten die Dinge bereits außerhalb der Kunstsphäre etwas durchgemacht. Sie erscheinen als Zeugen von Geschichten und Ereignissen und verwischten die Grenze zwischen Werken der freien und angewandten Kunst.

Das Verhalten von Naturstoffen – Luft, Wasser, Erde – wurde als Korrelat wie als Gegenbild zur Plastifizierung und Medialisierung in den 1960er Jahren innerhalb wie außerhalb der Galerieräume untersucht. Temporäre Land-Art-Installationen, unter anderem von Michael Heizer und Walter De Maria, die der Galerist Heiner Friedrich in den späten 1960er Jahren in München und andernorts förderte, sprengten alle bisherigen Maßstäbe. Heizers *MUNICH DEPRESSION*, ein trichterförmiger Erdaushub von fünfunddreißig Metern Durchmesser und vier Metern Tiefe in der aus dem Boden gestampften Satellitenstadt Neuperlach, und De Marias MÜNCHNER ERDRAUM demonstrierten die Eigenschaften und die Selbstorganisation des im Innenraum aufgeschütteten respektive des im Außenraum der Witterung und damit der prozessualen Veränderung unterworfenen Materials. Da sich solche ortsgebundenen Werke dem Kunstmarkt entziehen und Arbeiten wie die in München meist nur begrenzte Zeit existierten, wurden Projektzeichnungen und dokumentarische Fotos umso wichtiger. Die Werke können – das verbindet sie mit der Minimal Art und charakterisiert beide als konzeptuelle Kunst – erneut realisiert werden.

felt and fat (the materials with which he was to be identified from then onwards), for the exponents of Arte Povera in Italy, or for Robert Morris in the United States, malleability and the variability of the materials they used was of central importance. These artists focused not on products but on the way that materials behaved and on the history of their use. The work of European artists certainly often displayed the patina of use – looking as if it had already been through a great deal outside the world of art. The materials seem to have stories to tell and blur the boundary between works of fine and applied art.

The behavior of natural materials – air, water, earth – was investigated as the correlate of or counterpoint to the art of the 1960s with its tendency towards the plastic and the material both in and outside the galleries. Temporary Land Art installations, including those by Michael Heizer and those by Walter De Maria, promoted by gallery owner Heiner Friedrich in the late 1960s in Munich and elsewhere rejected all the existing standards. Heizer's MUNICH DEPRESSION, a funnel-shaped excavation measuring 35 meters in diameter and 4 meters in depth in Neuperlach, a Munich satellite town which sprang up practically overnight, and De Maria's MÜNCHNER ERDRAUM demonstrated both the characteristics and the ability to self-organize of material that has been piled up indoors or exposed to the elements and thus to a process of change outdoors. Since this kind of site-specific work is not subject to the rules of the art market and because work such as that in Munich only exists for a limited time, project drawings and documentary photographs became all the more important. And, something that connects them to Minimal Art and characterizes both of them as conceptual art, the works can be realized again.

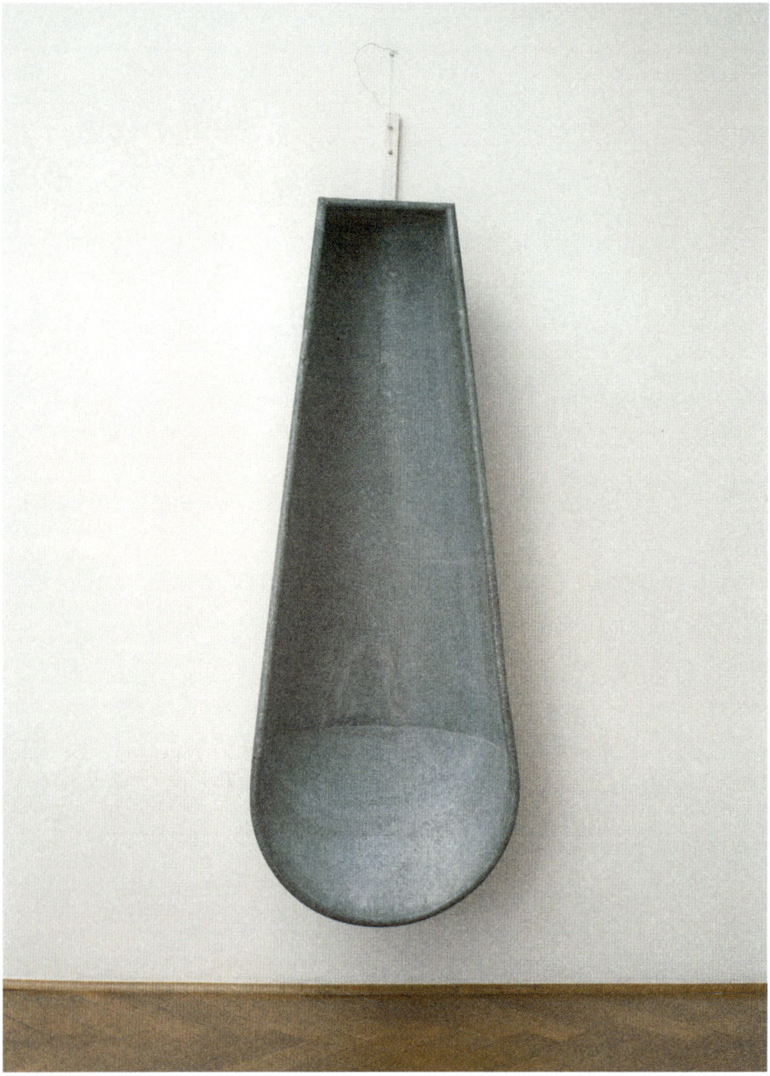

1

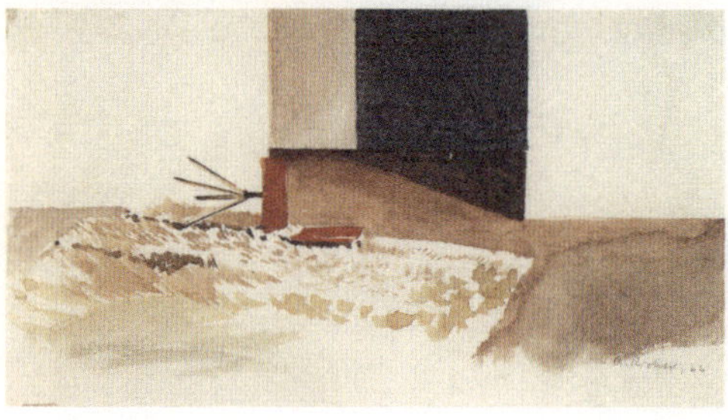

2

1 JOSEPH BEUYS
Jason II, 1962/1980;
Zinkwanne, Holz, Jasonkopf
aus Eisen, weiße Farbe,
Bleistift, Eisendraht /
*Zinc tub with iron head of
Jason, wood, white paint,
pencil, wire*; Bayerische
Staatsgemäldesammlungen,
Sammlung Moderne Kunst /
Modern Art Collection;
2009 übertragen aus der
Sammlung Bernd und
Verena Klüser, München /
*Transferred 2009 from the
Bernd and Verena Klüser
Collection, Munich*

2 GERHARD RICHTER
Interieur / *Interior*, 1964;
Aquarell auf Papier /
Watercolor on paper,
11,5 x 20,9 cm; Staatliche
Graphische Sammlung
München; Dauerleihgabe
des / *On permanent
loan* from Wittelsbacher
Ausgleichsfonds, Sammlung
Herzog Franz von Bayern

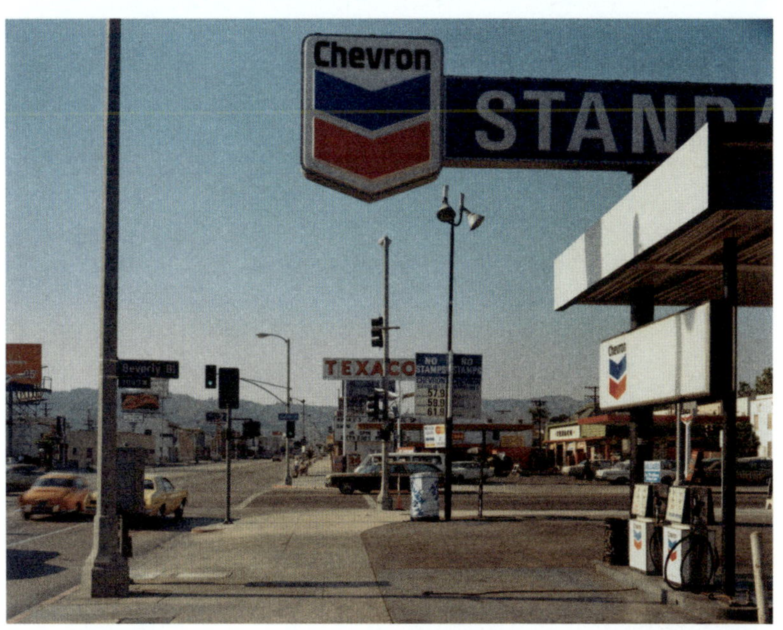

3

Die neuen gegenseitigen elektronischen Abhängigkeiten erschaffen die Welt im Abbild eines globalen Dorfes. / *The new electronic interdependence recreates the world in the image of a global village.*

MARSHALL MCLUHAN, 1962

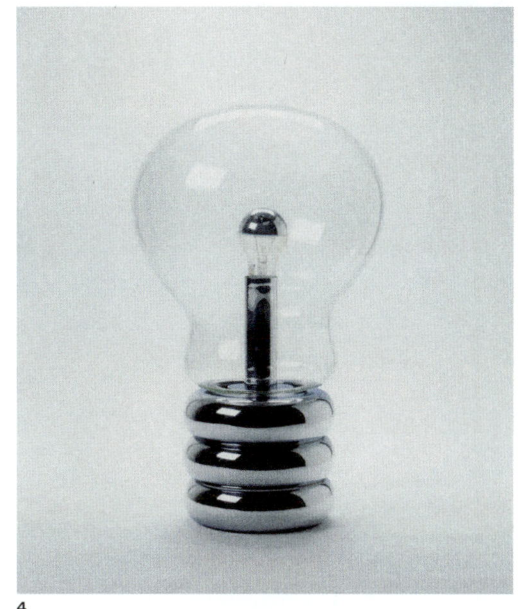

4

3 STEPHEN SHORE
La Brea Avenue and Beverly
Boulevard, Los Angeles,
California, June 21, 1975;
Aus / *From*: Uncommon
Places; C-Print; Bayerische
Staatsgemäldesammlungen,
Sammlung Moderne Kunst /
Modern Art Collection;
Seit 2003 Leihgabe der /
Since 2003 on loan from
Siemens AG

4 INGO MAURER
Leuchte / *Luminaire* Giant
Bulb Clear, 1966; Metall,
verchromt, Glas / *Metal,
chromed, glass*; Design M,
München; Die Neue
Sammlung – The Design
Museum

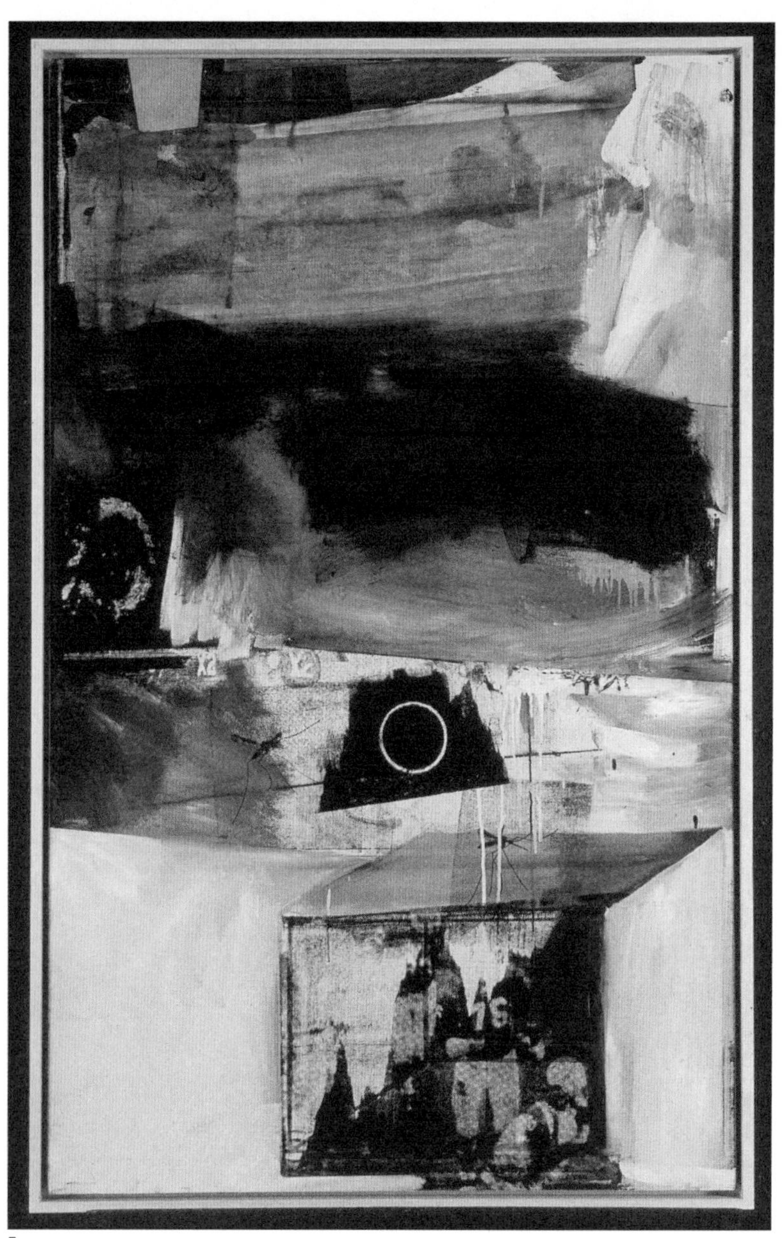

5

5 ROBERT RAUSCHENBERG
Vault, 1962; Öl und
Siebdrucktinte auf Leinwand /
*Oil and silkscreened ink
on canvas*; Bayerische
Staatsgemäldesammlungen,
Sammlung Moderne Kunst /
Modern Art Collection; 1976
erworben als Vermächtnis
von Klaus Gebhard, München /
*Acquired 1976 as a bequest
from Klaus Gebhard, Munich*

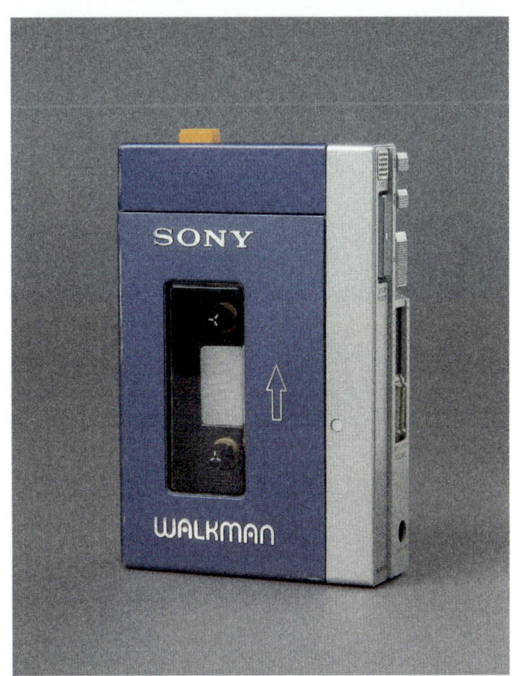

6

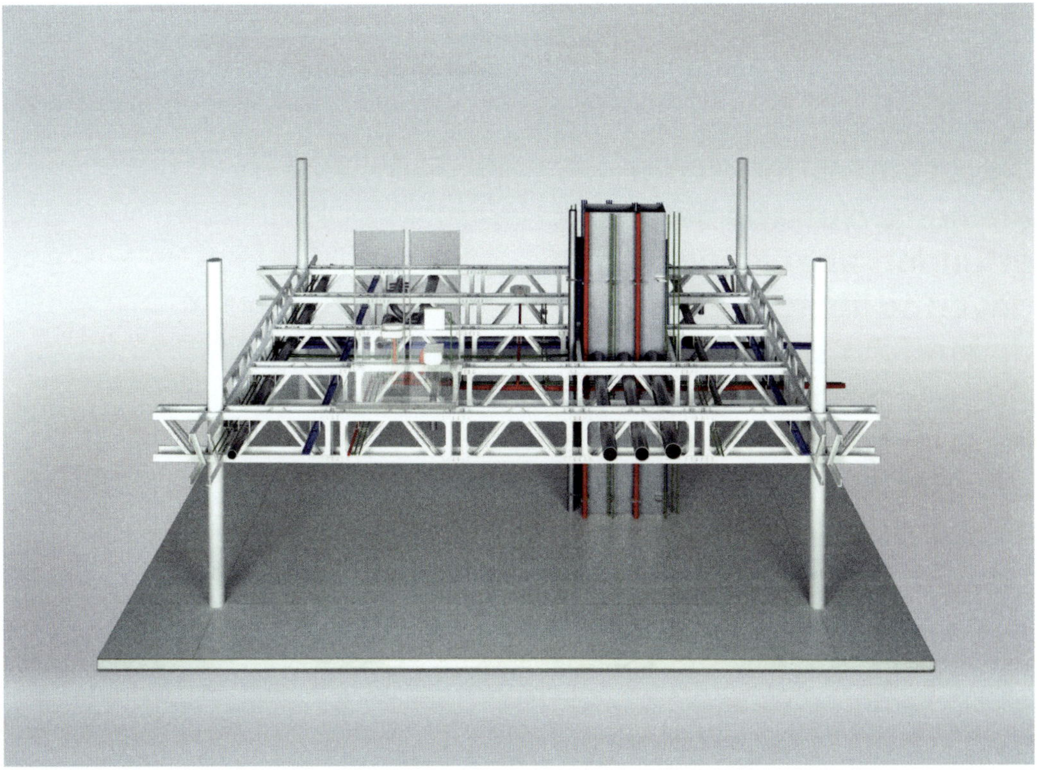

7

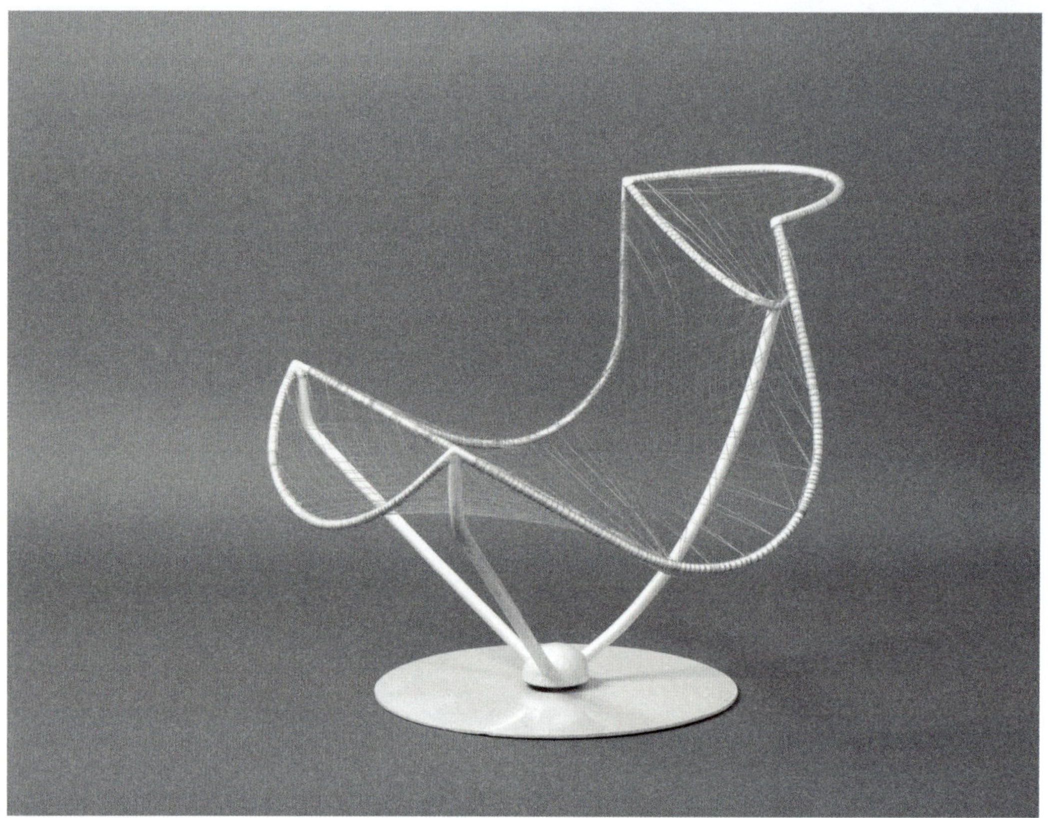

8

Jede Generation ist der Meinung, sie habe den Sex erfunden, aber keine war davon so überzeugt wie die Jugend der 1960er Jahre. / *All generations think they have invented sex, but none thought they had done it as thoroughly as the young people of the 1960s.*

NEIL MACGREGOR, 2011

9

8 SERGIO CONTI, LUCIANO GRASSI, MARISA FORLANI
Monofilo Chair, 1962; Metall, lackiert, Nylonschnüre / *Metal, varnished, nylon strings*; Emilio Paoli, Florenz / *Florence*; Die Neue Sammlung – The Design Museum

9 GORDON MATTA-CLARK
Arrows (Notebook), 1974; Aus einer Serie von acht Blättern / *From a series of eight drawings*; Tusche und Filzstift auf Papier / *India ink and felt-tip pen on paper*; 23 x 29,5 cm; Staatliche Graphische Sammlung München; Dauerleihgabe der / *On permanent loan from the* Vereinigung der Freunde der Staatlichen Graphischen Sammlung München

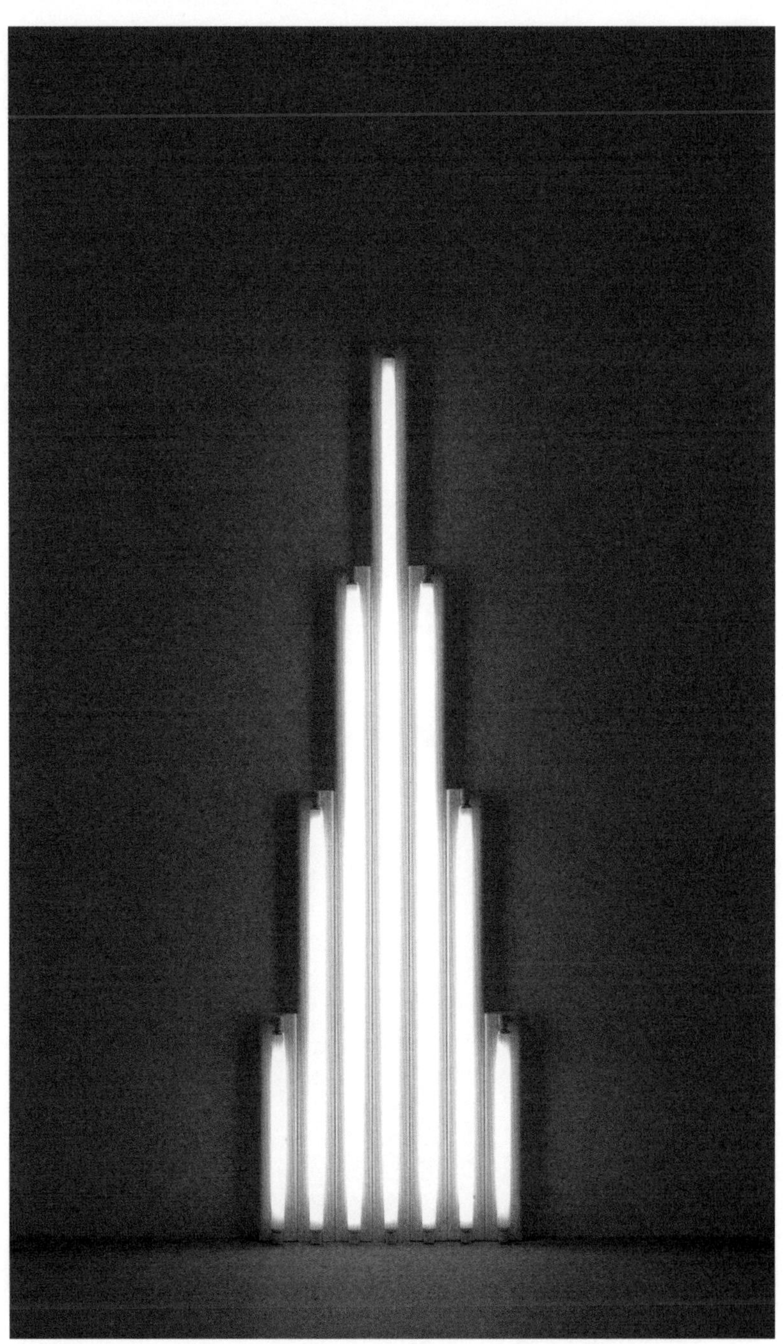

10

10 DAN FLAVIN
„monument" for V. Tatlin I,
1964; Leuchtstoffröhren /
Fluorescent light; Bayerische
Staatsgemäldesammlungen,
Sammlung Moderne Kunst /
Modern Art Collection; 2008
erworben als Schenkung des /
*Acquired 2008 as a gift from
the* American Patrons of the
Pinakothek Trust

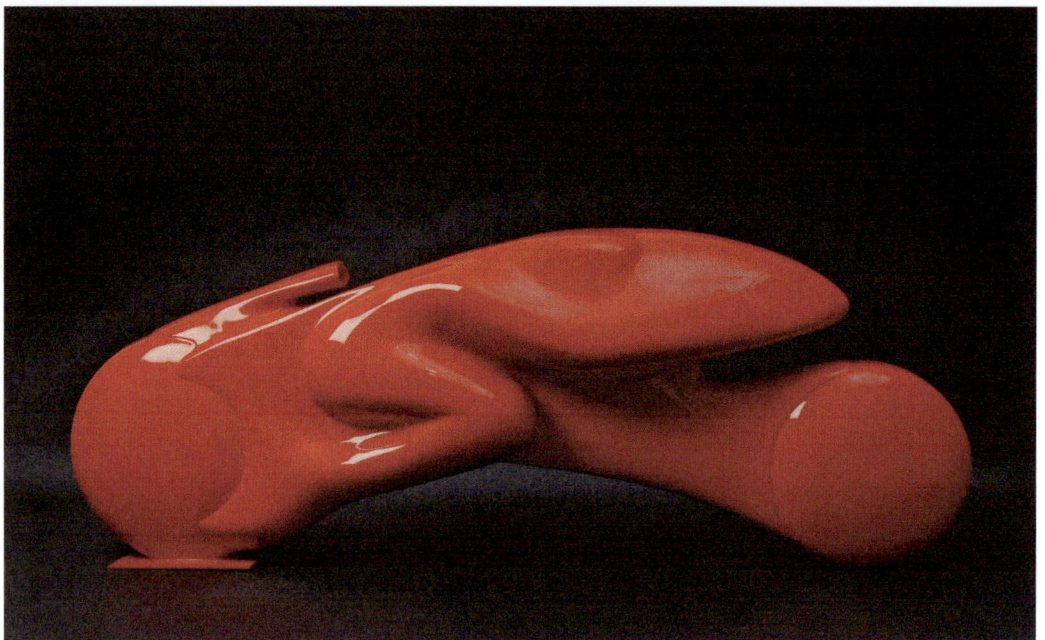

11

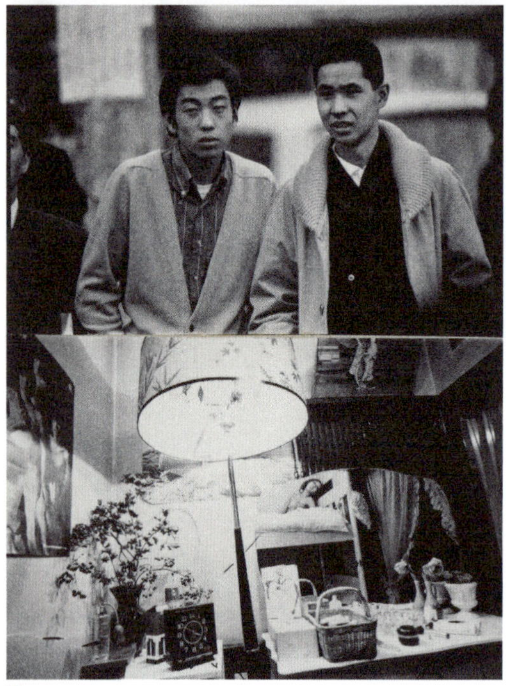

12

12 NOBUYOSHI ARAKI
Ohne Titel / *Untitled*, aus /
from: Tokyo, 1971/1973;
Silbergelatineabzüge,
2-teilig / *Gelatin silver
prints, 2-part*; Serie mit
28 Diptychen / *Series of
28 diptychs*; Bayerische
Staatsgemäldesammlungen,
Sammlung Moderne Kunst /
Modern Art Collection; 2004
erworben von / *Acquired
2004 by* PIN. Freunde der
Pinakothek der Moderne

11 LUIGI COLANI
Motorrad-Studie / *Motorcycle
study* Frog, 1973; Kunststoff,
lackiert / *Plastic, varnished*;
Die Neue Sammlung – The
Design Museum

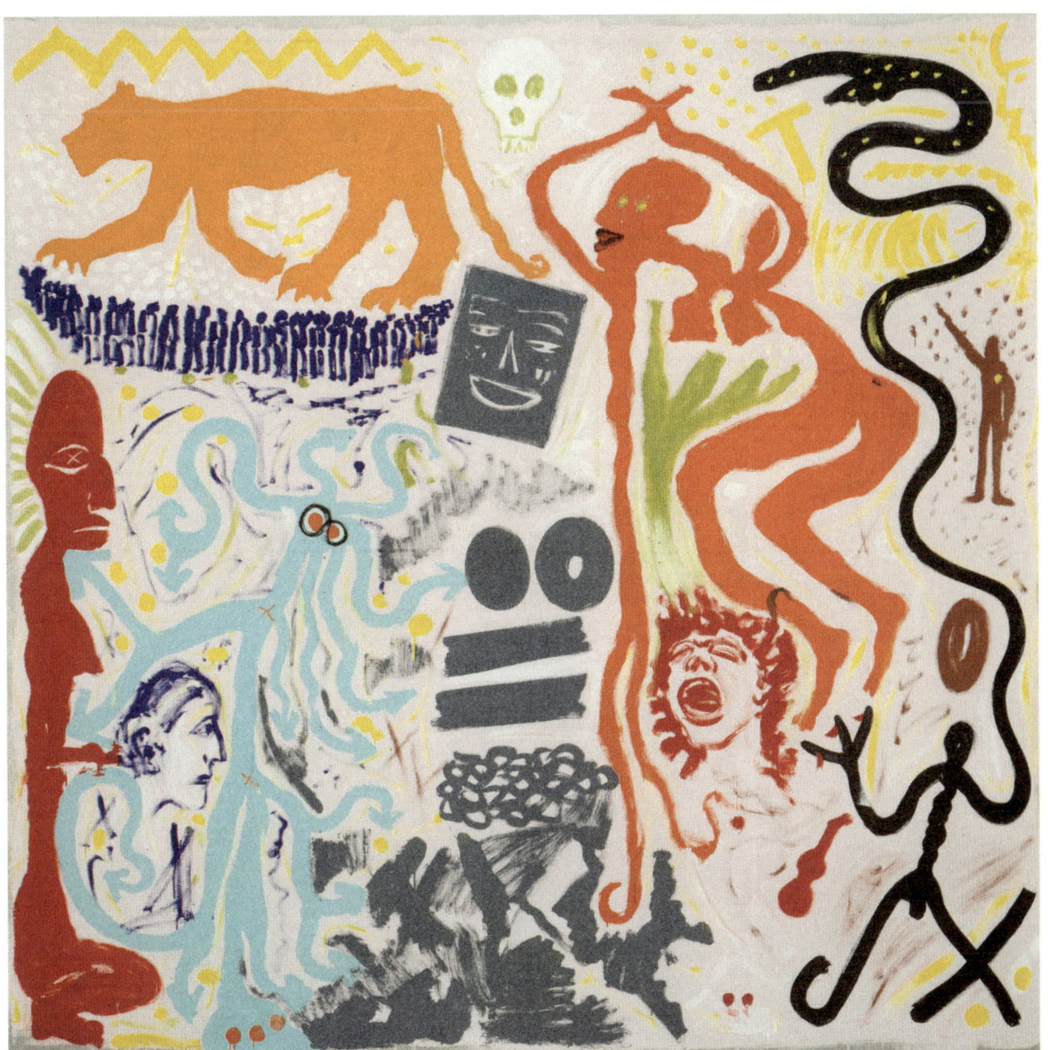

13

13 A. R. PENCK
N. Komplex / *N. Complex*,
1976; Öl auf Leinwand /
Oil on canvas; Bayerische
Staatsgemäldesammlungen,
Sammlung Moderne Kunst /
Modern Art Collection; 1980
erworben / *Acquired 1980*

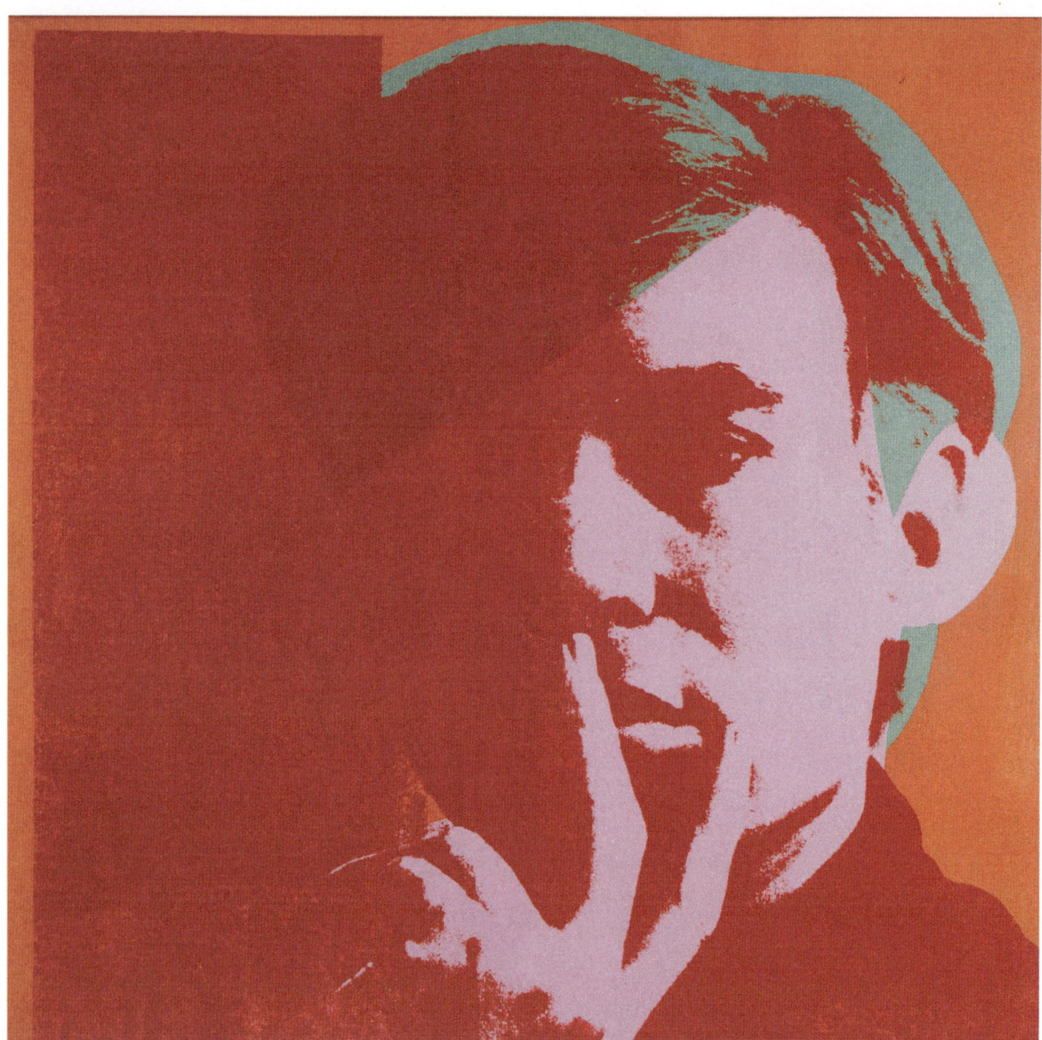

14

Die Grenze zwischen Kunst und Leben sollte so fließend und vielleicht so verschwommen wie möglich gehalten werden. / *The line between art and life should be kept as fluid, and perhaps indistinct, as possible.*

14 ANDY WARHOL
Self-Portrait, 1967; Siebdruck und Kunstharz auf Leinwand / *Silkscreen and acrylic resin on canvas*; Bayerische Staatsgemäldesammlungen, Sammlung Moderne Kunst / *Modern Art Collection*; 1972 erworben / *Acquired 1972*

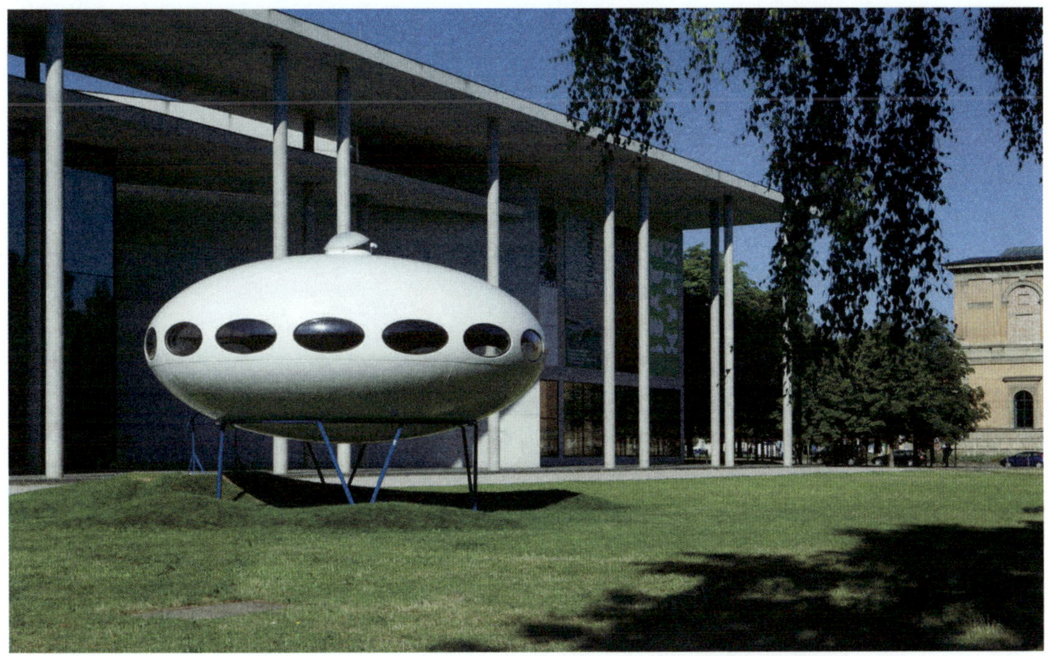

15

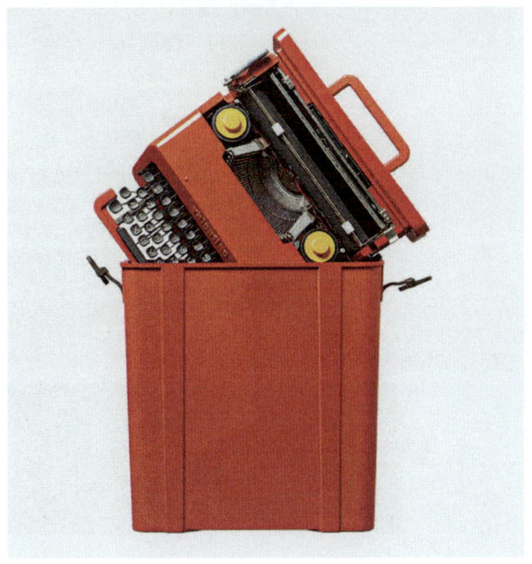

16

15 MATTI SUURONEN
Kunststoffhaus / *Synthetic house* Futuro, 1968; Glasfaserverstärkter Kunststoff, Metall / *Fiberglass-reinforced plastic, metal*; Die Neue Sammlung – The Design Museum; Erworben mit Unterstützung von / *Acquired with the support of* PIN. Freunde der Pinakothek der Moderne

16 PERRY A. KING, ETTORE SOTTSASS
Reiseschreibmaschine / *Portable typewriter* Valentine, 1969; Kunststoff, Metall, verchromt, lackiert, Gummi / *Plastic, metal, chromed, varnished, rubber*; Olivetti S.p.A., Ivrea; Die Neue Sammlung – The Design Museum

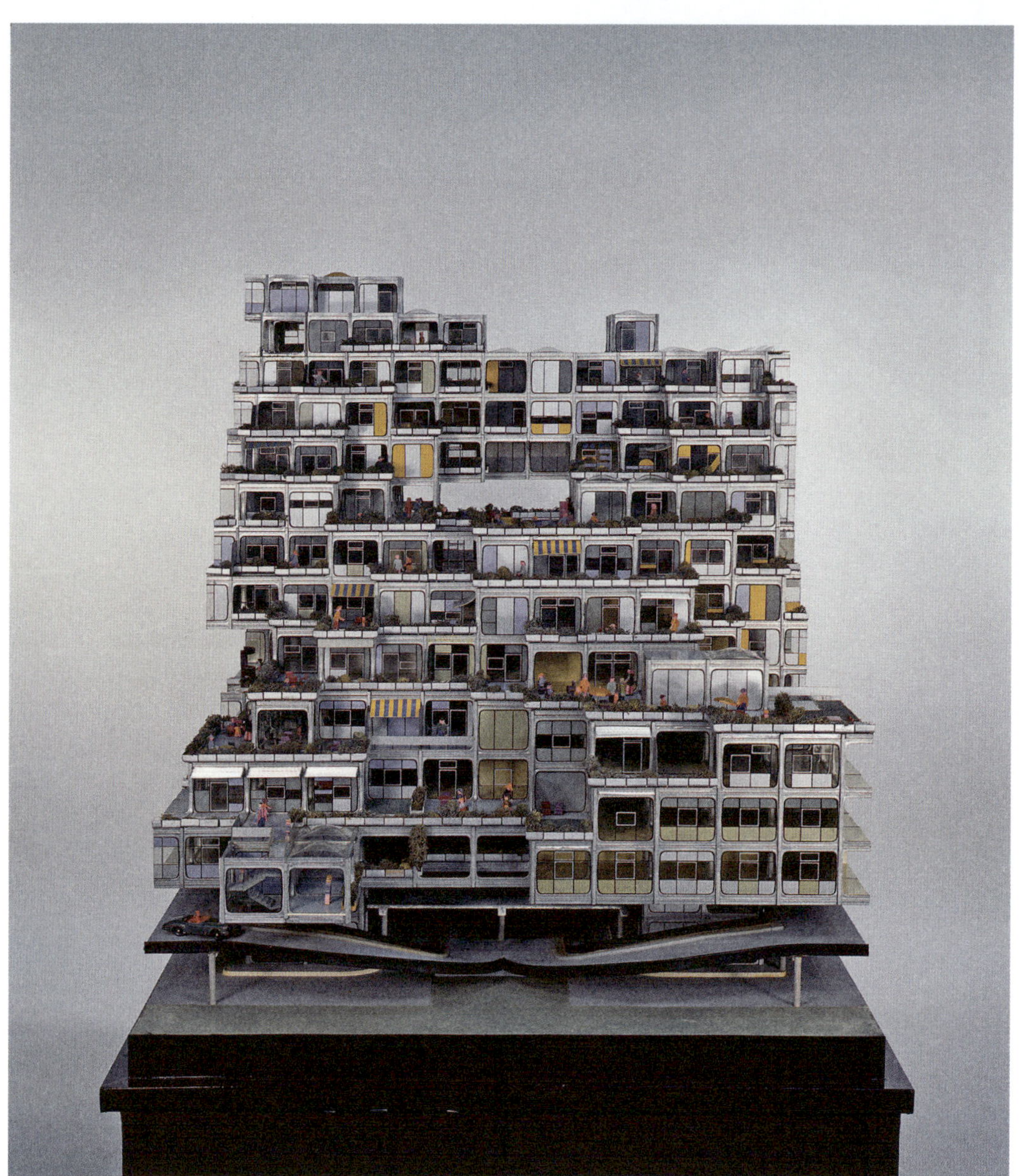

17 RICHARD J. DIETRICH
Metastadt / *Metacity*, 1971;
Demonstrationsmodell /
Demonstration model 150;
Kunststoff, Holz / *Plastic,
wood*; Architekturmuseum
der TU München

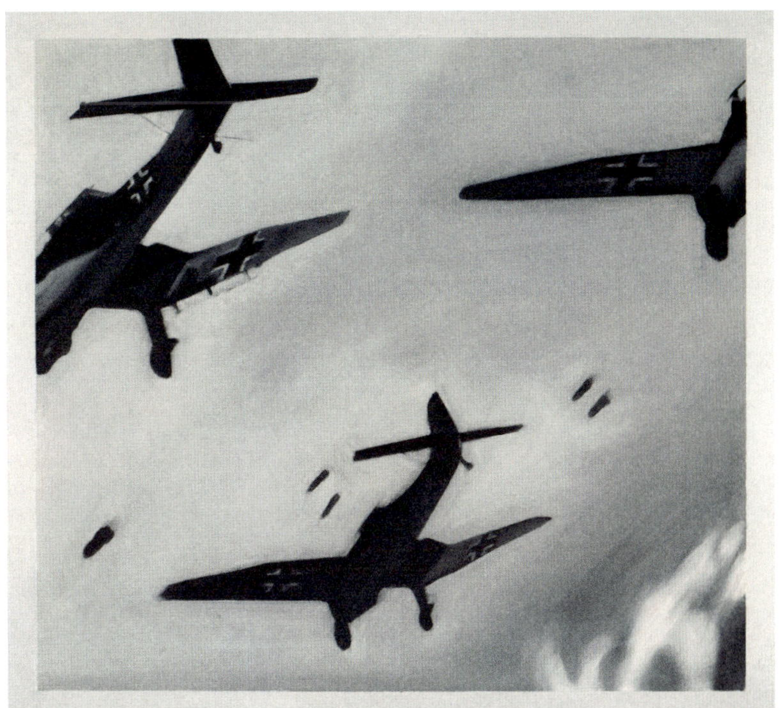

18

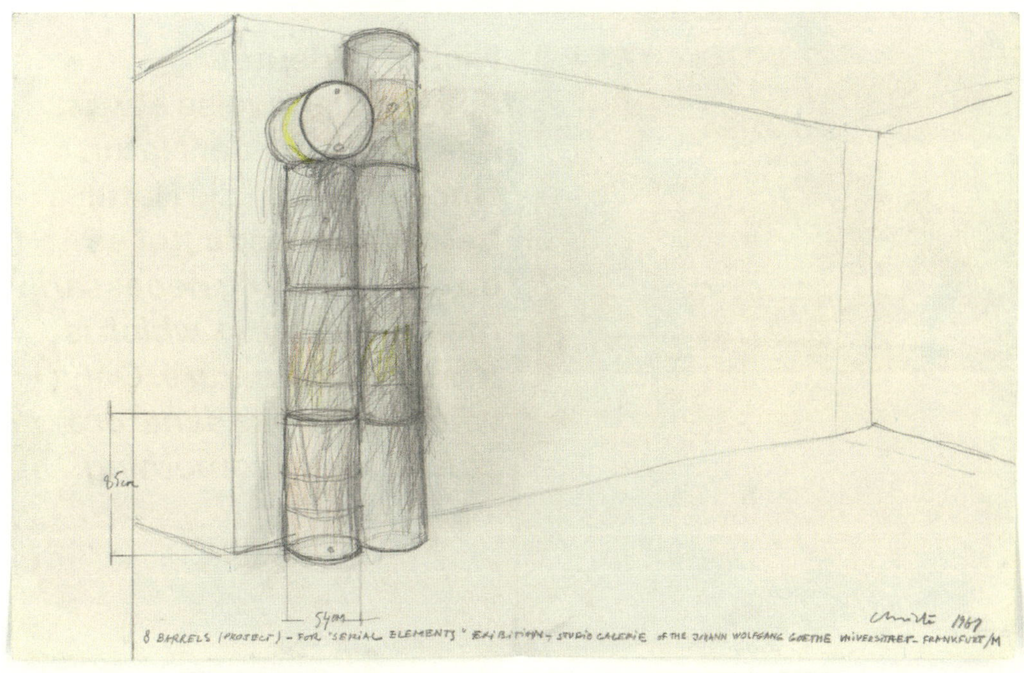

19

18 GERHARD RICHTER
Stukas, 1964; Öl auf Leinwand /
Oil on canvas, Bayerische
Staatsgemäldesammlungen,
Sammlung Moderne Kunst /
Modern Art Collection; Seit /
Since 1984; Wittelsbacher
Ausgleichsfonds, Sammlung
Prinz Franz von Bayern in
den Bayerischen Staats-
gemäldesammlungen;
© Gerhard Richter 2017 (0231)

19 CHRISTO
8 Barrels (Project), 1967;
Bleistift, Graphitstift und
Farbstift auf Papier / *Pencil,
graphite pencil and crayon
on paper*; 30 x 45,5 cm;
Staatliche Graphische
Sammlung München

123

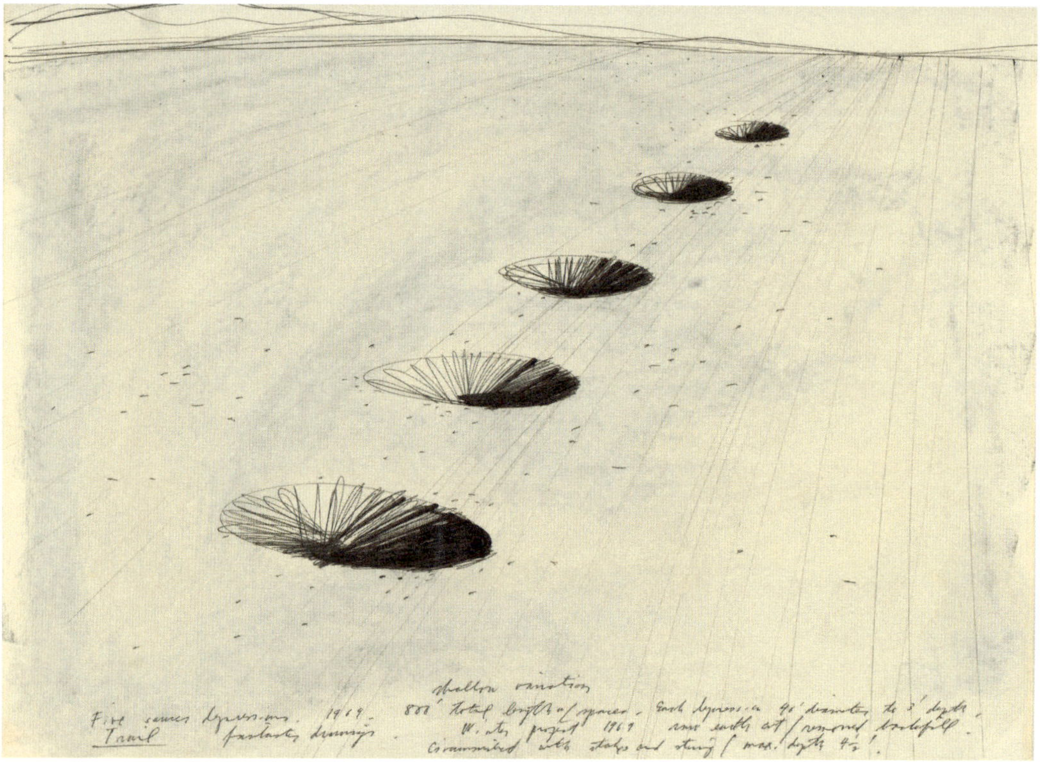

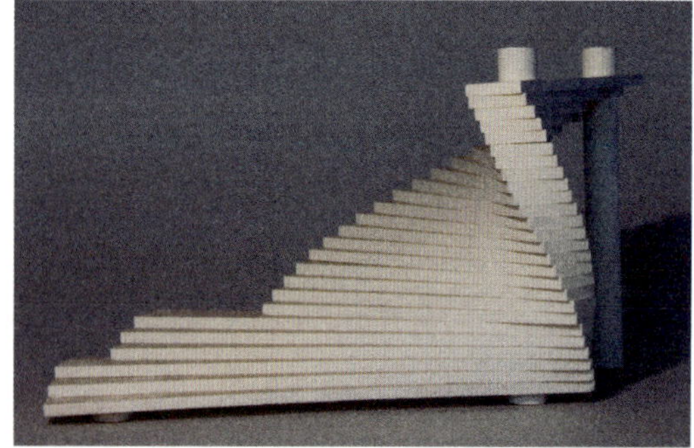

Nichts bedeutet notwendigerweise etwas, das ist die Art der Natur. Nur wenn man die Natur betrachtet, bedeutet es etwas. / *Nothing necessarily means anything, which is the way with nature. Only when one looks at nature does it mean something.*

CLAES OLDENBURG, 1970

20 MICHAEL HEIZER
Five Saucer Depressions, 1969; Kugelschreiber, Filzstift und Graphitstift auf Papier / *Ballpoint pen, felt-tip pen and graphite pencil on paper*; 47,5 x 63,7 cm; Staatliche Graphische Sammlung München; Dauerleihgabe des / *On permanent loan from* Wittelsbacher Ausgleichsfonds, Sammlung Herzog Franz von Bayern

21 PAUL SCHNEIDER-ESLEBEN
Rathaus mit Kultur- und Sportzentrum / *City Hall with cultural and sports center*, Castrop-Rauxel, 1965–1966; Holz / *Wood*; Modell / *Model* 1500; Architekturmuseum der TU München

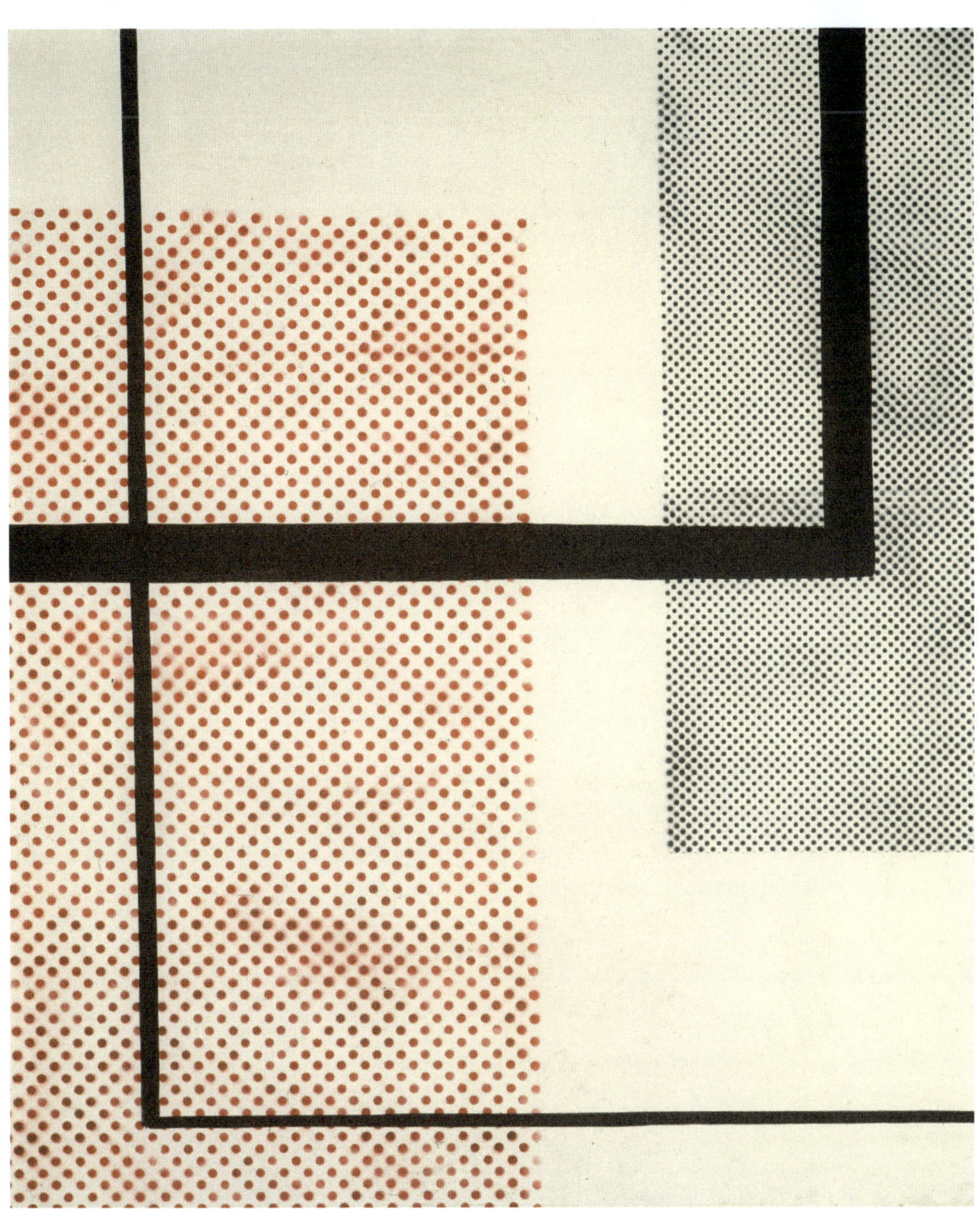

22

22 SIGMAR POLKE
Konstruktivistisch /
Constructivist, 1968;
Dispersion auf Nessel /
Dispersion paint on nettle;
Bayerische Staatsge-
mäldesammlungen,
Sammlung Moderne Kunst /
Modern Art Collection; Seit /
Since 1984 Wittelsbacher
Ausgleichsfonds, Sammlung
Prinz Franz von Bayern in
den Bayerischen Staats-
gemäldesammlungen

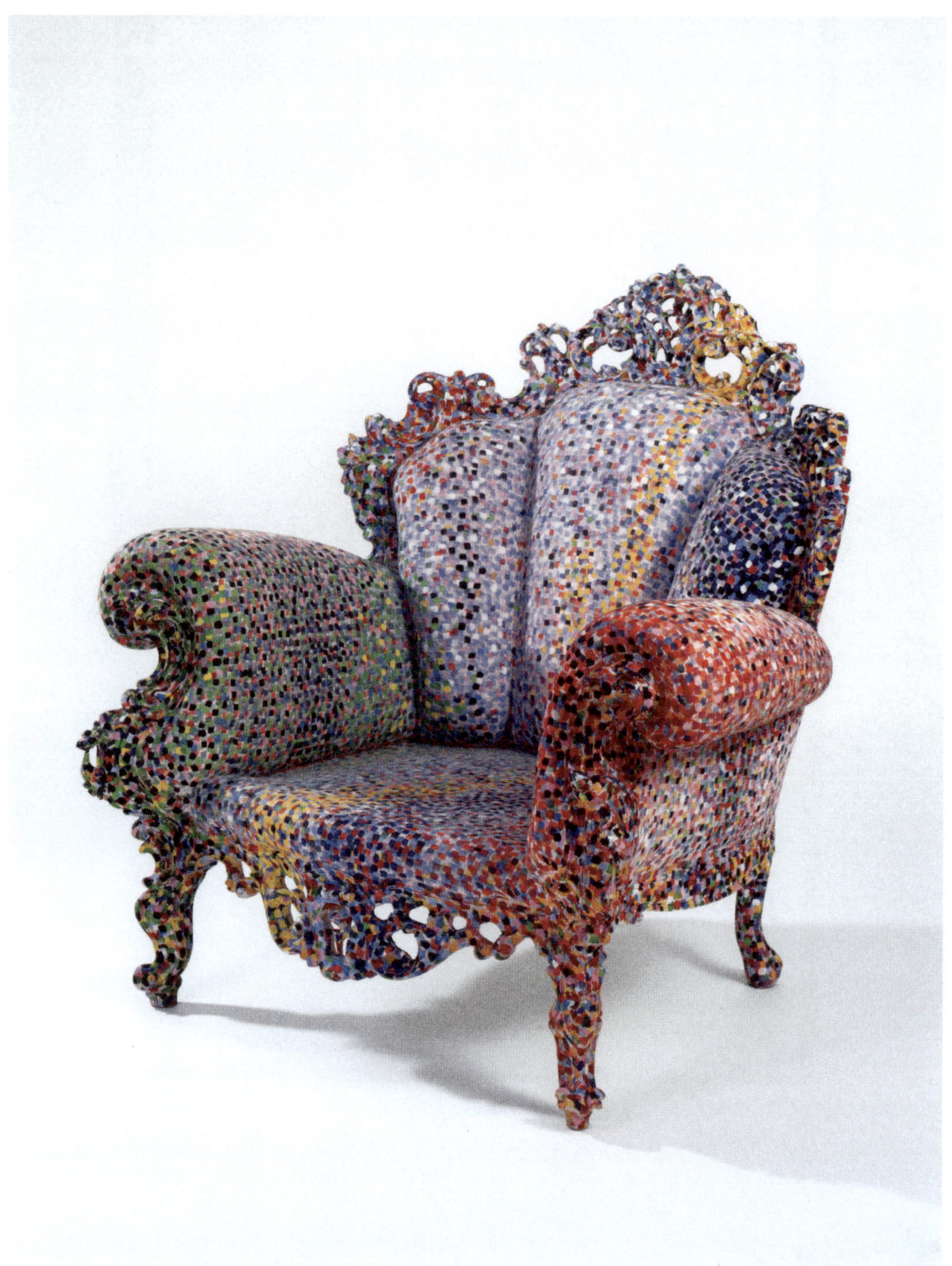

23 ALESSANDRO MENDINI
Sessel / *Armchair* Poltrona
di Proust, 1978; Holz, Textil,
bemalt / *Wood, textile,
painted*; Studio Alchemia,
Mailand / *Milan*; Die Neue
Sammlung – The Design
Museum

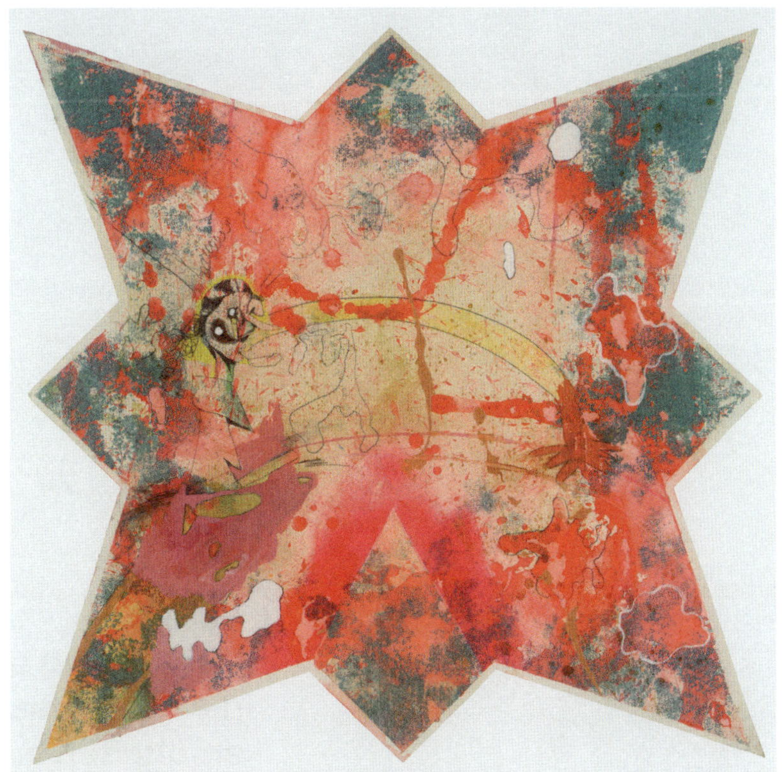

24

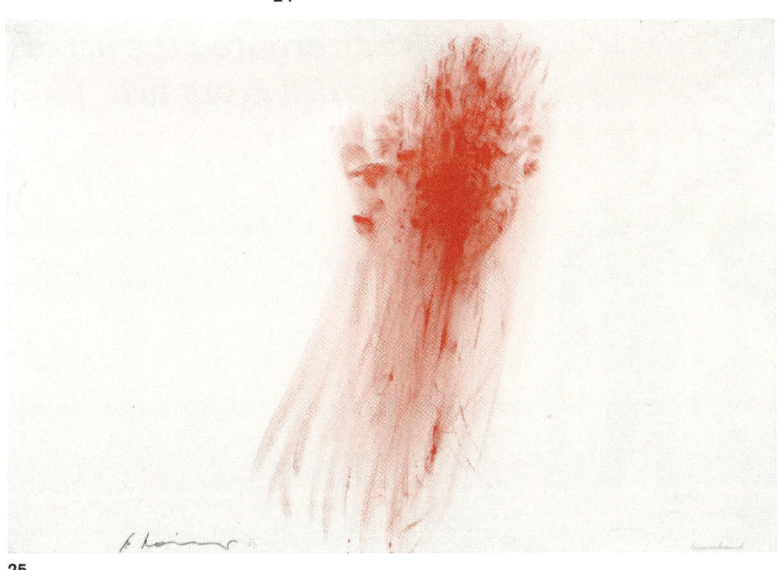

25

24 MIKE KELLEY
Untitled (Psychedelic),
1976–1993; Siebdruck,
Acrylfarbe, Bleistift und
Firnis auf Papier / *Silkscreen
print, acrylic, pencil and
varnish on paper*; 60,9 x 60,9
cm; Staatliche Graphische
Sammlung München

25 ARNULF RAINER
Blumenhand / *Flower Hand*,
1973; Öl auf Papier / *Oil on
paper*; 51 x 73 cm; Staatliche
Graphische Sammlung
München

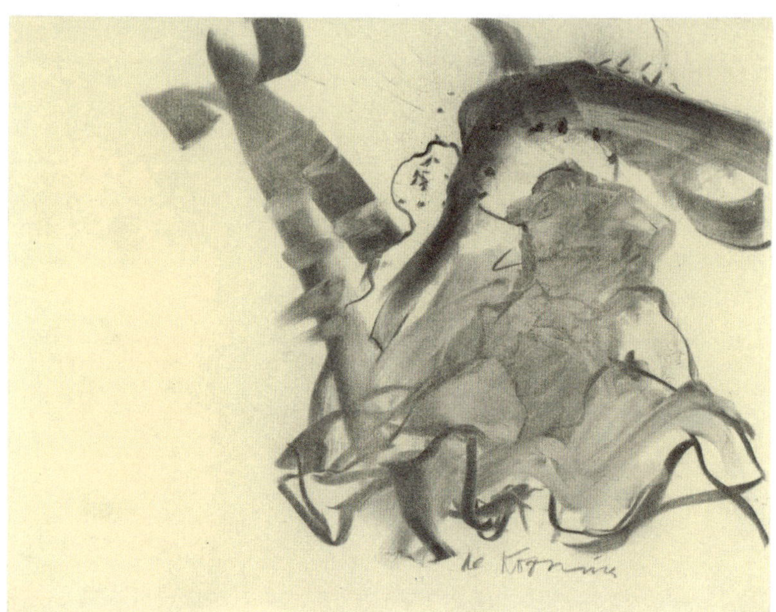

26

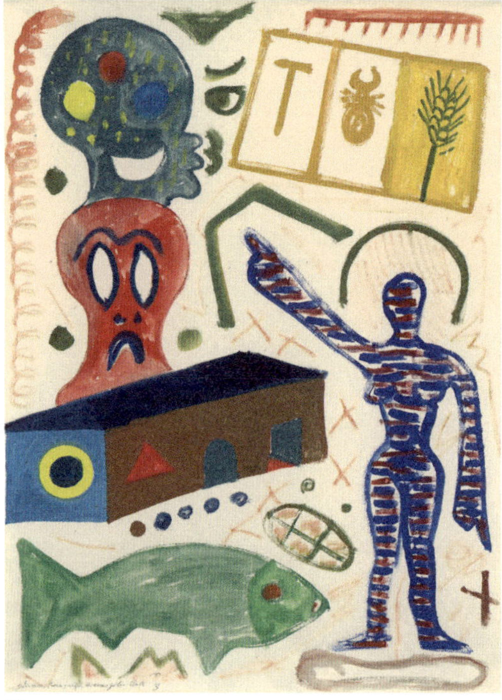

27

Wir leben in einer Zeit, die die Kunst des Absurden erschaffen hat. Es ist unsere Kunst. / *We live in a time which has created the art of the absurd. It is our art.*

26 WILLEM DE KOONING
Ohne Titel / *Untitled
(Figures in Landscape)*, um /
around 1966/67; Kohle auf
Papier / *Charcoal on paper*,
47,7 x 61 cm; Staatliche
Graphische Sammlung
München; Dauerleihgabe
des / *On permanent
loan from* Wittelsbacher
Ausgleichsfonds, Sammlung
Herzog Franz von Bayern

27 A. R. PENCK
Schwarzes Kreuz, weißes
Kreuz, gelber Ball 3 /
*Black Cross, White Cross,
Yellow Ball 3*, um / *around*
1974; Acryl auf Papier /
Acrylic on paper;
102 x 73,4 cm; Staatliche
Graphische Sammlung
München; Dauerleihgabe
des / *On permanent
loan from* Wittelsbacher
Ausgleichsfonds, Sammlung
Herzog Franz von Bayern

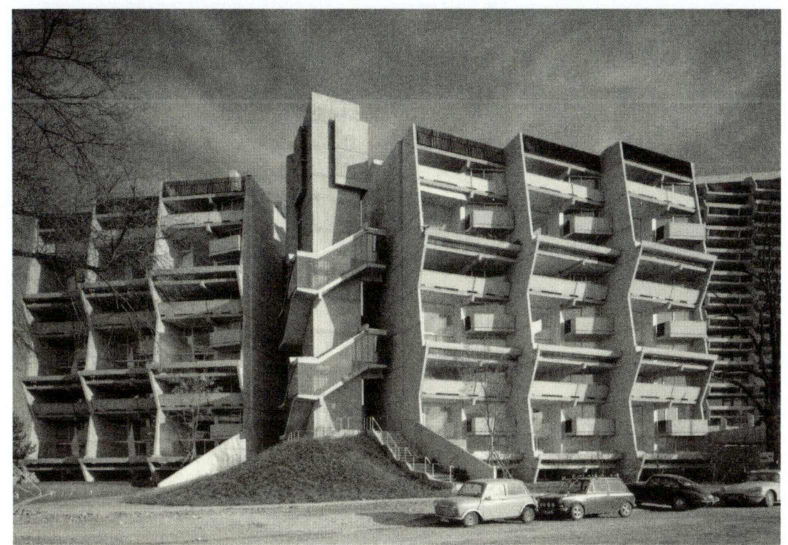

28

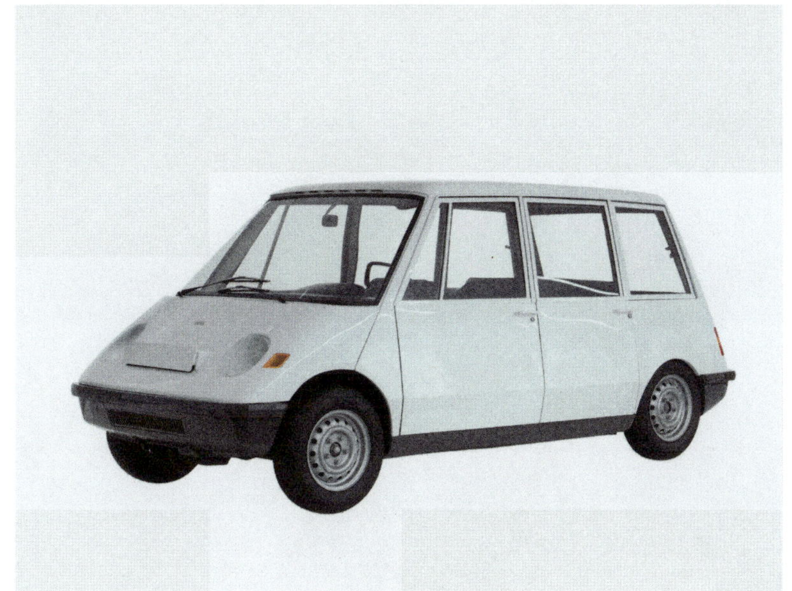

29

28 JÜRGEN VON GAGERN,
GORDON LUDWIG, UDO
VON DER MÜHLEN
Wohnhaus Orpheus und
Eurydike, München /
*Orpheus and Eurydike
apartment building, Munich,*
1973; Fotografie, s/w-
Negativ / *Photography, b&w
negative*, Sigrid Neubert;
Architekturmuseum der
TU München

29 FRITZ B. BUSCH,
MICHAEL CONRAD,
PIO MANZÙ
Kompaktwagen-Prototyp /
Compact car prototype
Autonova fam, 1965
Kunststoff, glasfaserver-
stärkt, Metall, lackiert /
*Plastic, fiberglass-reinforced,
metal, varnished*; Glaswerke
Dingolfing, Carrozzeria
Sibona & Basano, Turin;
Die Neue Sammlung –
The Design Museum

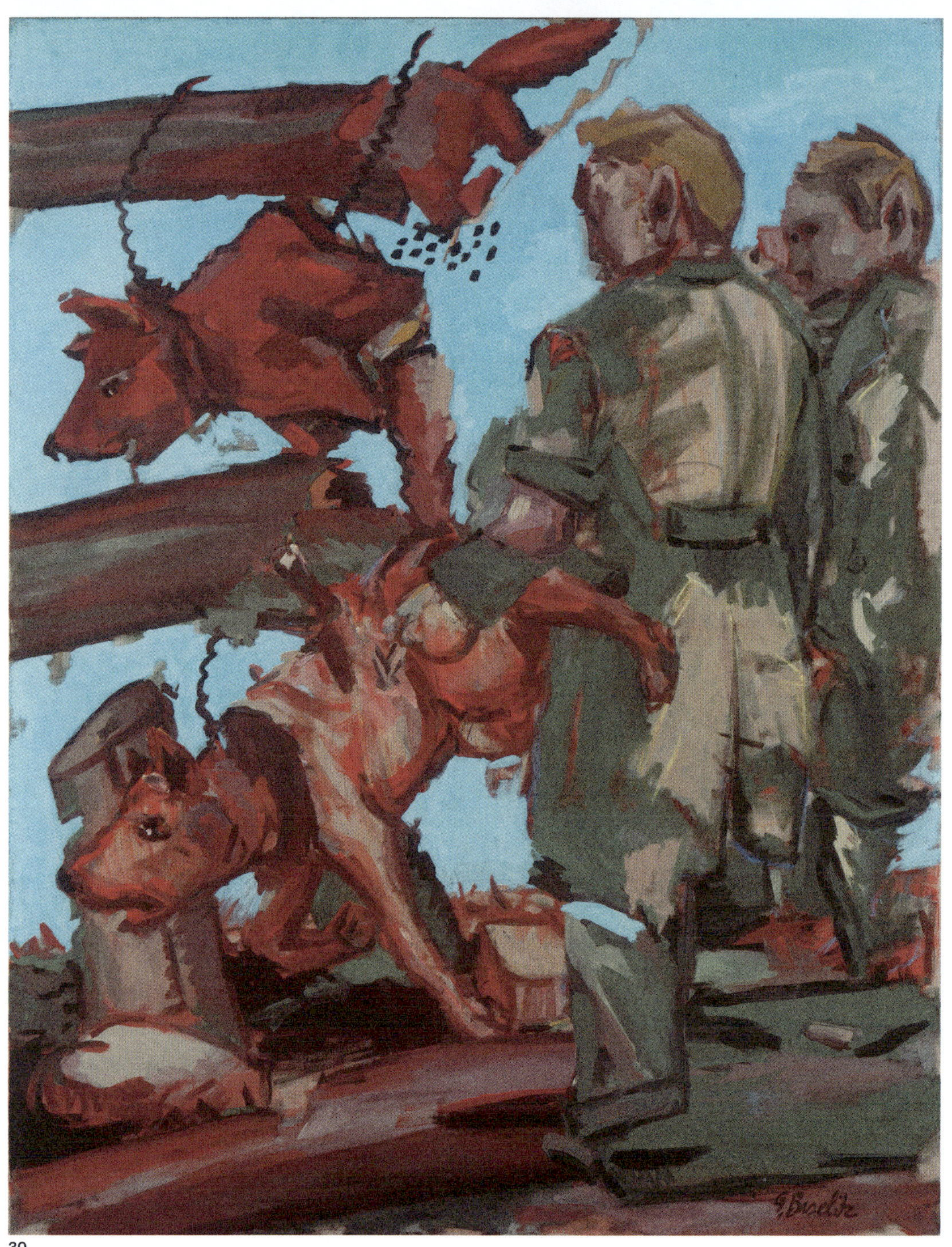

30

30 GEORG BASELITZ
Zwei Meißener Waldarbeiter /
Two Meissen Forest Workers,
1967; Öl auf Leinwand /
Oil on canvas; Bayerische
Staatsgemäldesammlungen,
Sammlung Moderne Kunst /
Modern Art Collection; 1992
erworben / *Acquired 1992*

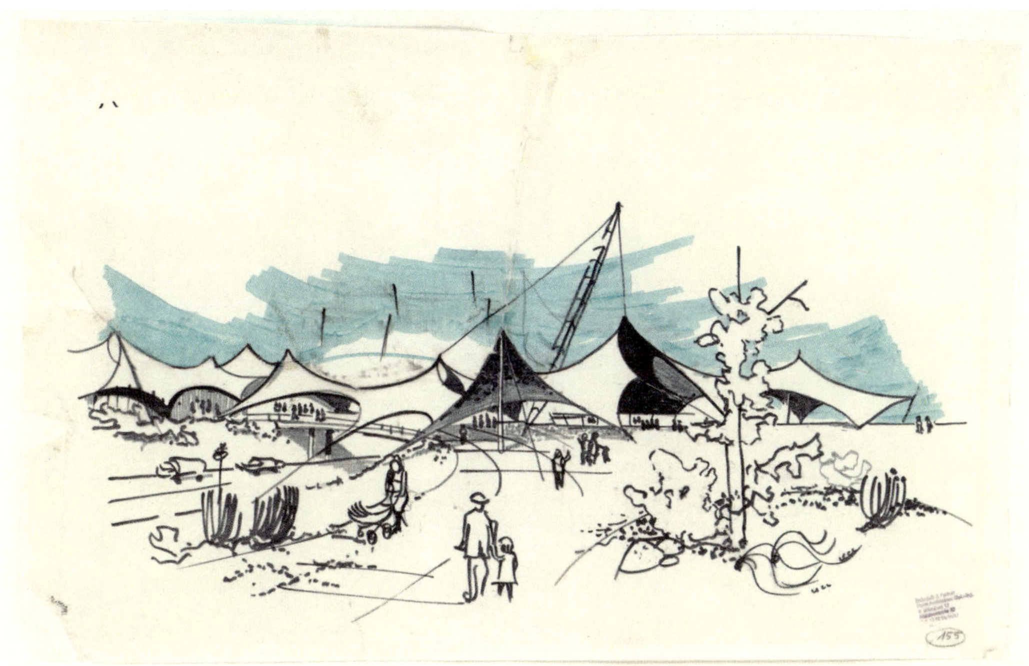

31

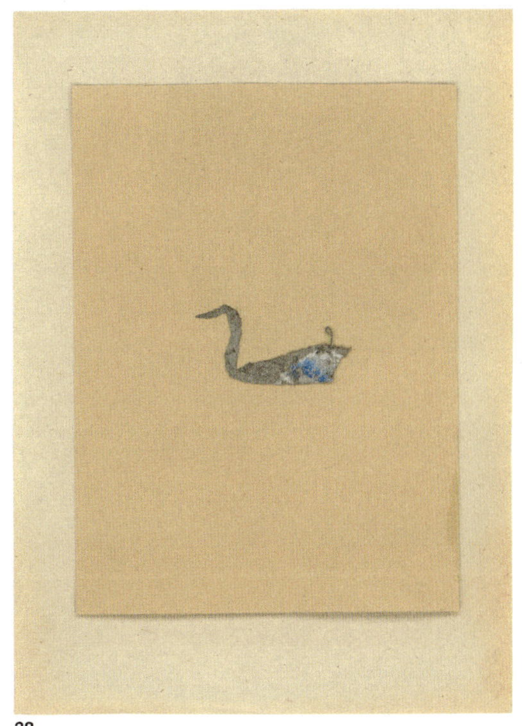

32

33

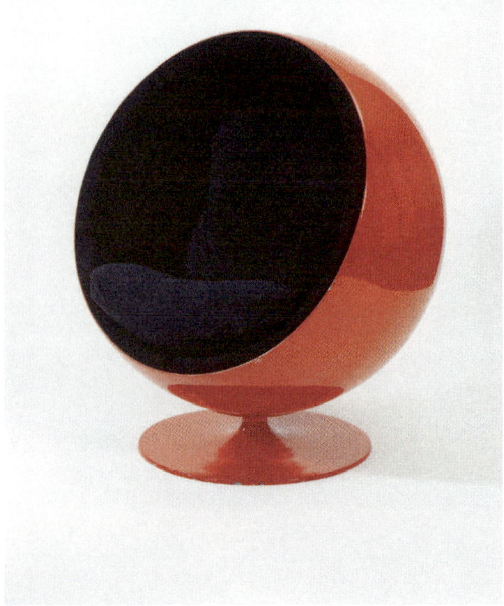

34

33 FRANZ KLINE
New Year Wall, Night, 1960;
Öl auf Weichfaserplatten /
Oil on fiberboard; Bayerische
Staatsgemäldesammlungen,
Sammlung Moderne Kunst /
Modern Art Collection; 1975
erworben mit Unterstützung
von / *Acquired 1975 with the
support of* PIN. Freunde der
Pinakothek der Moderne

34 EERO AARNIO
Ball Chair / *Globe Chair*,
1963–1965; Kunststoff,
glasfiberverstärkt, lackiert,
Aluminium, Polsterauflage /
*Plastic, fiberglass-reinforced,
varnished, aluminum,
cushion*; Asko Oy, Lahti; Die
Neue Sammlung – The Design
Museum

35

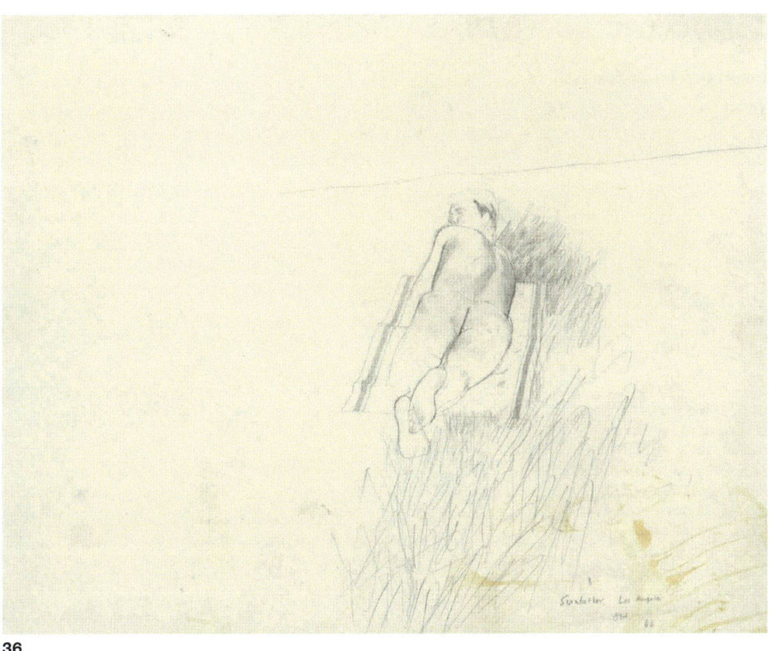

36

35 ISA GENZKEN
Ohne Titel / *Untitled*, um /
around 1968; Blatt 6 der Folge
von sieben Serigraphien /
*Sheet 6 from a series of
seven serigraphs*; Siebdruck
und Acryl / *Silkscreen print
and acrylic*, 60,8 x 43 cm;
Staatliche Graphische
Sammlung München; Dauer-
leihgabe von / *On permanent
loan from* PIN. Freunde der
Pinakothek der Moderne

36 DAVID HOCKNEY
Sunbather, 1966; Bleistift
auf Papier / *Pencil on paper*;
36,5 x 43 cm; Staatliche
Graphische Sammlung
München; Dauerleihgabe
des / *On permanent
loan from* Wittelsbacher
Ausgleichsfonds, Sammlung
Herzog Franz von Bayern

133

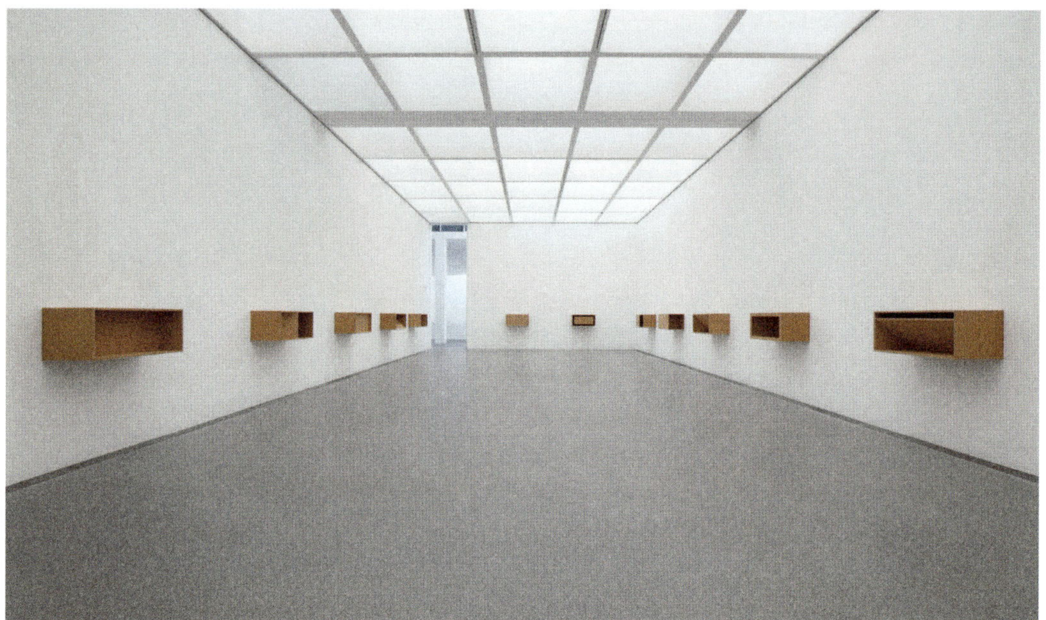

37

Architektur ist bewohnte Skulptur. / *Architecture is inhabited sculpture.*

CONSTANTIN BRÂNCUȘI, 1966

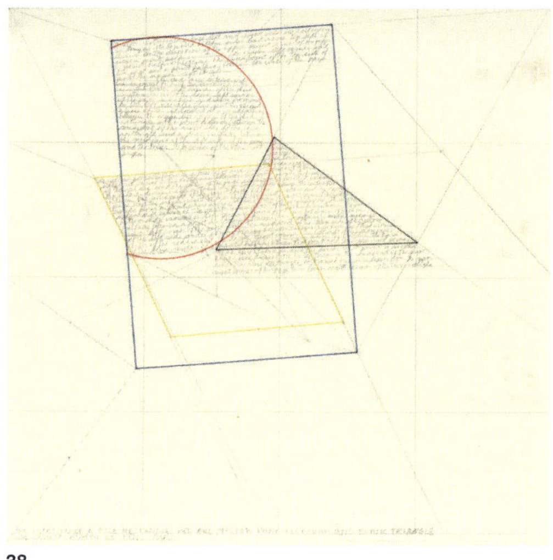

38

37 DONALD JUDD
Untitled, 16 unit wall-
boxes, 1978; Schichtholz
(Amerikanische Douglasie) /
*American Douglas Fir
Plywood*; Bayerische
Staatsgemäldesammlungen,
Sammlung Moderne Kunst /
Modern Art Collection;
2003 erworben mit Spenden
von / *Acquired 2003 with
donations from the* Ars
Europa Stiftung, Dr. Robert
und / *and* Brigitte Schuler-
Voith, Dr. Wolfgang und /
and Susanne Porsche, Gisela
Michalke, Dr. Markus und /
and Catharina Michalke,
PIN. Freunde der Pinakothek
der Moderne, Andreas
Langenscheidt, Dr. Helmut
Röschinger, Dr. Ekkehardt
Storck, Dr. Goswin von
Malinkrodt, Gifford und /
and Joann K. Philips und von
Spendern, die ungenannt
bleiben möchten / *and by
benefactors who wish to
remain anonymous*

38 SOL LEWITT
The Location of a blue
Rectangle, red arc, yellow
parallelogram and black
triangle, 1976; Bleistift und
Tusche auf Papier / *Pencil
and India ink on paper*;
38,1 x 38,1 cm; Staatliche
Graphische Sammlung
München; Dauerleihgabe
von / *On permanent loan from*
PIN. Freunde der Pinakothek
der Moderne

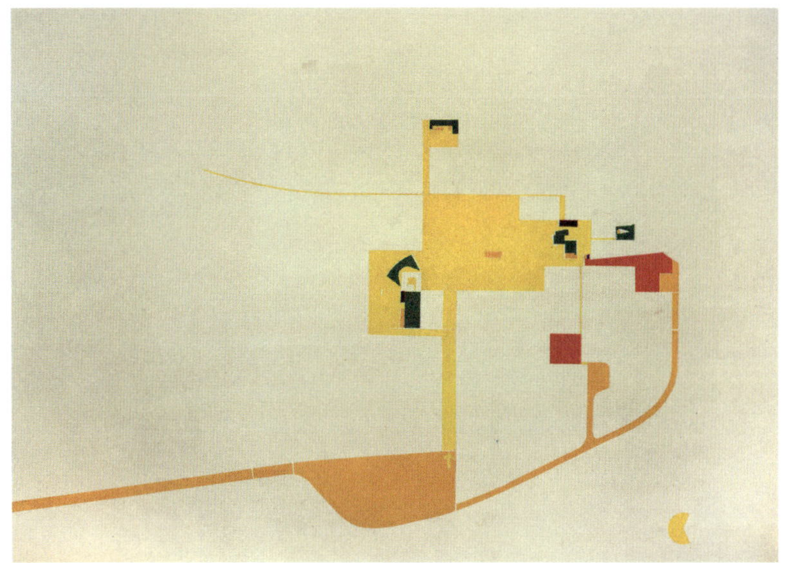

39

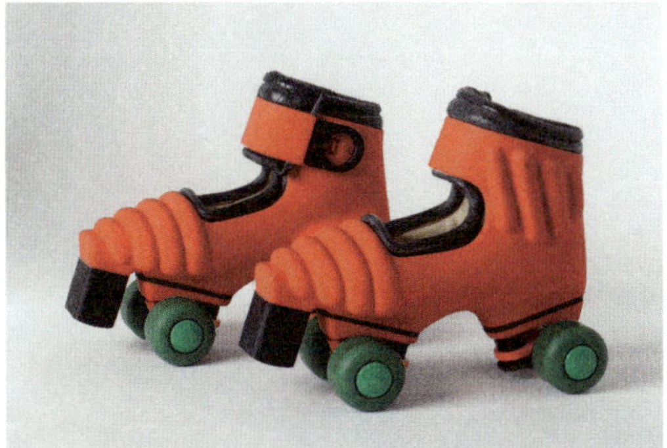

40

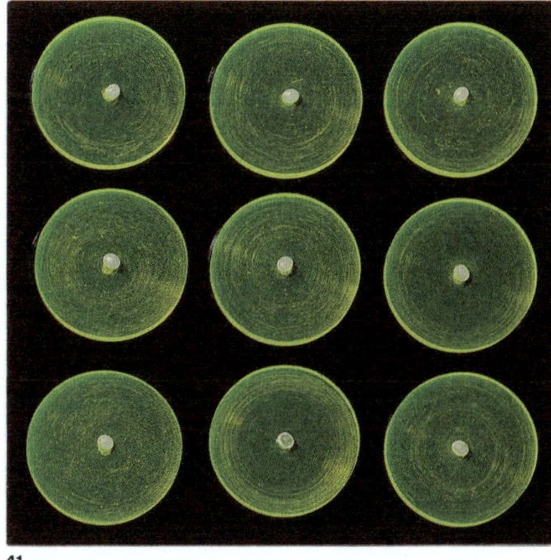

41

39 LE CORBUSIER
Internationales
Kunstzentrum / *International
Art Center*, Erlenbach,
1963; Collage, Karton,
farbige Papiere / *Collage,
cardboard, colored paper*;
Architekturmuseum der TU
München

40 ESSLINGER DESIGN
Rollschuhe / *Roller skates*
Indusco Froller, 1979;
Vollkunststoff, rot, schwarz,
grün / *Plastic, red, black and
green*; Indusco, Michigan; Die
Neue Sammlung – The Design
Museum

41 HERMANN JÜNGER
Brosche aus der Serie
V-Schmuck, um / *Broach
from the series V-Schmuck,
around* 1970; Acrylglas /
Acrylic glass; Die Neue
Sammlung – The Design
Museum

1980

–

1989

Die neue Unübersichtlichkeit:
Die 1980er Jahre /
The New Unclearness:
the 1980s

Walter Grasskamp

Wer in den SWINGING SIXTIES sozialisiert worden war, sich also damals als Teenager verstand oder als Twen – auf den kamen mit den 1980er Jahren markante Umstellungen zu, gesellschaftlich wie künstlerisch. Die Protestbewegungen, die sich in den 1960er Jahren am Vietnam-Krieg entzündet hatten und sich in den 1970ern gegen die Nachrüstung der NATO wandten, formierten sich jetzt neu um das Thema Ökologie – Jahre, bevor sich im ukrainischen Tschernobyl 1986 der erste GAU eines Atomkraftwerks ereignete. Kein Geringerer als Joseph Beuys entwarf Plakate für die erste, bereits 1980 gegründete ökologische Partei der alten Bundesrepublik, und auch die CAROUSELS der geschundenen Tierfiguren, die Bruce Nauman auf ihre beklemmende Rundreise schickte, belegen die neue Zentralthematik der Dekade.

In der Popmusik hatten Punk und New Wave die marktgängige Beatmusik der 1960er Jahre sowie die drogenselige Hippiekultur in eine empfindliche Glaubwürdigkeitskrise versetzt; gegen Ende der 1980er bildeten sich die ersten Grunge-Gruppen, aus denen wenig später NIRVANA einen neuen TEEN SPIRIT versprühte. Zugleich veränderte sich die Produktionsstruktur: Mit dem Jahr 1980 begannen in Großbritannien die INDEPENDENT CHARTS den Verkaufserfolg von Musik zu kartieren, die abseits der großen Plattenkonzerne entstand. Diese setzten nicht mehr nur auf Vinyl, sondern schon seit 1981 auf die neue CD, die 1981 öffentlich vorgestellt wurde und schließlich die Musikkassette ablöste, die in den 1970er Jahren dem Vinyl Konkurrenz zu machen begonnen hatte.

In der Straßenmode bildeten extreme Kurzhaarschnitte bei Männern und Springerstiefel bei Frauen keine Ausnahme, aber der STREETSTYLE wurde insgesamt viel weiter differenziert, als es die wenigen Rollenmodelle der Rocker, Mods und Hippies in den Jahrzehnten zuvor erlaubt hatten. Die Ausstellung STREETSTYLE. FROM SYDEWALK TO CATWALK im Londoner Victoria and Albert Museum fasste DIE NEUE UNÜBERSICHTLICHKEIT zusammen, die Jürgen Habermas auch in der Philosophie konstatierte.

Those coming of age in the SWINGING SIXTIES, in their teens or twenties, were faced with marked changes in the 1980s – both in social and artistic terms. The protest movements sparked by the Vietnam War in the 1960s, which in the 1970s had turned against NATO rearmament, now reassembled around the issue of ecology – years before the first major nuclear accident occurred in the shape of a meltdown at the Chernobyl nuclear power plant in the Ukraine in 1986. None other than Joseph Beuys designed posters for the first green party of former West Germany, founded as early as 1980, and Bruce Nauman sending the CAROUSELS of maltreated animal figures off on a disturbing merry-go-round attested to environmental concerns being the new central topic of the decade.

In Pop music, Punk and New Wave had thrown marketable 1960s Beat music and the druggy Hippie culture into a credibility crisis; towards the end of the 1980s the first Grunge groups began to appear on the scene, where soon NIRVANA was to spray a new TEEN SPIRIT. At the same time the structure of production changed: In 1980 in the UK the INDEPENDENT CHARTS began to list the sales success of music created away from the large record labels. They no longer focused solely on vinyl, but from 1981 onwards also sold the new format, the CD, which had first been introduced to the public that year and was ultimately to supersede the audio cassette, which had rivaled vinyl since the 1970s.

In terms of street fashion, very short haircuts for men and combat boots for women were hardly exceptional, but street style as a whole became much more differentiated than the few role models of Rockers, Mods and Hippies had allowed in the previous decades. In 1994 the exhibition STREETSTYLE. FROM SIDEWALK TO CATWALK at the Victoria and Albert Museum in London summarized this new complexity which Jürgen Habermas's book THE NEW OBSCURITY had already detected in philosophy.

In the East, Mikhail Gorbachev ensured the rigid structures of the Warsaw Pact began to shift, which spelled the dissolution of the communist military federation. With the fall of the Wall and

Im Osten sorgte Michail Gorbatschow dafür, dass die starren Strukturen des Warschauer Pakts in Bewegung gerieten, was der kommunistische Militärverbund nicht überlebte: Mit dem Fall der Mauer zwischen der Bundesrepublik und der DDR und der darauf folgenden Wiedervereinigung Deutschlands fand ein dramatisches Jahrzehnt ein bewegendes Ende, das völlig neue Ängste und völlig neue Hoffnungen hervorgebracht hatte.

Doch blieb eine Wiedervereinigung der Kunst aus – Georg Baselitz beschimpfte vielmehr seine Kollegen aus der DDR, die er schon 1958 verlassen hatte, ziemlich drastisch, und manche Theoretiker der transatlantischen Moderne gruben sich in ihren sicher erscheinenden Stellungen gegen die Ostkunst ein, munitioniert mit den Formeln der „Autonomie" der Kunst und der Freiheit ihrer Mittel.

Ob auch im Osten Künstler der „Wende" schon vorgearbeitet hatten – das interessierte im Westen wenig, wo zunächst nur Musiker wie Wolf Biermann oder Kurt Masur, Schriftsteller wie Jurek Becker oder ein Schauspieler wie Manfred Krug als Integrationsfiguren akzeptiert wurden. Aber nicht nur in dem Einzelgänger Wolfgang Mattheuer hätte man Maler der ehemaligen DDR identifizieren können, die sich zuvor schon ein anderes Bild vom angewandten Sozialismus gemacht hatten, als es offiziell erwünscht gewesen war.

Der Westen hielt an seinen ebenso radikalen wie attraktiven Positionen fest, die sich im abstrakten Werk des Beuys-Schülers Imi Knoebel ebenso identifizieren lassen wie in dem von Fred Sandback, in der Malerei Per Kirkebys wie der Ellsworth Kellys – nicht einfach nur figurativ und nicht einfach nur abstrakt, sondern in einer spannenden Differenzierung des großen Spielfeldes dazwischen: als Rauminstallation, Wandobjekt, Bodenplastik, Bildhauer-Zeichnung oder Leinwandbild.

Während Per Kirkeby in seinen Gemälden damals meist einen figurativen Ausgangspunkt wählte, um zu dann völlig abstrakt erscheinenden Farbkompositionen zu gelangen, standen im Werk von Ellsworth Kelly großformatige Pflanzen-Zeichnungen unvermittelt neben konturenscharfen

the subsequent reunification of Germany a dramatic decade that had brought forth entirely new fears and completely new hopes came to an eventful end.

Yet a reunification of art failed to materialize. Instead, Georg Baselitz berated in no uncertain terms his fellow artists in East Germany, whom he had left behind as early as 1958, and many critics of transatlantic Modernism entrenched themselves in their reassuring antagonism towards East German art, armed with formulas such as the "autonomy" of art and the freedom of its means.

Whether artists in the east had also aspired to a political turn was of little interest to those in the West, where at first it was only musicians such as Wolf Biermann or Kurt Masur, writers like Jurek Becker and actors like Manfred Krug who were accepted as figures of integration. Yet not only the individualist Wolfgang Mattheuer could have been identified as one of the painters in the former Communist part of the country who had long since seen socialism in practice quite differently to how the authorities would have wanted it to be portrayed.

The West clung to its equally radical and attractive positions, which can be recognized in the abstract oeuvre of Beuys' disciple Imi Knoebel just as much as in that of Fred Sandback, in the paintings of Per Kirkeby or Ellsworth Kelly – neither simply figurative nor simply abstract, but operating in a tension-filled differentiation of the large playing field in-between: as spatial installation, wall object, floor sculpture, sculptor's drawing or painting on canvas.

While at that time Per Kirkeby generally started his paintings as figurative works only to then arrive at seemingly entirely abstract color compositions, Ellsworth Kelly's work saw large-format drawings of plants directly juxtaposed with sharply contoured color fields ("Hard Edge") on canvases with unusual shapes ("Shaped Canvas") – Kelly had developed these in Paris in the late 1940s, taking a cue from photographs of window grids, striped sun blinds and shadowing. At the beginning of the decade the appearance on the scene of the JUNGE WILDE, literally the

Farbflächen („Hard Edge") auf ungewöhnlich konturierten Leinwänden („Shaped Canvas"), wie Kelly sie im Paris der späten 1940er Jahre aus Fotografien von Fensterrastern, Markisenstreifen und Schattenwürfen entwickelt hatte. Sensationell erschien zum Dekadenbeginn der Auftritt der JUNGEN WILDEN, die den expressiven Anteil der Malerei wieder in seine Rechte setzen wollten, nachdem er in der Ausdünnungsphase von Konzeptkunst und Minimal Art abgewertet worden war. Die handwerkliche Unbekümmertheit mancher dieser Jungmaler erlaubte es dem Komponisten Walter Bachauer, im Katalog der Maßstäbe setzenden Ausstellung ZEITGEIST (1982) in einem lesenswerten Dekaden-Essay den DILETTANTEN ALS GENIE zu inthronisieren. Der kurzlebige Sensationserfolg der JUNGEN WILDEN begünstigte aber auch die fällige Anerkennung älterer Vertreter der figürlich-expressiven Malerei wie Georg Baselitz, Markus Lüpertz, KH Hödicke oder Bernd Koberling.

Analog zur demonstrativen Amateurhaftigkeit des PUNK sowie der arroganten Eleganz der NEW WAVE sahen sich die JUNGEN WILDEN in der Malerei ermächtigt, ihren Überschuss von Subkultur-Pathos und Wohlstands-Zynismus auch ohne Professionalität in einer Formensprache auszudrücken, in der weder sie noch ihre Akademielehrer zuvor ausgebildet worden waren, die vielmehr meist aus der Abstraktion kamen: Expressiv-figürliche Malerei in der Tradition der frühen deutschen Moderne, die aber auch kein passables Dach für die Wiedervereinigung der deutsch-deutschen Kunst bot.

Schon vor der West-Berliner Ausstellung ZEITGEIST hatte A NEW SPIRIT IN PAINTING (1981) in der Londoner Royal Academy of Arts das neue Kunstklima pointiert, während im gleichen Jahr die Ausstellung WESTKUNST in Köln noch einmal den transatlantischen Bezügen der Nachkriegszeit nachgespürt hatte, deren Leitlinien man gerade zu verabschieden entschlossen schien. Ein Jahr später musste auch die documenta 7, erkennbar gegen die Präferenzen ihrer Kuratoren, der neuen Malereiwelle Rechnung tragen, auch wenn man den Shootingstar Julian Schnabel dort noch nicht empfangen wollte.

"young savages," who aimed to reinstate the expressive aspect of painting after it had been devalued during the culling phase of Conceptual Art and Minimalism, caused quite a stir. The insouciant attitude these young painters had towards their craft allowed the composer Walter Bachauer to enthrone the DILETTANTE AS GENIUS in a decade-defining and engaging essay published in the catalog accompanying the seminal exhibition ZEITGEIST (1982). The sensational, if short-lived, success of the JUNGE WILDE artists did however facilitate the overdue recognition of older proponents of figurative-expressive painting, which included such figures as Georg Baselitz, Markus Lüpertz, KH Hödicke and Bernd Koberling.

Analogous to the demonstrative dilettantism of PUNK and the arrogant elegance of NEW WAVE, the JUNGE WILDE saw themselves as licensed to express their subculture pathos and pampered cynicism amateurishly in a style of painting that neither they nor their teachers at the academies had been trained in, seeing as many of them came from an abstract background. The result was expressive-figurative painting in the tradition of early German Modernism, which did not, however, provide an adequate panoply for the reunification of East and West German art, either.

Even before the ZEITGEIST exhibition was held in West Berlin, the show A NEW SPIRIT IN PAINTING (1981) at the Royal Academy of Arts in London had pinpointed the new climate, while in that same year WESTKUNST (West Art) in Cologne had once more traced the transatlantic connections of the post-War era, the guiding principles of which were seemingly about to be decisively seen off. A year later even documenta 7 had to recognize the new wave in painting – evidently against the curators' preferences – even if shooting star Julian Schnabel was not yet invited to exhibit.

Schnabel, like Jean-Michel Basquiat or Keith Haring, had popped up as an international example of artists becoming so prominent on the art market almost overnight that the art world had no choice but to acknowledge them. Like the JUNGE WILDE, Schnabel too turned out to be

Wie Jean-Michel Basquiat oder Keith Haring war Schnabel aber gerade zum internationalen Beispiel dafür geworden, wie man nun gleichsam über Nacht auf dem Kunstmarkt so prominent werden konnte, dass die Kunstwelt nicht mehr daran vorbeikam. Wie die JUNGEN WILDEN erwies sich auch Schnabel als Schüler eines Künstlers, der diese neue Energie der New Yorker Marktwelt als Erster an sich selbst und seinem Werk hatte sichtbar werden lassen – Andy Warhol, der sich in Kassel 1982 mit seinen PISS PAINTINGS sowohl über den Markt wie über den Ausdruckswillen der Kunst amüsiert haben dürfte.

Zugleich erlebte die künstlerische Fotografie nach ihrer merkantilen Wiederentdeckung in den späten 1970er Jahren nun einen kulturellen Ansehensgewinn, wie man ihn nach der ein Jahrhundert lang währenden Debatte über ihre ästhetische Dignität nicht hatte erwarten können. Der markanteste deutsche Beitrag zu dieser Wende kam von dem Fotografenpaar Bernd und Hilla Becher mit ihrer souverän stilisierten Dokumentarfotografie, während der Kanadier Jeff Wall das Theatralische der alt-neuen Kunstform auf eine Weise ausspielte, die den Laien dokumentarisch täuschen und den Kenner erzählerisch bezaubern konnte.

Wie die JUNGEN WILDEN gegen die akademisch gewordene Ernsthaftigkeit der Nachkriegsmoderne anmalten, so wurden nun auch viele Selbstverständlichkeiten des Designs scheinbar über Nacht entwertet. Das Primat von Funktionalität und Aufwandsökonomie, Werkgerechtigkeit und Materialsichtbarkeit, wie es sich der nach 1945 wiederbelebten Bauhaus-Tradition verdankte, wurde nun durch demonstrative Verspieltheit der Formen sowie eine luxuriöse Inkongruenz zwischen Gestaltungsaufwand und Produktleistung konterkariert: Ausgefallene Furniere und knallbunte Bemalungen sowie demonstrativ dysfunktionale Lösungen tanzten die Gestaltungsmaximen der Bauhaus-Moderne förmlich aus.

Dabei fand der Mitbegründer der wegweisenden Designergruppe MEMPHIS, Ettore Sottsass, attraktive Neuversionen für scheinbar längst erschöpfte Gestaltungsaufgaben, ebenso wie Gaetano Pesce mit dem bunten Tisch SANSONE, während die Stiletto Studios mit dem zum Sessel

a student of the first artist to manifest this new energy of the commercial world of New York in his work and person, namely Andy Warhol. When showing his PISS PAINTINGS in Kassel in 1982, Warhol was presumably poking fun both at the market and at art's expressive will.

At the same time, following its mercantile rediscovery in the late 1970s, art photography was now gaining authority in the cultural sphere, to an extent that would have been hard to foresee in view of the century-long debate surrounding its aesthetic dignity. The most striking German contribution to this turn was provided by the photographer duo and couple Bernd and Hilla Becher with their confidently stylized documentary works, while Canadian Jeff Wall allowed the theatrical element to play itself out in the old-new art form in a way that would dupe laymen into thinking his images were of a documentary nature and charm experts with their narrative quality.

Just as the JUNGE WILDE artists undermined the earnestness of academia during post-War Modernism, much of what had for the longest time been taken as a matter of course in design was suddenly devalued, too. The primacy of functionality and efficiency, the proper use of work and clearly articulated materials, due as it was to the reinvigoration of the Bauhaus tradition after 1945, was now contradicted by an ostentatious playfulness in terms of form and a luxurious incongruity between design effort and product performance. Indeed, unusual veneers and garish ornamental patterns and colors as well as expressly dysfunctional solutions thoroughly stomped out the design standards of Bauhaus Modernism.

In the process Ettore Sottsass, co-founder of the pioneering design group MEMPHIS, found attractive new interpretations of what had seemed like entirely exhausted design briefs, as did Gaetano Pesce with the colorful SANSONE table, while the Stiletto Studios provided intelligent mischief with their supermarket trolley converted into an armchair. The instant fame these designs enjoyed made setting a signal through one's consumption rather more expensive than it had been in the 1960s, when a few orange crates

umgebauten Supermarktwagen für intelligenten Unfug sorgten. Die umgehende Prominenz dieses Designs machte den Signalkonsum erheblich teurer als in den 1960er Jahren, als ein paar büchergefüllte Orangenkisten mit einem Stereogerät im klinischen Stil eines Kontrollpultes ausgereicht hatten, um sich in den Wohngemeinschaften kulturell zu positionieren.

Mit den Schöpfungen von MEMPHIS erschien nun nicht mehr die Jugend der Teens und Twens als Leitgeneration des Zeitgeistes – wie zuvor die Beatniks der 1950er, die Hippies der 1960er oder die Punks der 1970er Jahre –, sondern der bereits arrivierte Yuppie, der „Young Urban Professional". Wenn irgendwo, dann wurde in diesem „unvernünftigen" Design eine neue Form von Luxus sichtbar, die bis heute beispielhaft für den Versuch stehen kann, die Moderne mit einer „Postmoderne" zu verabschieden – das akademische Hauptthema der ästhetischen Debatten der 1980er Jahre, nicht zuletzt unter dem Einfluss französischer Poststrukturalisten wie Jean-François Lyotard.

Vor allem die Architektur-Diskussion wurde von dem neuen Karriere-Begriff geprägt, festgemacht an spektakulären Entwürfen von Charles Moore oder Robert Venturi, der allerdings keineswegs repräsentativ war für die Bautätigkeit der Dekade, in der sich nüchterne Funktionsarchitektur genauso weiterhin behauptete, wie Formexperimente der Internationalen Moderne aufgegriffen wurden.

Erst recht galt für das Design, dass die Aufgaben weiterhin mit traditionellen Tugenden gelöst wurden, wie im ZWEIERBOB von Wolfgang Seehaus oder dem APPLE MACINTOSH SE von Hartmut Esslinger für Frog Design. Gerade dieses Gerät sollte sich als wegweisende, für die kommenden Dekaden geradezu emblematische Gestaltungsaufgabe der 1980er Jahre erweisen: Von nun an veränderte der PERSONAL COMPUTER sowohl die Produktion wie die Rezeption von praktisch allem und jedem gründlicher, als es damals schon absehbar war. Damit sollte auch die politische Aufmerksamkeit ein neues Thema bekommen: die Datensicherheit und die Gefahr eines neuen Überwachungsstaates.

filled with books and a stereo unit in the clinical style of a monitoring desk had sufficed to culturally position oneself in flat-sharing communes.

With the creations now produced by MEMPHIS it seemed to no longer be the young generation in their teens and twenties that was shaping the zeitgeist (as the Beatniks had done in the 1950s, the Hippies in the 1960s and the Punks in the 1970s) but the already successful Yuppies, "young urban professionals." More than anything else, this "unreasonable" design embodied a new type of luxury, which to this day can be regarded as exemplary of the attempt to see off Modernism with a "Postmodernist" movement – the central academic topic of aesthetic debate in the 1980s, not lastly influenced by French Post-Structuralist thinkers such as Jean-François Lyotard.

The discussion on architecture in particular was shaped by this persuasive notion based on the spectacular designs by Charles Moore or Robert Venturi, which was not however representative of the construction work carried out in that decade. Here sober, functional architecture continued to play an important part and reference was still made to experiments in form carried out by proponents of the International Style.

Above all it held true that design tasks were still solved by applying traditional virtues, as was the case in the ZWEIERBOB two-man bobsleigh by Wolfgang Seehaus or the APPLE MACINTOSH SE by Hartmut Esslinger for Frog Design. It was precisely the latter device that in the coming decades was to prove a trailblazing and virtually emblematic design assignment of the 1980s: From then on the PERSONAL COMPUTER changed both the production and the reception of practically everything and everyone more radically than could have been foreseen at the time. This also meant that politically alert segments of society would soon be focusing on a new topic, namely data security and the threat of a new surveillance state.

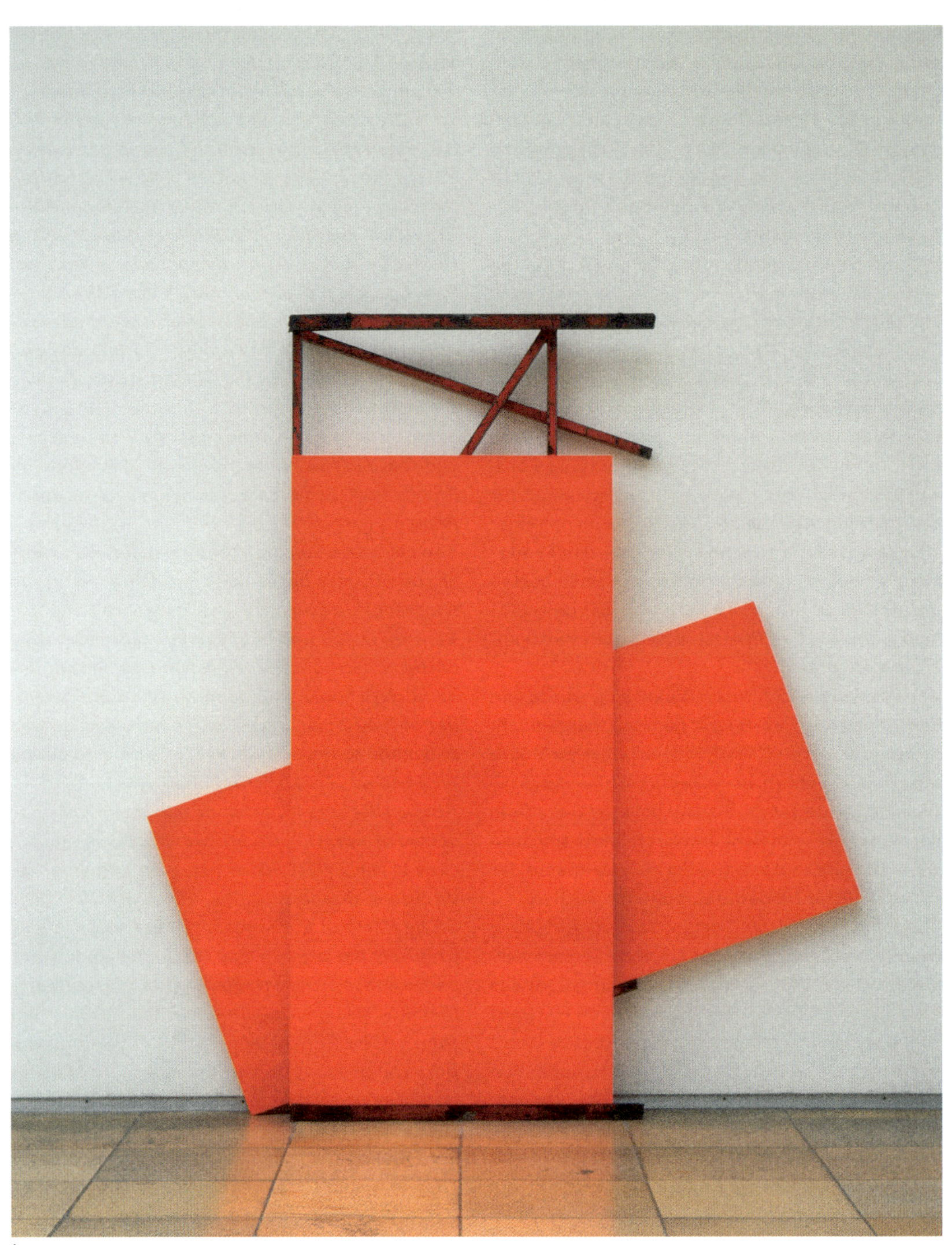

1

1 IMI KNOEBEL
Roter Ritter / *Red Knight*,
1981; Holz, Eisengestell und
Acryl / *Acrylic paint on wood,
steel frame*; Bayerische
Staatsgemäldesammlungen,
Sammlung Moderne Kunst /
Modern Art Collection; 1995
erworben / *Acquired 1995*

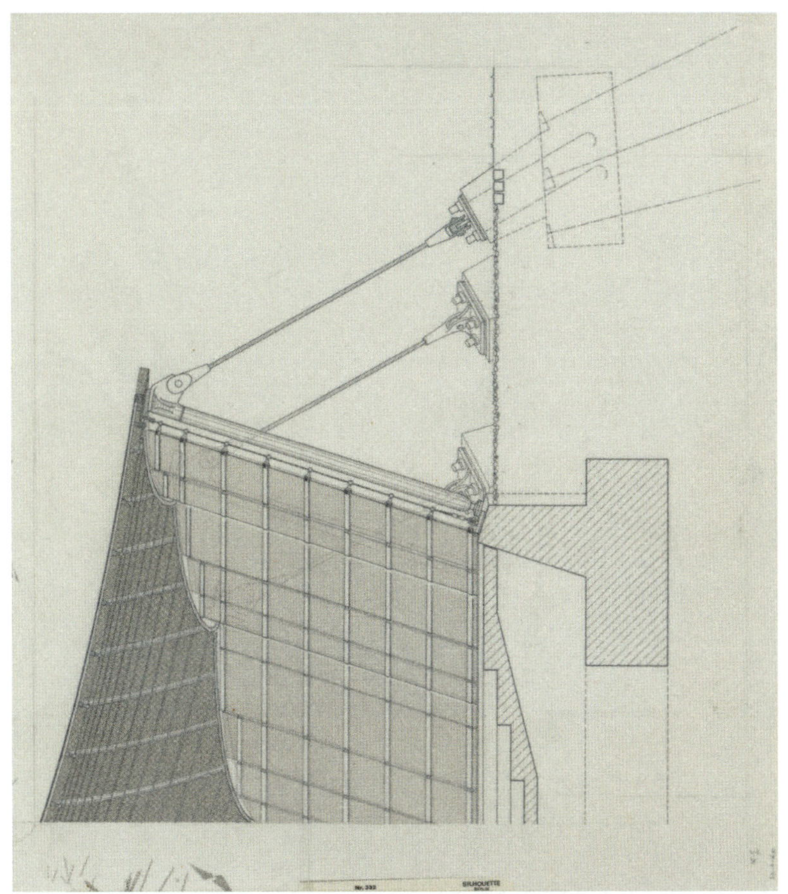

2

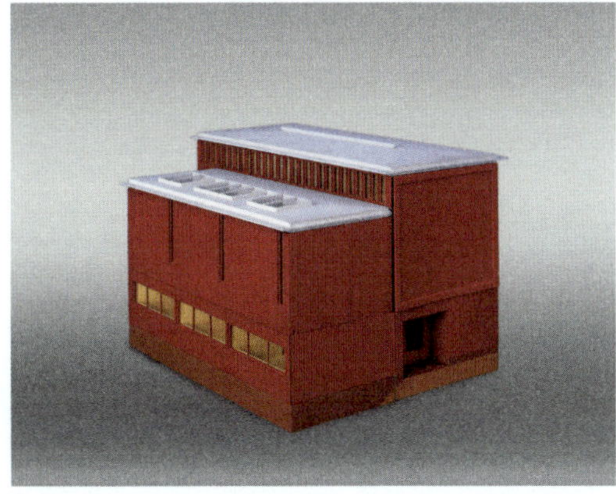

3

2 KURT ACKERMANN/
JÖRG SCHLAICH
Eislaufzelt, Dachkonstruktion,
München / *Skating rink,
roof construction, Munich*,
1981–1983; Feder auf Trans-
parentpapier / *Pen and
ink on transparent paper*;
Architekturmuseum der
TU München

3 DIENER & DIENER
ARCHITEKTEN
Galerie Gmurzynska,
Köln / *Cologne*, 1988–1990;
Modell / *Model* 1:50; Holz,
lackiert / *Wood, varnished*;
Architekturmuseum der
TU München

145

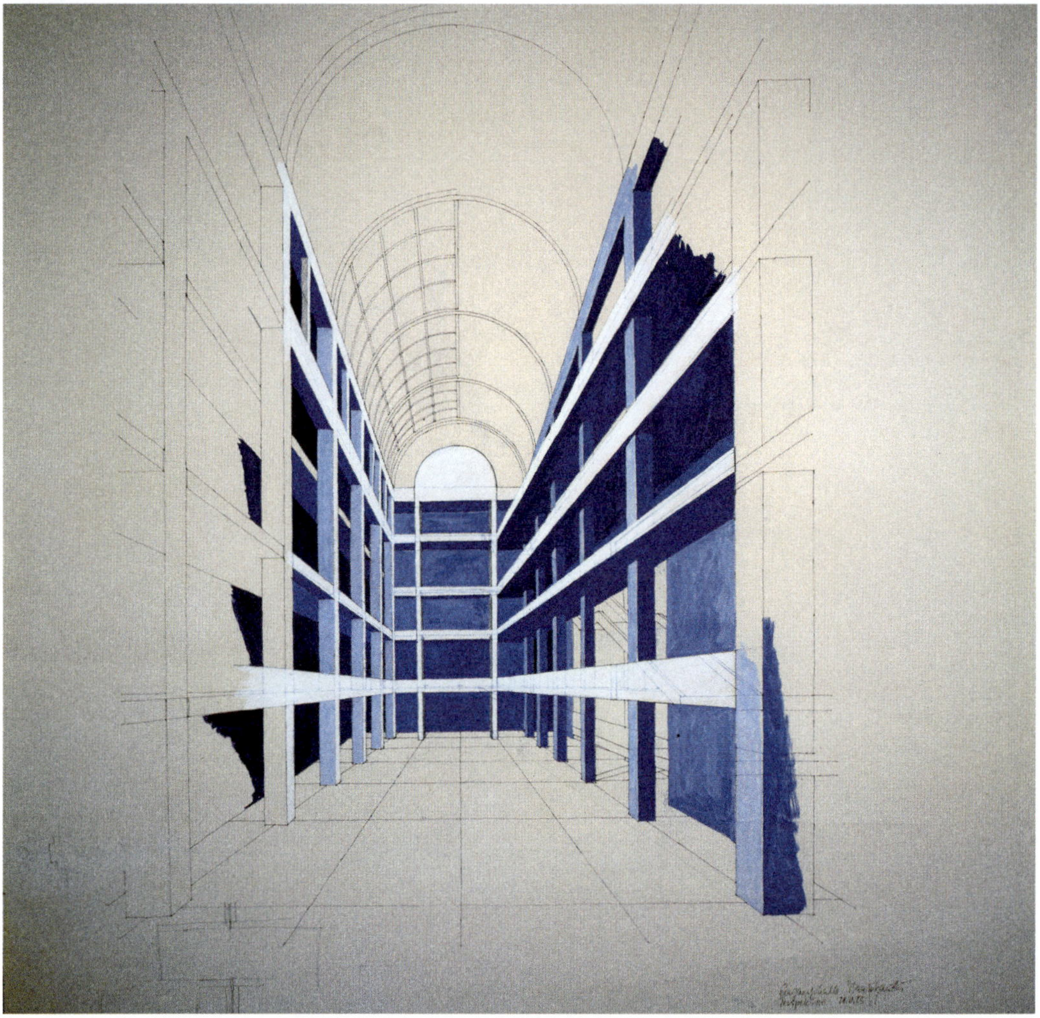

4

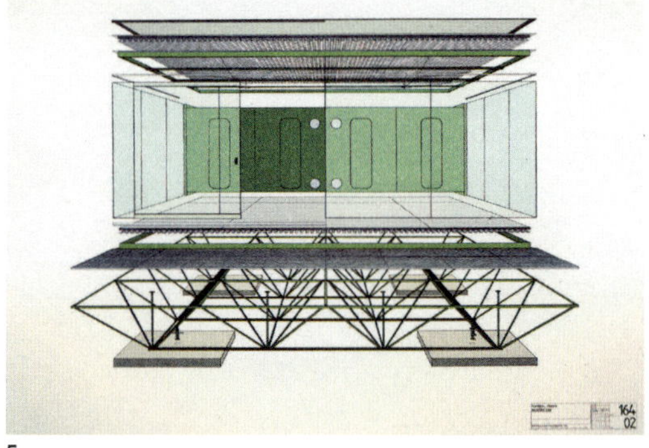

5

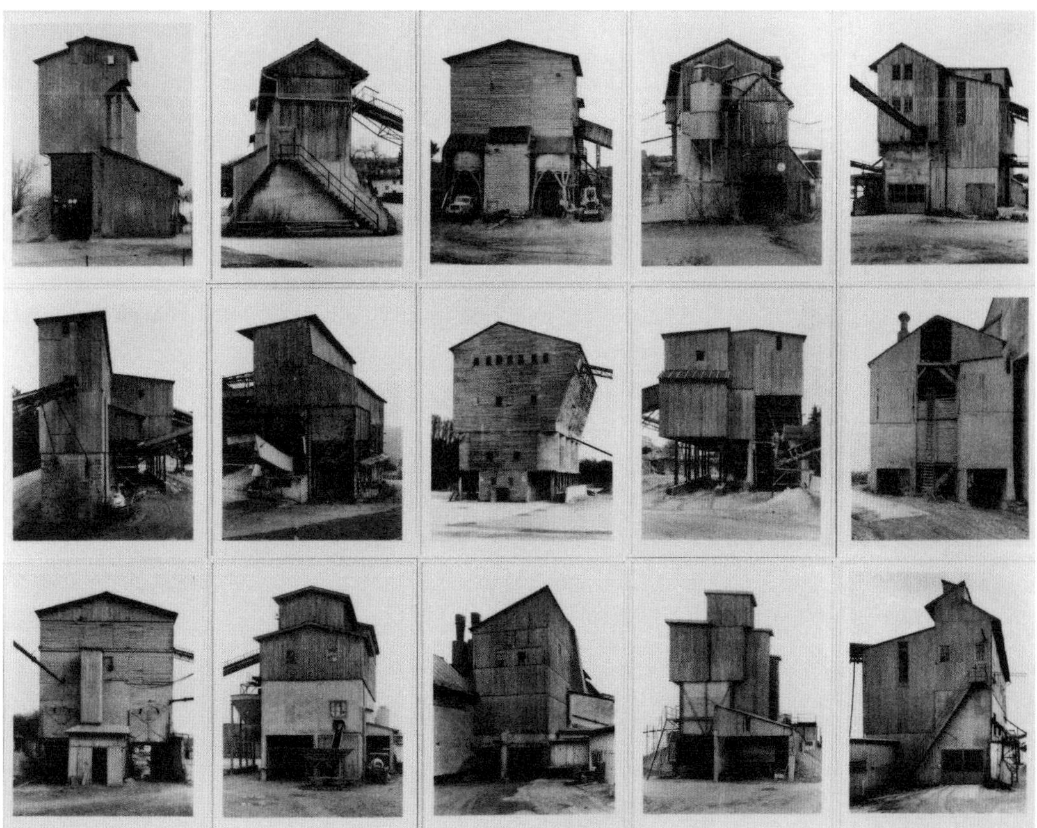

6

In der Fotografie ist alles so gewöhnlich. Man muss lange hinschauen, bevor man lernt, das Gewöhnliche zu sehen. / *In photography everything is so ordinary; it takes a lot of looking before you learn to see the ordinary.*

DAVID BAILEY, 1984

6 BERND BECHER, HILLA BECHER
Kies- und Schotterwerke, Süddeutschland / *Gravel Plants*, Southern Germany, 1988–2001; Typologie, 15-teilig / *Typology, 15-part*; Silbergelatineabzüge / *Gelatin silver prints*; Bayerische Staatsgemälde-sammlungen, Sammlung Moderne Kunst / *Modern Art Collection*; Seit 2003 Leihgabe der / *Since 2003 on loan from* Siemens AG

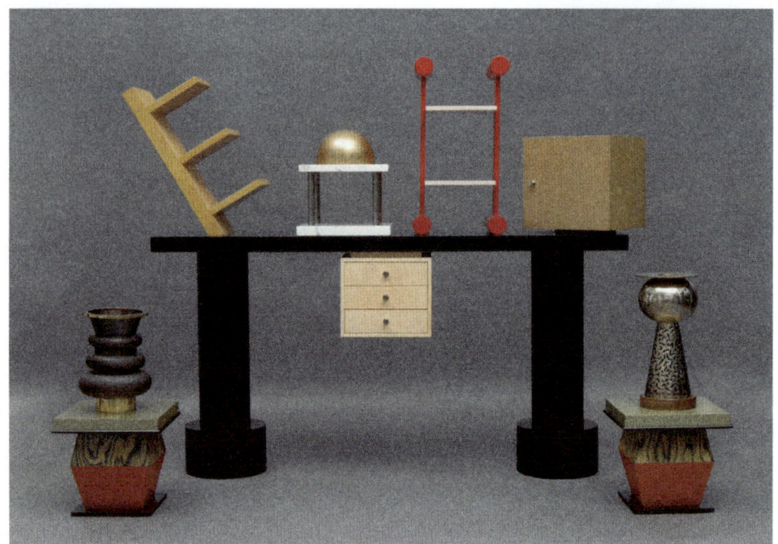

7

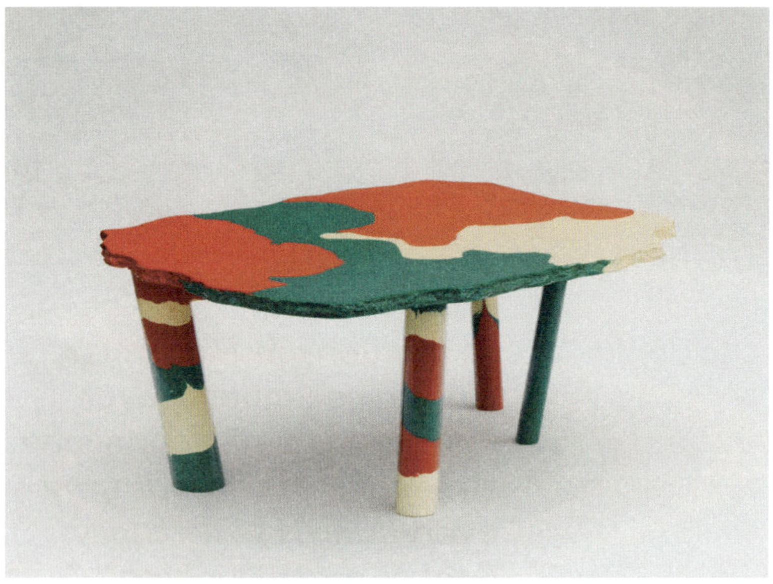

8

7 ETTORE SOTTSASS
Ensemble aus der Kollektion Bharata / *Ensemble from the Bharata Collection*, 1985–1988; Holz, furniert, gebeizt, Marmor, Metall, vergoldet / *Wood, veneered, stained, marble, metal, gold-plated*; Renzo Brugola, Italien / *Italy*, und indische Kunsthandwerker (Metallvasen) / *and Indian craftspeople (metal vases)*; Die Neue Sammlung – The Design Museum

8 GAETANO PESCE
Tisch / *Table* Sansone, 1980; Kunststoff, Metall / *Plastic, metal*; Cassina S.p.A., Meda, Mailand / *Milan*; Die Neue Sammlung – The Design Museum

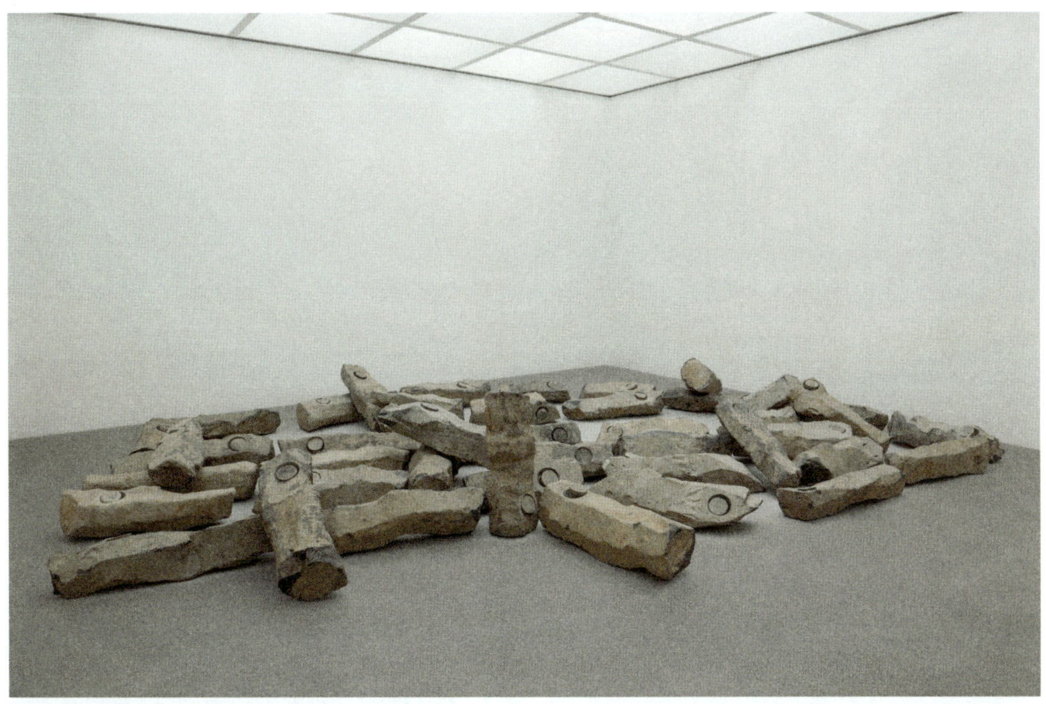

9

Das Reale ist nicht nur das, was reproduziert werden kann, sondern das, was immer schon reproduziert ist. Hyperreal. / *The real is not only what can be reproduced, but that which is already reproduced, the hyper-real.*

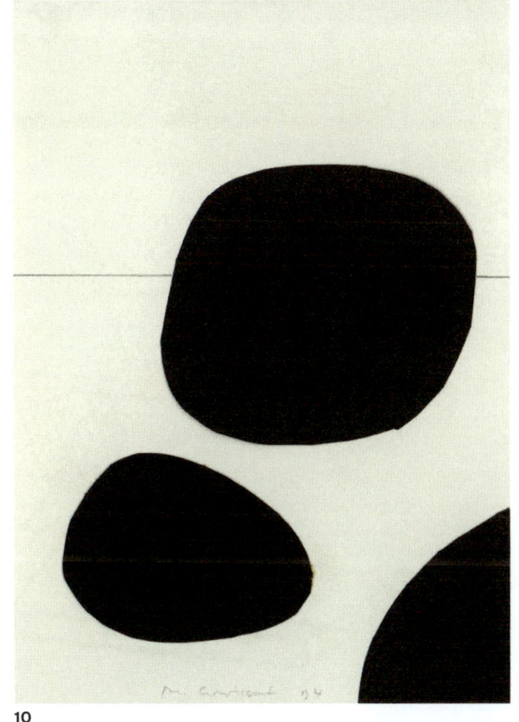

10

9 JOSEPH BEUYS
Das Ende des 20. Jahrhunderts / *The End of the 20th Century*, 1983; 44 Basaltsteine, Ton, Filz / *44 basalt stones, clay, felt*; Bayerische Staatsgemäldesammlungen, Sammlung Moderne Kunst / *Modern Art Collection*; 1984 erworben von / *Acquired 1984 by* PIN. Freunde der Pinakothek der Moderne

10 MICHAEL CROISSANT
Ohne Titel / *Untitled*, 1994; Collage und schwarzer Stift auf Papier / *Collage and black pen on paper*, 29,8 x 21,1 cm; Staatliche Graphische Sammlung München

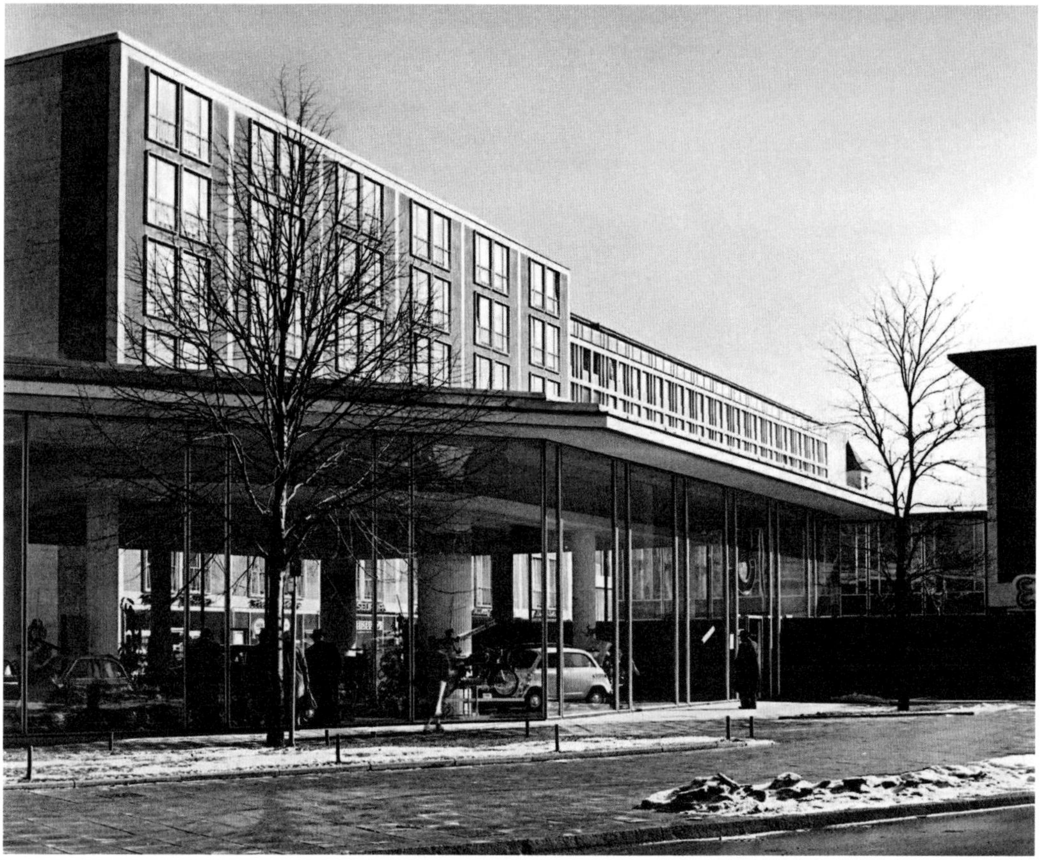

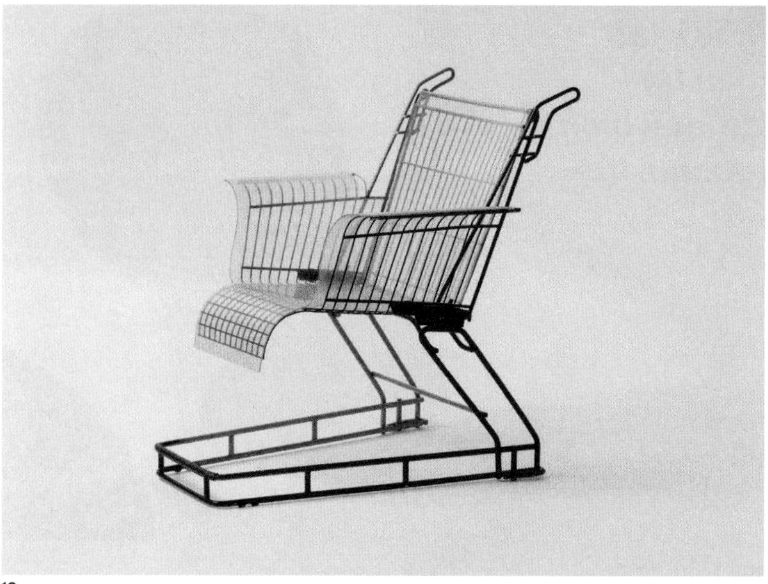

11

12

150

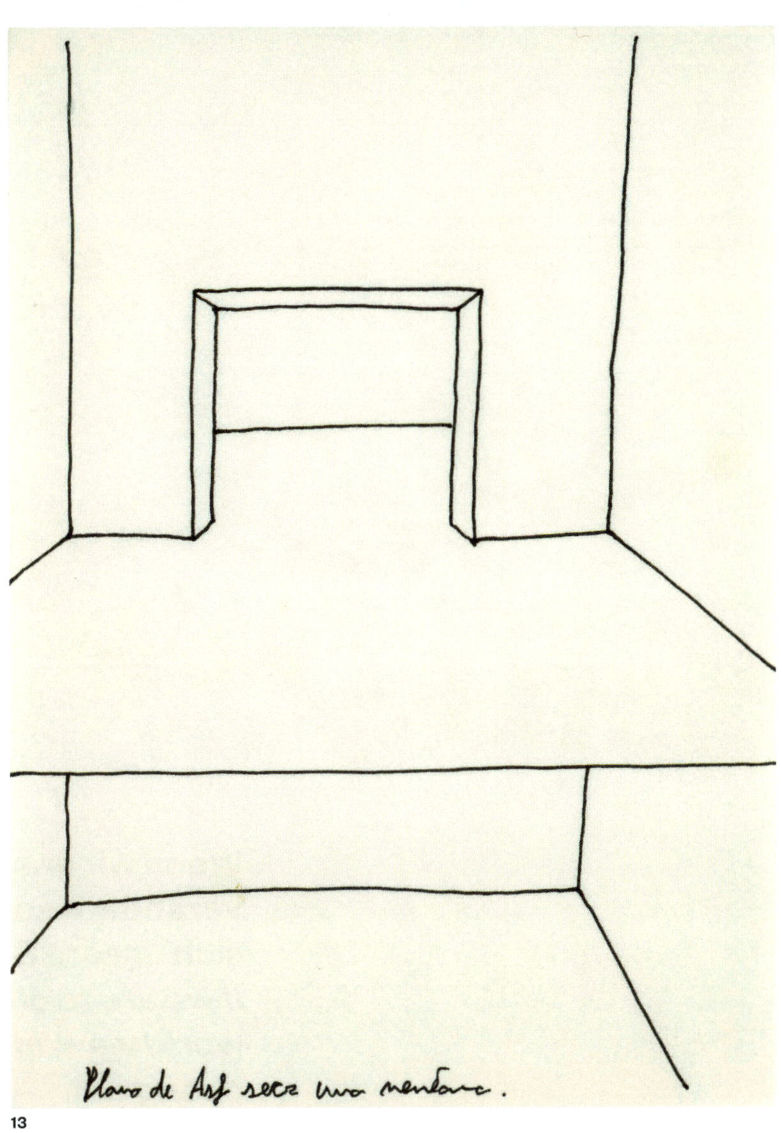

13

13 SANTIAGO SIERRA
Plano de asfalto seccionando
una ventana / *Plane of
asphalt sectioning a window*,
1989–1990; Tusche auf
Papier / *India ink on paper*;
21 x 14,8 cm; Staatliche
Graphische Sammlung
München; Dauerleihgabe
von / *On permanent loan from*
PIN. Freunde der Pinakothek
der Moderne

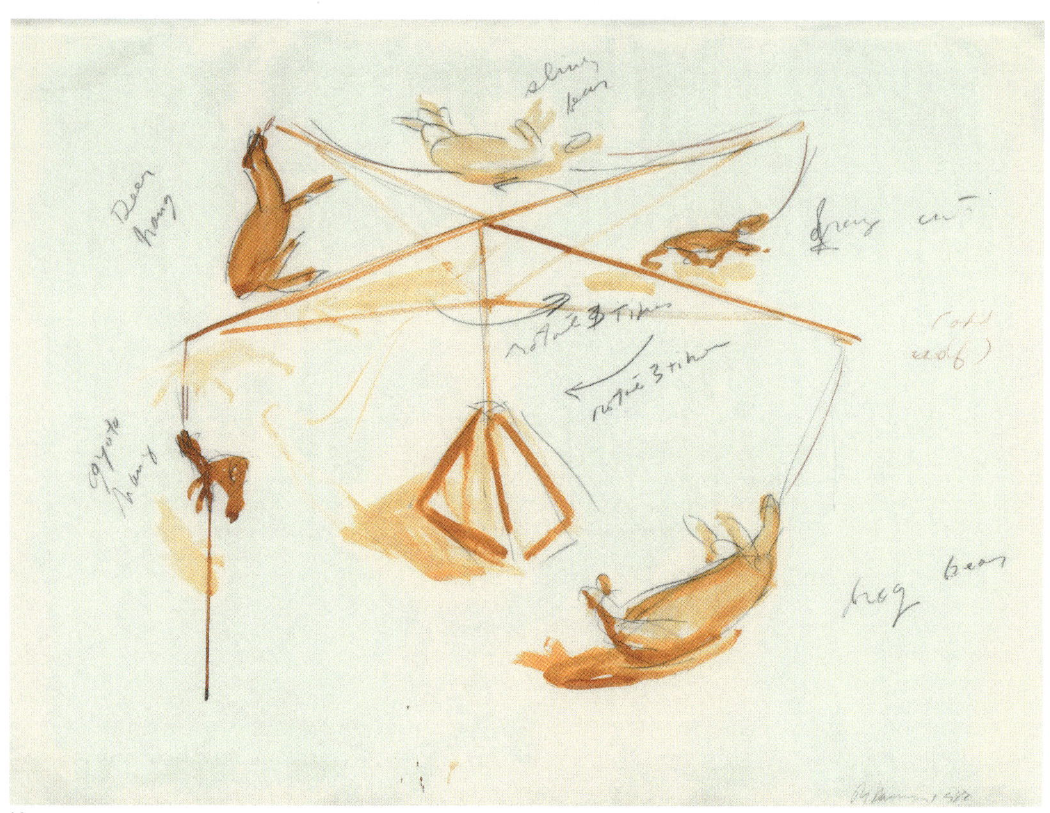

14

Wenn wir unsere Weltsicht verändern sollen, müssen sich unsere Bilder ändern. / *If we are to change our world view, images have to change.*

DAVID HOCKNEY, 1986

14 BRUCE NAUMAN
Carousel, 1988; Kreide, Bleistift, Farbstift und Aquarell auf Papier / *Chalk, pencil, crayon and watercolor on paper*; 97 x 127 cm; **Staatliche Graphische Sammlung München**

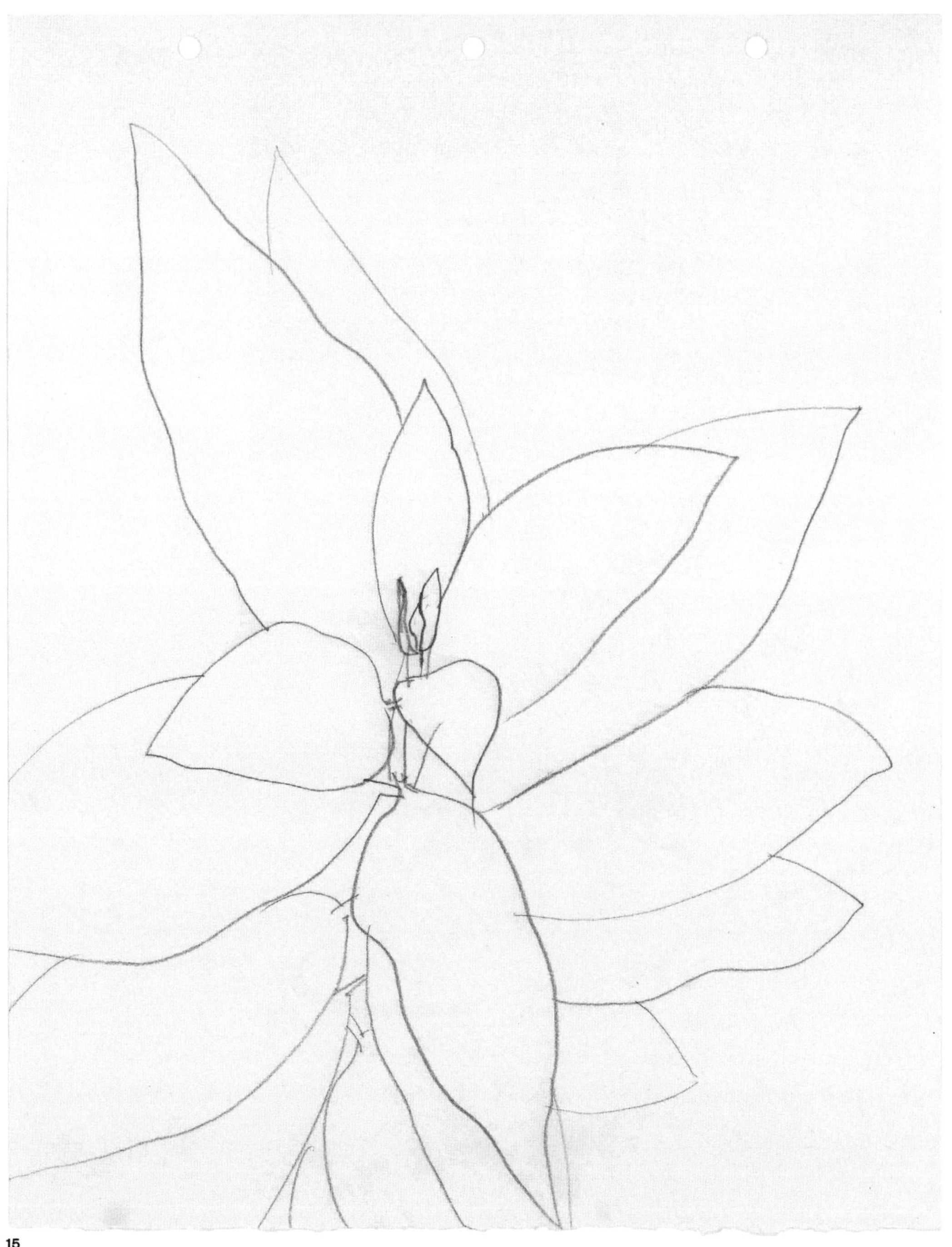

15

15 ELLSWORTH KELLY
Milkweed, 1986; Bleistift auf
Papier / *Pencil on paper*;
33,2 x 25,3 cm; Staatliche
Graphische Sammlung
München

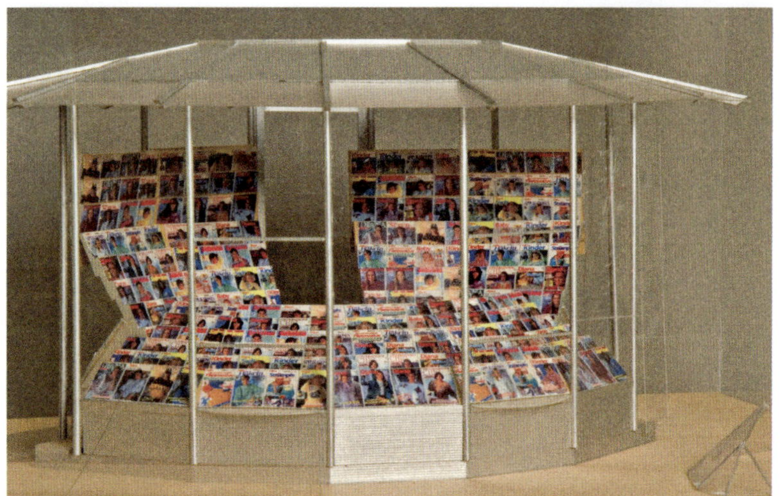

16

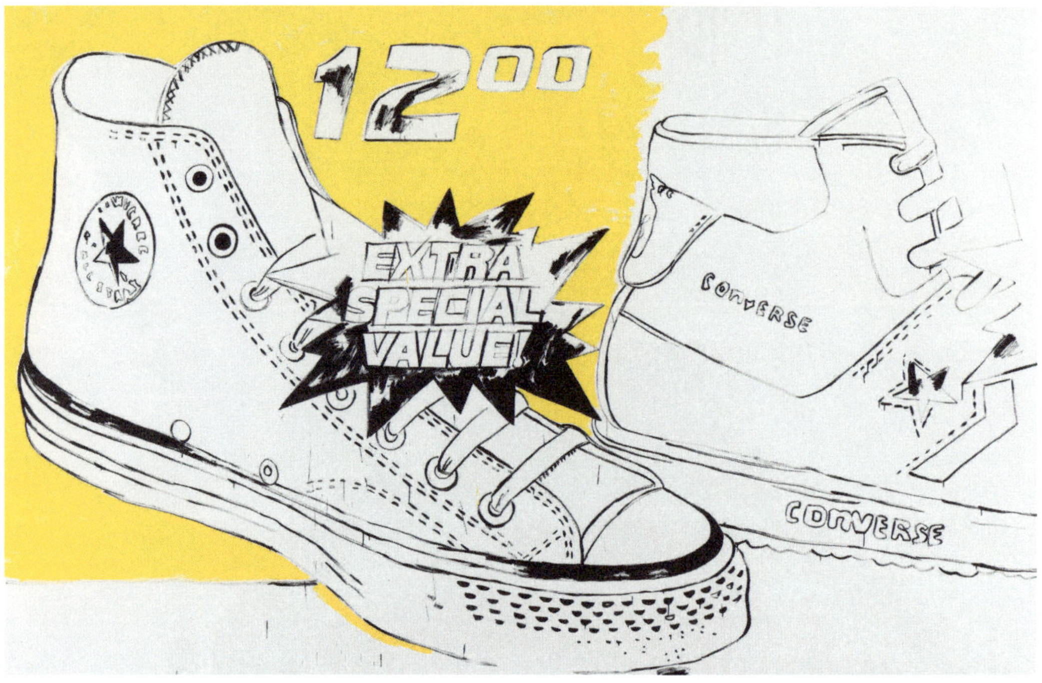

17

16 DIETER SCHAICH
Pressekiosk für die
Fußgängerzone in München /
*Newspaper kiosk for the
pedestrian area, Munich*,
1989–1995; Metall, Kunststoff,
Holz / *Metal, plastic,
wood*; Modell / *Model* 1:10;
Architekturmuseum der
TU München

17 ANDY WARHOL
Converse Extra
Special Value, 1985/86;
Kunstharzfarbe auf
Leinwand / *Artificial resin
on canvas*; Bayerische
Staatsgemäldesammlungen,
Sammlung Moderne Kunst /
Modern Art Collection; 2000
erworben von / *Acquired
2000 by* PIN. Freunde der
Pinakothek der Moderne

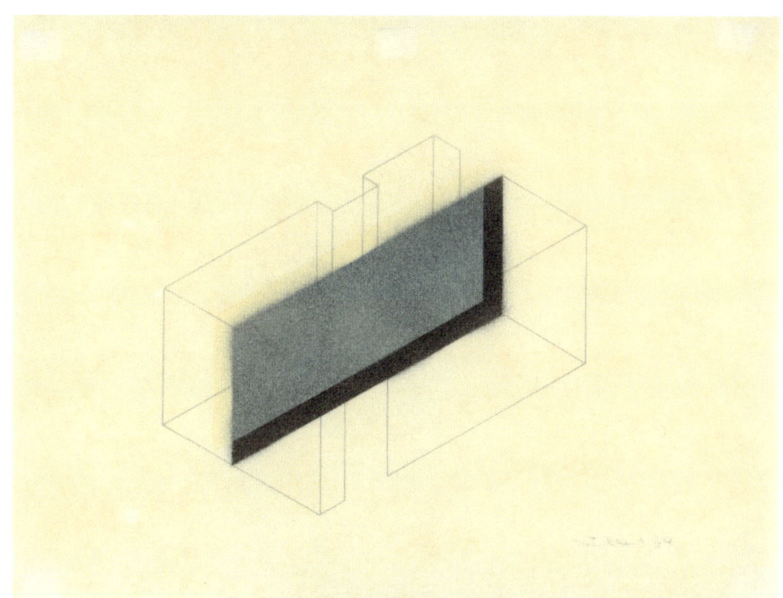

18

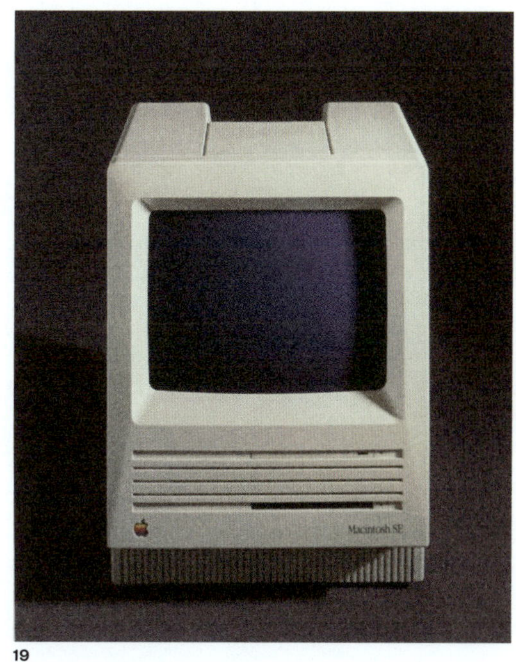

19

18 FRED SANDBACK
Ohne Titel / *Untitled*, 1984;
Bleistift und Farbspray auf
Papier / *Pencil and paint
spray on paper*; 21,3 x 27,7 cm;
Staatliche Graphische
Sammlung München

19 FROG DESIGN
(HARTMUT ESSLINGER)
Computer Apple Macintosh SE,
1985, Markteinführung /
market launch 1987;
Kunststoff / *Plastic*; Apple
Computers Incorporation,
Cupertino, Kalifornien /
California; Die Neue
Sammlung – The Design
Museum

1990 – 1999

Die kurze Phase der unendlichen Gegenwart: Die 1990er Jahre /
The Short Period of the Infinite Present: the 1990s

Boris Groys

Das Ende des kalten Krieges wurde und wird immer noch häufig mit dem Ende von Utopien und großen historischen Narrativen assoziiert.[1] Entsprechend sind die 1990er Jahre vorwiegend von einer post-historischen und post-utopischen Geisteshaltung geprägt. Das Ende des Glaubens an eine strahlende Zukunft ging jedoch mit der Zelebrierung des Gegenwärtigen einher. Denn in den 1990er Jahren nahm die Globalisierung ihren Anfang und mit ihr auch die Begeisterung angesichts der Möglichkeiten, die globaler Austausch und weltumspannende Kommunikation eröffneten. An die Stelle des linearen Verlaufs des Fortschritts trat eine Zirkulation von Waren und Information. Der globale Zugriff auf das Lokale ließ universalistische Bestrebungen obsolet erscheinen. Es schien, als würde Zeit tatsächlich zu Raum werden und die Geschichte sich in eine unendliche Gegenwart verwandeln. Die utopistischen Energien flossen in das Internet, das als Symbol gefeiert und zugleich als praktisches Werkzeug für die Befreiung von der Staatsgewalt und überhaupt von allen Formen politischer und kultureller Autorität betrachtet wurde. Man ging von der Annahme aus, dass sich persönliche Autorschaft und institutionelle Autorität im Strom der Begierden und Informationen auflösen würden. Das „Schwarmdenken" beziehungsweise die „Crowd", so die Überzeugung, würde jeden Versuch einer Kontrolle der Energien der anonymen, kollektiven Kreativität untergraben können.

Tatsächlich wurde bereits in der zweiten Hälfte der 1970er und in den 1980er Jahren der universalistische Kanon der Moderne, der die Kunstmuseen des Westens, Kunsthochschulen, den Kunstmarkt und die Kunstgeschichte beherrschte, einer „postmodernen" Institutionskritik unterzogen. Das Ziel der Postmoderne war die Rehabilitation alles dessen, was durch diesen Kanon unterdrückt oder ausgeschlossen wurde, also etwa eine bestimmte Form der Gegenständlichkeit (italienische Transavanguardia, deutscher Neoexpressionismus), Fotografie, Film oder Performance. Ähnlich verhielt es sich mit der Postmoderne in der Architektur, die sich ebenfalls gegen den Kanon der Moderne richtete,

The end of the Cold War was and still is often associated with the end of Utopias and grand historical narratives.[1] Accordingly, the 1990s are mostly characterized as having been defined by a post-historical and post-Utopian mindset. However, the end of the faith in a radiant future coincided with the celebration of the present. During the 1990s, the new era of globalization dawned – and with it a fascination with global exchange and communication. The linear time of progress gave way to the circulation of commodities and information. Global access to the local made the universalist aspirations look obsolete. Here, time seemed indeed to become space – and history to transform itself into the infinite present. The Utopian energies became invested in the Internet that was celebrated as a symbol and at the same time as a practical tool for liberation from the power of the state and, in general, from all kinds of political and cultural authority. Personal authorship and institutional authority were supposed to be dissolved by flows of desire and information. The "hive mind" or "crowd mind" were believed to have the power to undermine any attempt to control the energies of anonymous, collective creativity.

Actually, as early as the second half of the 1970s and 1980s, the universalist Modernist canon that dominated Western art museums, institutions of art education, the art market and art history, fell prey to a "postmodern" institutional critique. The goal of postmodernism was to rehabilitate everything that was repressed and excluded by this canon: a certain type of figuration (Italian transavanguardia, German neo-expressionism), photography, cinema, performance, etc. The same can be said of architectural postmodernism directed against the Modernist canon and also of literary postmodernism, which rehabilitated literary trash of all kinds. Postmodernism privileged reproduction over production, emulation over originality, anonymity over individuality. Thus, one can say that in the 1990s the utopian potential of the postmodernist thinking seemed to be realized. The Internet presented itself as a huge rhizome - previously theorized by Gilles Deleuze.[2] And the flows of information

und auch mit der postmodernen Literatur, in die in der Folge alle möglichen Trivialformen zurückkehrten. Die Postmoderne gab der Reproduktion den Vorzug vor der Produktion, der Nachahmung vor der Originalität und der Anonymität vor der Individualität. Insofern ließe sich behaupten, dass in den 1990er Jahren das utopistische Potenzial des postmodernen Denkens Realität geworden zu sein schien. Das Internet präsentierte sich als riesiges Rhizom – ein Begriff, den Gilles Deleuze[2] eingeführt hat. Der Informationsfluss schien Ausdruck der Derrida'schen Dekonstruktion zu sein, denn jeglicher Gehalt und jede Bedeutung der Zeichen, die durch das Internet zirkulierten, sollten durch anonymisierte Prozesse der Reproduktion und Verbreitung fortwährend dekonstruiert werden. Und da alle Kunstformen bereits als dekonstruiert und somit leer betrachtet wurden – das heißt als reine Formen ohne Gehalt –, durfte jeder Künstler sie in jeder nur erdenklichen Weise immer wieder neu kombinieren. Es war nur naheliegend, den vielzitierten „Tod des Autors" mit der Verkündung unbegrenzter künstlerischer Freiheit des Einzelnen zu verbinden – des Rechts des Künstlers, auf die gesamte Formensprache der vielen verschiedenen künstlerischen Strömungen der Kunstgeschichte zurückzugreifen.

Mit anderen Worten: Der Künstler war nicht länger die hinter dem Kunstwerk verborgene quasi-mythische Figur. Nach traditionellem Verständnis schufen Künstler ihre Werke in der Abgeschiedenheit ihres Ateliers, und ihre ‚profane' Arbeit und Alltäglichkeit blieben verborgen. Erst nachdem ein Werk vollendet und völlig aus dem Kontext seiner Entstehung herausgelöst worden war, wurde es der Öffentlichkeit präsentiert. Der Museumsbesucher sollte den Alltag hinter sich lassen und sich spirituell der ästhetischen Kontemplation vor Kunst hingeben. Die Voraussetzung für eine solche reine ästhetische Kontemplation war die Verschleierung der materiellen, technischen, institutionellen Bedingungen der Produktion und Verbreitung von Kunst – Bedingungen, die diese Kontemplation überhaupt erst möglich machten.

In den 1990er Jahren änderte sich die Situation. Künstler begannen ihre Arbeiten im Internet zu

were taken for the realization of Derrida's notion of deconstruction: indeed, the contents and meanings of the signs having circulated through the Internet were supposed to be permanently deconstructed by the anonymous processes of their reproduction and dissemination. Moreover, because all art forms were understood as already deconstructed and, thus, empty (as mere forms without content), every individual artist had the right to combine and recombine them in any possible way. Thus, the famous "death of the author" became easily combined with the proclamation of unlimited individual artistic freedom – an artist's right to use everything from the vocabulary of forms inherited from the different artistic movements known in art history.

In other words, the artist ceased to be a quasi-mythical figure hidden behind his or her artworks. Traditionally, the artists were supposed to produce artworks in the seclusion of their studios and, thus, to conceal their 'profane' work and everyday life. The artworks were offered to the gaze of the public only after they could be completely detached from the original context of their production. The museum visitor was supposed to spiritually leave the everyday reality and to become absorbed in the aesthetic contemplation of art. The precondition for such purely aesthetic contemplation was the dissimulation of the material, technological, institutional conditions of art production and distribution – conditions that made this contemplation possible in the first place.

During the 1990s the situation changed. Artists began to post their works on the Internet. The artworks by a particular artist could now be found on the Internet in the context of other information related to this artist: his or her biography, other works, political activities, critical reviews, details of his or her personal life, etc. Instead of the fictional, auctorial subject allegedly investing the artwork by his intentions and meanings that then needed to be hermeneutically decyphered and revealed one now started to be confronted with the real person existing in the offline reality to which the Internet data referred. This author used the Internet not only to produce

zeigen. Die Werke eines Künstlers waren nun im Netz im Kontext anderer künstlerbezogener Informationen zugänglich: Biografie, weiterer Arbeiten, politischer Aktivitäten, Kritiken, Details aus dem Privatleben. Dem fiktionalen, auktorialen Subjekt, das das Kunstwerk vorgeblich mit bestimmten Absichten und Bedeutungen auflud, die sodann hermeneutisch entschlüsselt und analysiert werden sollten, stand mit einem Mal die echte Person in der Offline-Realität, auf die sich die Internetdaten bezogen, gegenüber. Dieser Autor nutzte das Internet nicht nur, um Kunst zu produzieren – sondern auch, um Tickets zu kaufen, einen Tisch im Restaurant zu reservieren oder Geschäfte abzuwickeln. Alle diese Aktivitäten fanden in dem einzigen und umfassenden Raum des Internets statt, und alle waren potenziell auch für andere Internetnutzer zugänglich. Und Internetnutzer nutzen Informationen über Kunst auf die gleiche Weise wie Informationen über alles Mögliche andere auf der Welt.

Die veränderte öffentliche Positionierung der Künstler bewirkte einen grundlegenden Wandel in ihrem künstlerischen Selbstverständnis. Sie verstanden sich nicht länger als herausragende Figuren, die von der Natur oder Gott mit einer außergewöhnlichen kreativen Gabe ausgestattet worden waren, und wurden auch von anderen nicht mehr als solche empfunden. Vielmehr begannen sie sich nun als einen oder eine unter vielen zu betrachten, als gewöhnliche Menschen in einem alltäglichen Leben. Diese Veränderung in der Selbstwahrnehmung hatte eine Reihe von Auswirkungen, von denen zwei von besonderer Bedeutung waren. Zum ersten gewann die Identität des Künstlers zunehmend an Bedeutung – statt verborgener Subjektivität spielten mit einem Mal ethnische Herkunft, Geschlecht oder sozialer Hintergrund eine Rolle. Und zum Zweiten gewann die Praxis der künstlerischen Zusammenarbeit neue Relevanz; man begann über partizipative Kunst und relationale Ästhetik zu sprechen.[3] Beide Aspekte gingen mit dem Versuch der Künstler einher, einen Ort in der globalisierten Welt für sich zu beanspruchen. Diese Welt präsentierte sich nicht als eine der internationalen Solidarität oder gemeinsamer

art – but also to buy tickets, make restaurant reservations, conduct business, etc. All these activities took place in the same integrated space of the Internet – and all of them became potentially accessible to other Internet users. The Internet users use the information about art in the same way in which they use information about all the other things in the world.

This shift in the public positioning of the artists led to a deep change in their own understanding of their artistic practices. The artists ceased to perceive themselves and to be perceived by others as exceptional figures endowed by God or nature with some extraordinary powers of creativity. Rather, they began to see themselves as being people among many other people, as ordinary people in the middle of everyday life. This shift in self-understanding had many consequences but two of them were especially important. Firstly, the identity of the artist became increasingly important – not some hidden subjectivity but, rather, his or her ethnic origin, gender, social background, etc. And, secondly, the practice of artistic collaboration acquired a new relevance; one began to speak about participative art and relational aesthetics.[3] Both practices emerged as the artists tried to situate themselves in the globalized world. This world presents itself not as a world of international solidarity or shared cultural values, nor is it a realm of the anonymous "crowd mind" as was celebrated by prophets of postmodernism. Rather, it is the world of global competition, everybody against everybody. This competition pushed the artists who participated in it to mobilize their own human capital. And human capital, as described, for example, by Michel Foucault, is primarily the cultural heritage that is mediated by the family and the milieu in which an individual has grown up.[4] That is why the contemporary logic of globalization, unlike Modernist internationalization or universalization, leads to cultural conservatism and the insistence on one's own cultural identity.

The question of cultural identity became an issue primarily in the context of minority politics – feminism, post-colonial studies, etc. In other words, the related discourses were initially directed

kultureller Werte. Sie war aber auch nicht die Sphäre einer anonymen „denkenden Masse", wie sie die Propheten der Postmoderne priesen. Vielmehr war es eine Welt des globalen Wettbewerbs, des „jeder gegen jeden". Dieser Wettbewerb zwang die beteiligten Künstler, ihr eigenes Humankapital zu mobilisieren. Und Humankapital ist etwa nach Michel Foucault insbesondere jenes kulturelle Vermächtnis, das durch die Familie und das Milieu vermittelt wurde, in denen eine Person aufgewachsen ist.[4] Daher mündet die zeitgenössische Logik der Globalisierung, im Gegensatz zu einer Internationalisierung oder Universalisierung im Sinne der Moderne, in einen kulturellen Konservatismus und das Beharren auf der eigenen kulturellen Identität.

Die Frage der kulturellen Identität wurde vor allem im Kontext der Minderheitenpolitik relevant – von Feminismus, postkolonialen Studien und Ähnlichem. Mit anderen Worten, die damit verbundenen Diskurse richteten sich ursprünglich gegen Eurozentrismus und das Patriarchalische. In den postkommunistischen Ländern Osteuropas wurde die Identitätspolitik jedoch als eurozentrisch und als kulturelle Nostalgie betrachtet. Man wollte sich eher zurückbesinnen auf vergangene Zeiten vor der kommunistischen Ära, also vor dem Ersten oder Zweiten Weltkrieg. Diese Entwicklung mündete schließlich in einen wachsenden kulturellen Nationalismus in Ost- und Westeuropa. Allerdings hat diese Entwicklung die bildende Kunst weniger geprägt als beispielsweise die Literatur der gleichen Zeit. Im Kontext der Gegenwartskunst betrachteten Künstler und Kuratoren das Ideal der Gemeinschaft, wie es den sozialistischen Utopien entsprang, mit zunehmend nostalgischen Gefühlen. Die Vorstellung von Gemeinschaft folgte hier selbstredend weniger der Tradition des staatsgelenkten Kommunismus, sondern hatte eine eher romantische, semi-anarchistische Ausprägung. Man organisierte sich in kleinen kollaborativen Gruppen kreativer Personen, um gemeinsam Kunstprojekte, urbane Interventionen oder museale Installationen zu entwickeln. Die Plattformen für solche Gemeinschaftsprojekte bildeten internationale Ausstellungen wie

against Eurocentrism and patriarchalism. By contrast, in the post-Communist countries of east Europe identity politics was understood as Eurocentric and culturally nostalgic. One wanted to find a way back in time to the historical period before the Communist era – in other words, to the times before World War I or II. This development ultimately led to the growing cultural nationalism in east and west Europe. However, this development defined the visual arts to a lesser degree than, for example, the literature of the same period. In the context of contemporary art the artists and curators had a nostalgic view of the ideal of community that referred to the Socialist utopias. The community was understood, of course, not in the tradition of state-organized Communism but, rather, in a Romantic, semi-anarchistic way. One tried to organize the small groups of creative individuals capable of collaborating with the goal of creating a common artistic project, urban intervention or museum installation. The platforms for such collaborative projects were provided by international exhibitions like 'MANIFESTA' – the European Biennial that started in the middle of the 1990s. At the same time the figure of the independent curator emerged – as an organizer of such national and international collaborative projects. These projects were not future-oriented. Rather, they tried to create the space of the artistic and political utopias here and now.

The loss of historical perspective, of an orientation towards the future shifted the attention of the artists from the past and future towards the non-teleological flow of everyday life. It was a time when Rirkrit Tiravanija offered soup to gallery visitors and Francis Alys organized and videoed participative actions that remained repetitive and in a certain sense pointless. In the 1990s the focus on seemingly accidental quotations from the flow of life becomes also characteristic for the more traditional media such as painting, sculpture, photography – from the simulated ready-mades by Fischli/Weiss to the staged street scenes by Jeff Wall. Here art seems documentary and reality seems staged and simulated – so that, both, art and life, coincide in the

beispielsweise die MANIFESTA, die europäische Biennale, die Mitte der 1990er Jahre erstmals veranstaltet wurde. Zugleich betrat die Figur des unabhängigen Kurators die Bühne – als Organisator solcher nationalen und internationalen Gemeinschaftsprojekte. Diese Projekte waren nicht zukunftsorientiert. Vielmehr wurde versucht, mit ihnen einen Raum der künstlerischen und politischen Utopien im Hier und Jetzt zu schaffen.

Der Verlust der historischen Perspektive und der Ausrichtung auf die Zukunft lenkte die Aufmerksamkeit der Künstler von Vergangenheit und Zukunft auf den nicht-teleologischen Lauf der alltäglichen Dinge. Es war eine Zeit, da Rirkrit Tiravanija Galeriebesuchern Suppe anbot und Francis Alÿs partizipative Aktionen organisierte und filmte, die repetitiv und in einem bestimmten Sinne zwecklos waren. Die Fokussierung scheinbar beliebiger Alltagszitate wurde in den 1990er Jahren auch in den konventionelleren Genres wie der Malerei, der Skulptur und der Fotografie charakteristisch – angefangen von den simulierten Readymades von Fischli/Weiss bis hin zu der Inszenierung von Straßenszenen bei Jeff Wall. Die Kunst erschien hier dokumentarisch und die Realität inszeniert und simuliert, so dass Kunst und Leben aus der Perspektive einer unendlichen Gegenwart in eins fielen. Aus heutiger Sicht hat sich diese Unendlichkeit jedoch als kurzlebig erwiesen. Das Internet wird heutzutage nicht als ein offener Raum der Befreiung erlebt, sondern als ein geschlossener Raum staatlicher Überwachung und Kontrolle. Die Utopie – dieses Mal die Utopie einer posthistorischen Gegenwart – hat sich ein weiteres Mal in eine Dystopie verkehrt. Und genau deshalb findet man in der zeitgenössischen Kultur auf beiden Seiten des früheren Eisernen Vorhangs heute eine Neunziger-Nostalgie.

perspective of infinite presence. From the contemporary point of view this infinity has turned out, however, to be short-lived. The Internet is experienced today not as an open space of liberation but, rather, as a closed space of state surveillance and control. The utopia – this time the utopia of the post-historical present – has once again turned into a dystopia. But precisely for this reason, in today's culture, one finds a nostalgia for 1990s on both sides of the former Iron Curtain.

1
Vgl. Francis Fukuyama, DAS ENDE DER GESCHICHTE, München 1992. / *Cf. Francis Fukuyama, THE END OF HISTORY AND THE LAST MAN, Free Press, New York, 1992.*

2
Vgl. Gilles Deleuze und Felix Guattari, TAUSEND PLATEAUS. Kapitalismus und Schizophrenie, Berlin 1992. / *Cf. Gilles Deleuze, Felix Guattari, A THOUSAND PLATEAUS. CAPITALISM AND SCHIZOPHRENIA, University of Minnesota Press, Minneapolis, 1987.*

3
Vgl. Nicolas Bourriaud, RELATIONAL AESTHETICS, New York 2008, S. 215 ff. / *Cf. Nicolas Bourriaud, RELATIONAL AESTHETICS, Palgrave.McMillan, New York, 2008, pp. 215ff.*

4
Vgl. Michel Foucault, NAISSANCE DE LA BIOPOLITIQUE, Vorlesungen am Collège de France 1978–1979, Paris 2004. / *Cf. Michel Foucault, THE BIRTH OF BIOPOLITICS, Lectures at the Collège de France, 1978, Palgrave.McMillan, New York, 2011.*

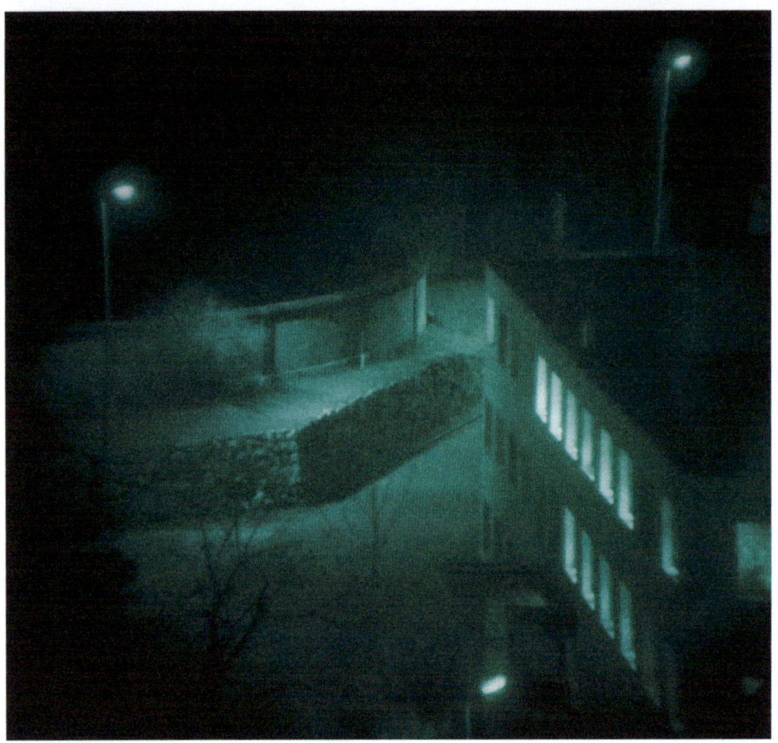

1

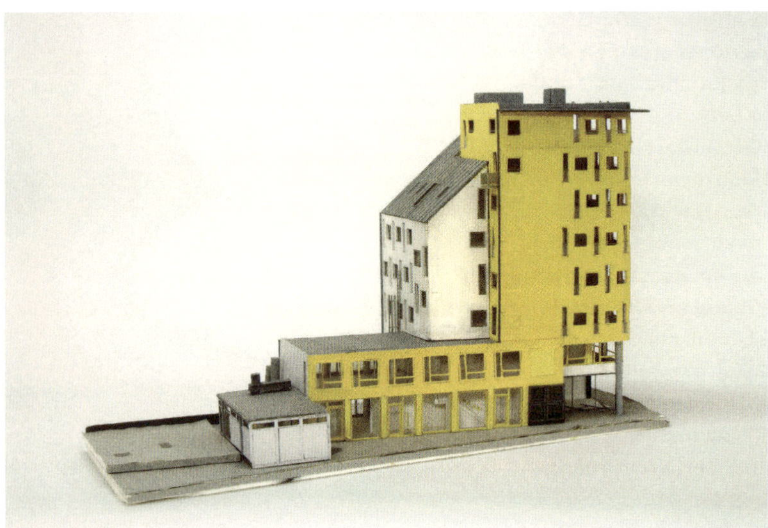

2

1 THOMAS RUFF
Nacht / *Night* 15 I, 1992;
Diasec, C-Print; Bayerische
Staatsgemäldesammlungen,
Sammlung Moderne Kunst /
Modern Art Collection; Seit
2004 Leihgabe der / *Since
2004 on loan from* Allianz
Private Krankenversicherung

2 OTTO STEIDLE
Wohn- und Geschäftshaus,
München / *Residential and
retail building, Munich*, 1997–
1999; Modell / *Model*; Karton /
Cardboard; Architektur-
museum der TU München

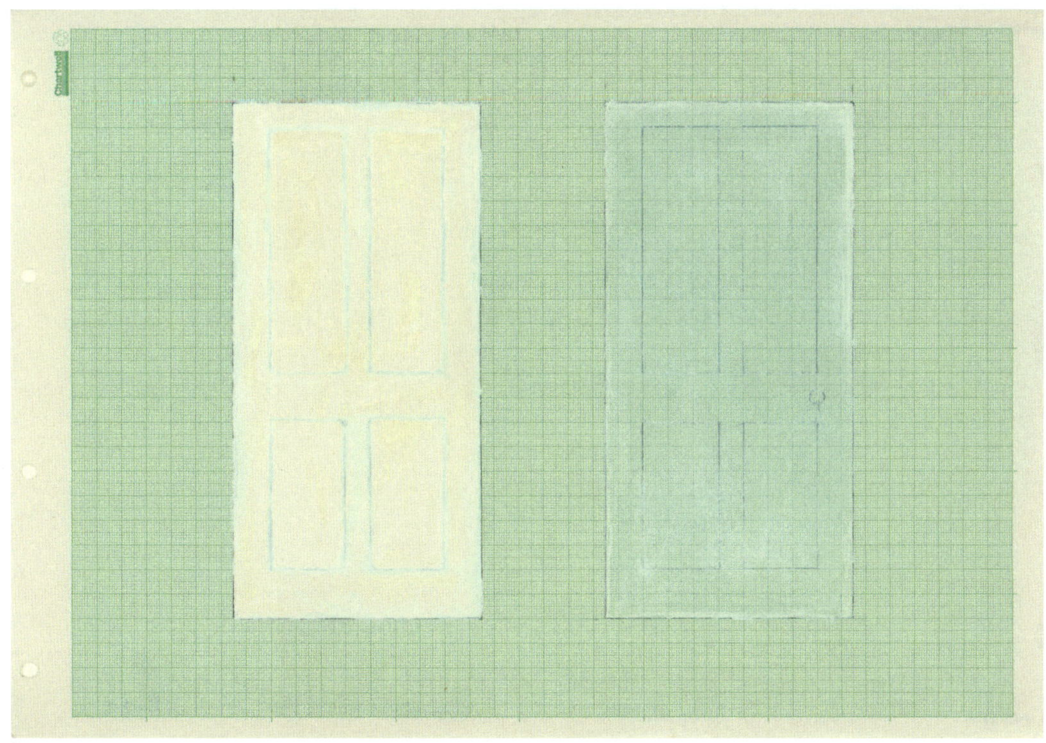

3

Künstler sind die Ökologen
des Unheimlichen,
die Hauszweifler, die
Anderswohnenden. /
*Artists are ecologists of
the mysterious, the court
doubters, the people who
live differently.*

PETER SLOTERDIJK, 1992

3 RACHEL WHITEREAD
Two doors, 1992; Tusche
und Emailfarbe auf
Millimeterpapier / *India ink
and enamel on graph paper*;
29,6 x 41,8 cm; Staatliche
Graphische Sammlung
München

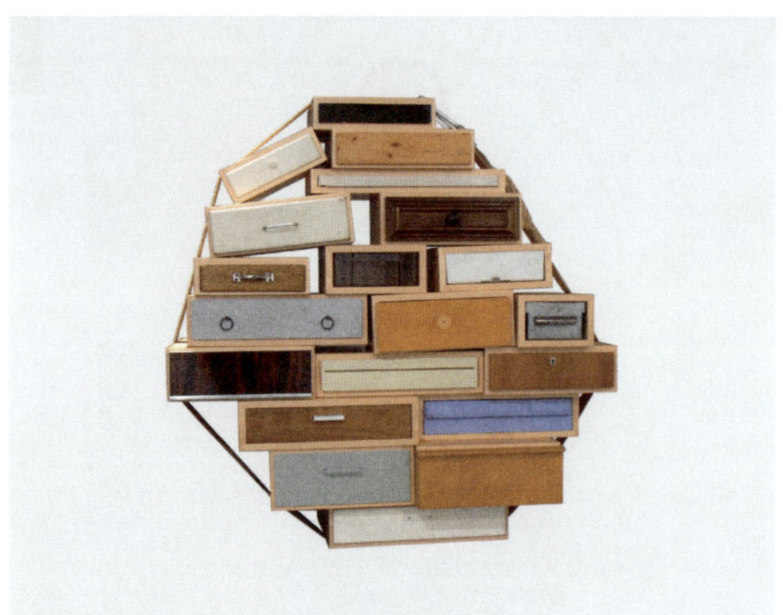

4

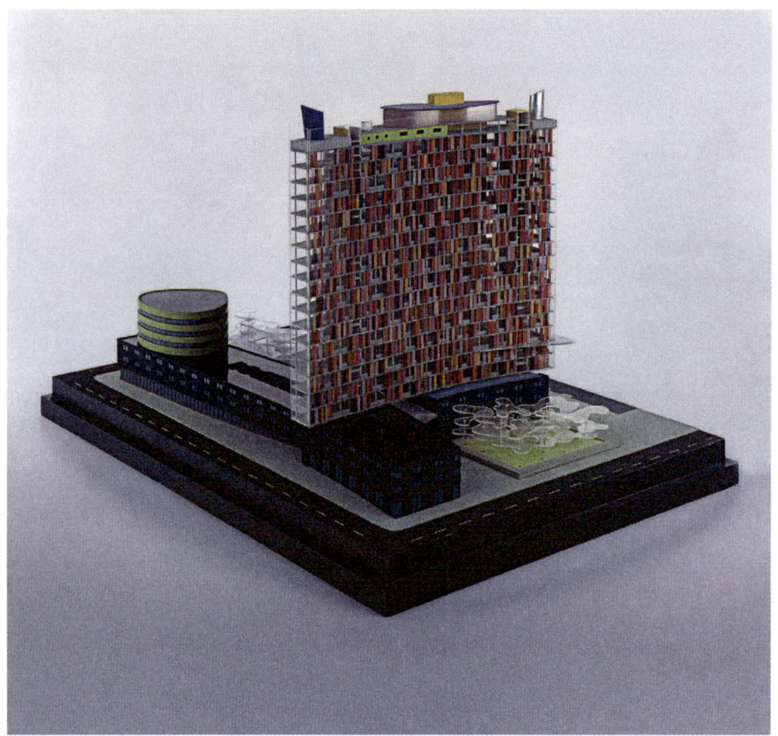

5

4 DROOG DESIGN
(TEJO REMY)
Kommode / *Chest of
drawers* dd 22 ("You can't
lay down your memories"),
1991; Holz, z. T. lackiert,
beschichtet / *Wood, partly
varnished, laminated*; Die
Neue Sammlung – The Design
Museum; Schenkung der /
Acquired as a gift from
Ahrend GmbH & Co. KG,
München

5 SAUERBRUCH HUTTON
ARCHITEKTEN
GSW Hauptverwaltung,
Berlin / *GSW Head Office,
Berlin*, 1990–1999; Polystyrol,
farbig lackiert, Plexiglas /
Polystyrene, colored varnish,
Plexiglas; Modell / *Model*;
Architekturmuseum der
TU München

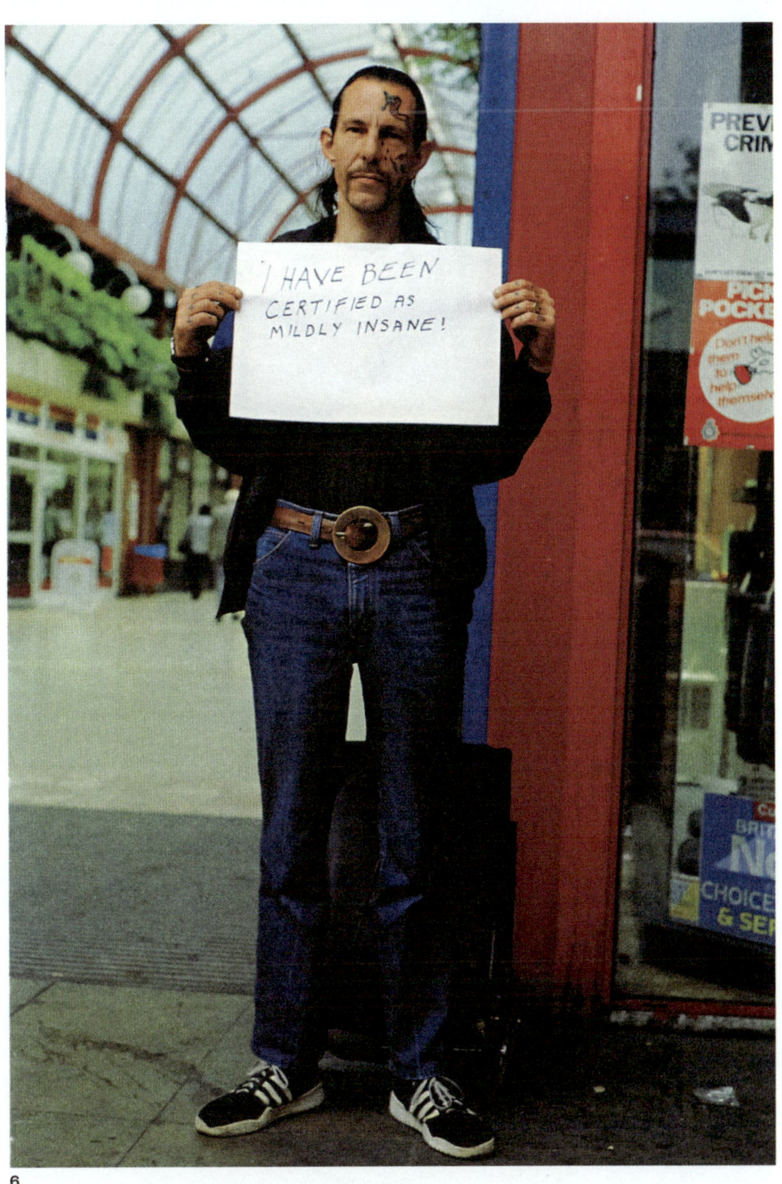

6

6 GILLIAN WEARING
I HAVE BEEN CERTIFIED
AS MILDLY INSANE!, aus
der Serie / *from the series*
Signs that say what you want
them to say and not Signs
that say what someone else
wants you to say, 1992–1993;
C-Print auf Aluminium /
*C-type print mounted on
aluminum*; Bayerische
Staatsgemäldesammlungen,
Sammlung Moderne Kunst /
Modern Art Collection

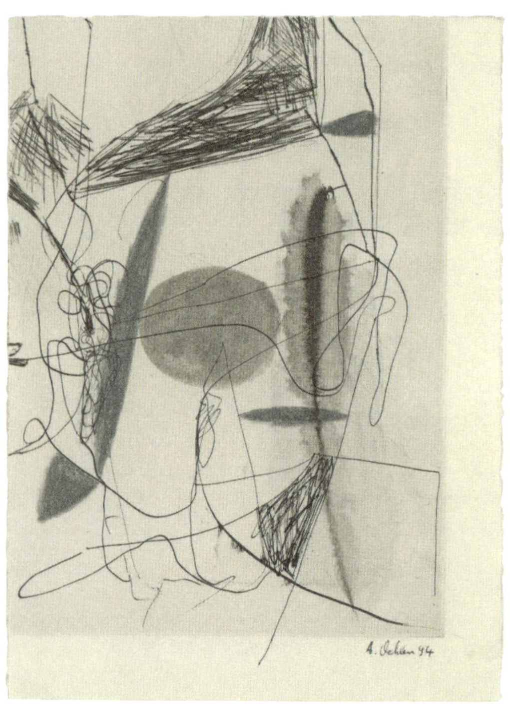

7

Funktion hat keine Form mehr. Design ist gegenstandslos und lebt im Kopf. / *Function no longer has a form. Design is divorced from the object and lives in our heads.*

KUNSTFLUG, 1995

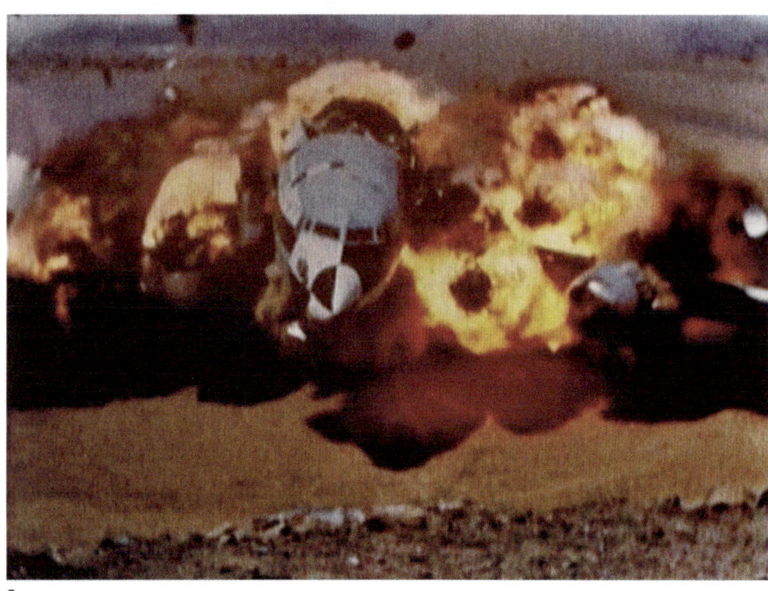

8

7 ALBERT OEHLEN
Die Sphinx / *The Sphinx*,
1994; Tusche, Gouache
und Graphitstift über
Radierung auf Papier / *India
ink, gouache and graphite
pencil on etching on paper*;
38,8 x 28,2 cm; Staatliche
Graphische Sammlung
München

8 JOHAN GRIMONPREZ
Dial H-I-S-T-O-R-Y,
1997; Video auf DVD,
68 min.; Bayerische
Staatsgemäldesammlungen,
Sammlung Moderne Kunst /
Modern Art Collection; 2001
erworben von / *Acquired
2001 by* PIN. Freunde der
Pinakothek der Moderne

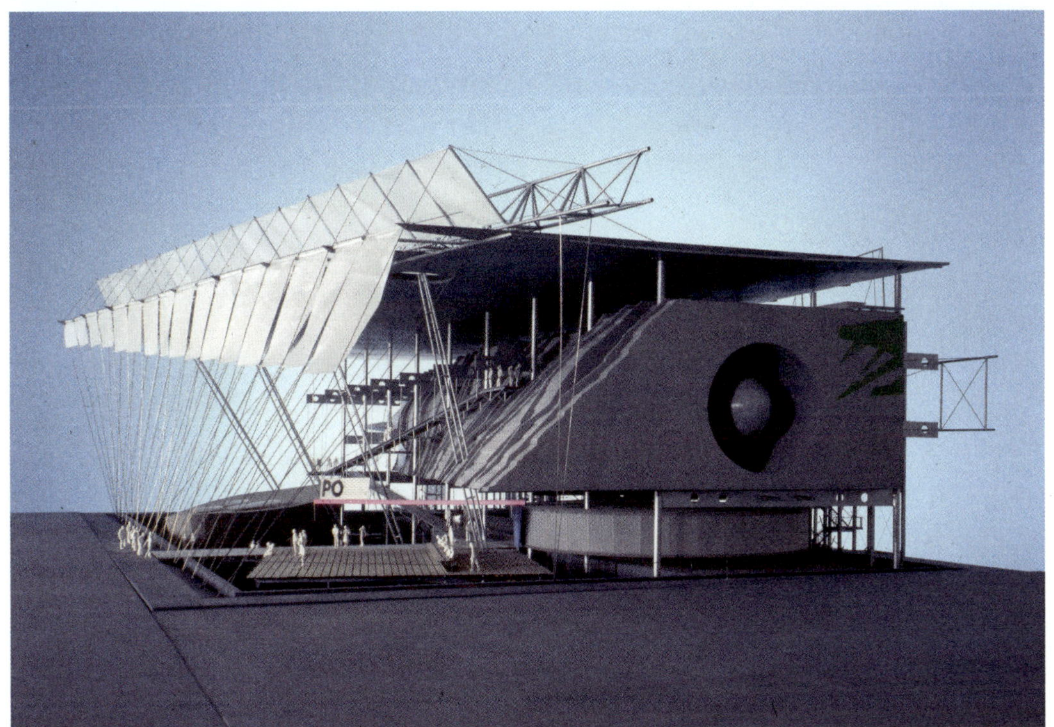

9

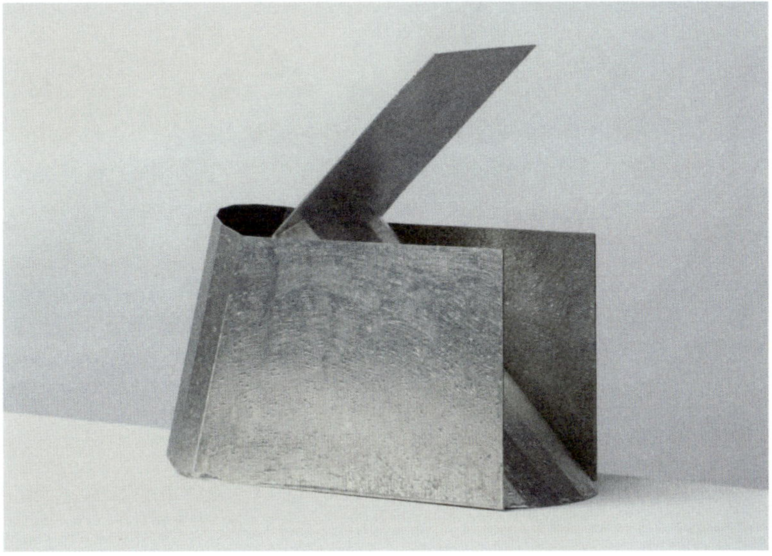

10

9 FRITZ AUER
Pavillon der BRD für die
Weltausstellung EXPO 92,
Sevilla / *German Pavilion
for EXPO 92, Seville*, 1990;
Fotografie / *Photograph*;
Architekturmuseum der
TU München

10 MICHAEL ROWE
Objekt / *Object* Conditions
for Ornament 13, 1992; Metall,
verzinnt / *Metal, tin-plated*;
Michael Rowe, London;
Dauerleihgabe von / *On
permanent loan from* PIN.
Freunde der Pinakothek
der Moderne; Die Neue
Sammlung – The Design
Museum

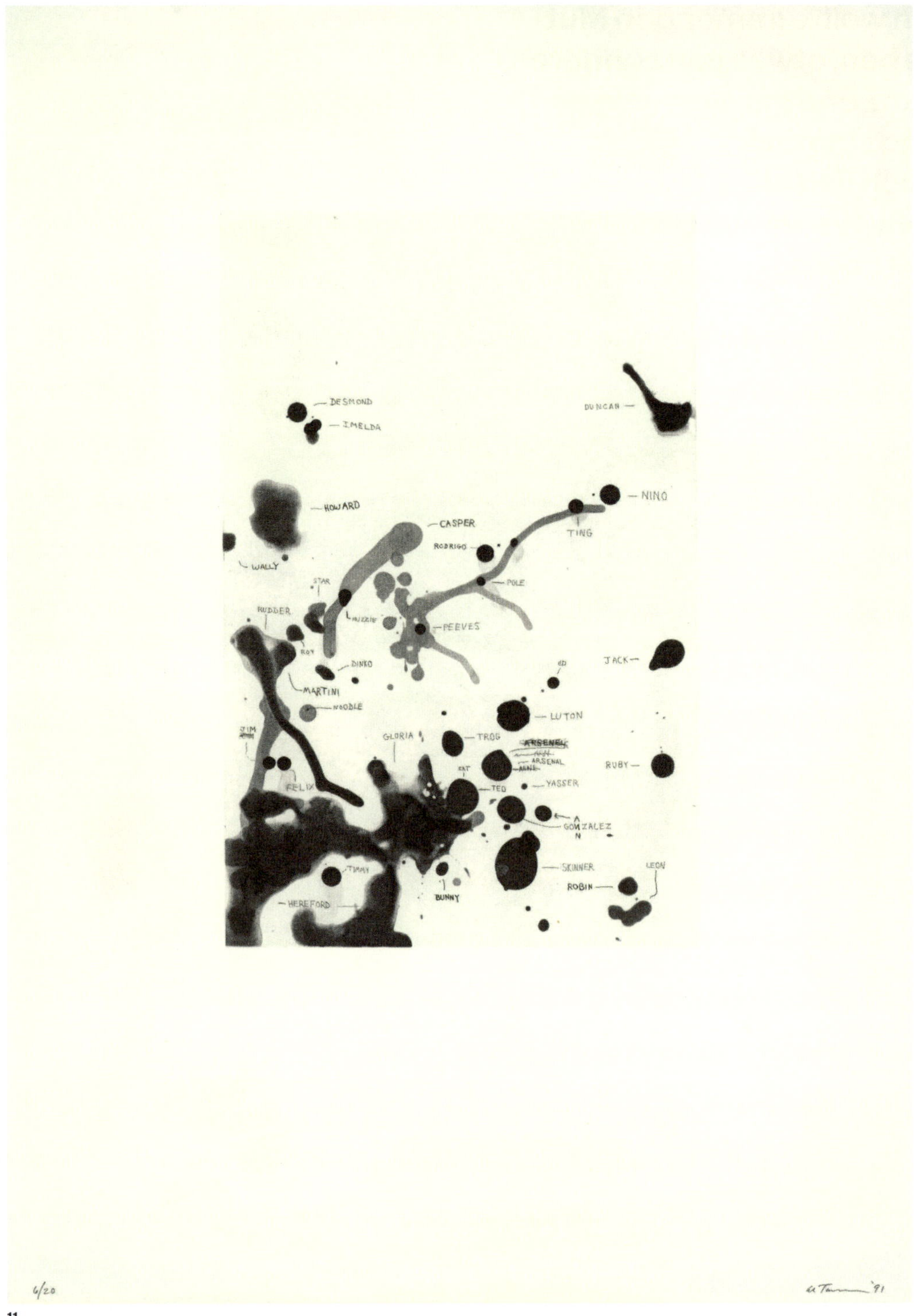

6/20   a Taylor '91

11

11 AL TAYLOR
Pet Stains (Desmond,
Imelda, etc.), 1991; Spit-Bite-
Aquatinta, Strichätzung
und Kaltnadel / *Spit bite
aquatint, line etching and
drypoint on paper*; Blatt /
Sheet: 78,1 x 53,5 cm, Platte /
Plate: 43 x 27,9 cm; Staat-
liche Graphische Sammlung
München

Ich wollte immer den Mut haben, etwas ganz anderes, ganz und gar Verrücktes und Unmögliches oder auch Falsches zu tun. / *I always wanted to have the courage to do totally crazy, impossible, and also wrong things.*

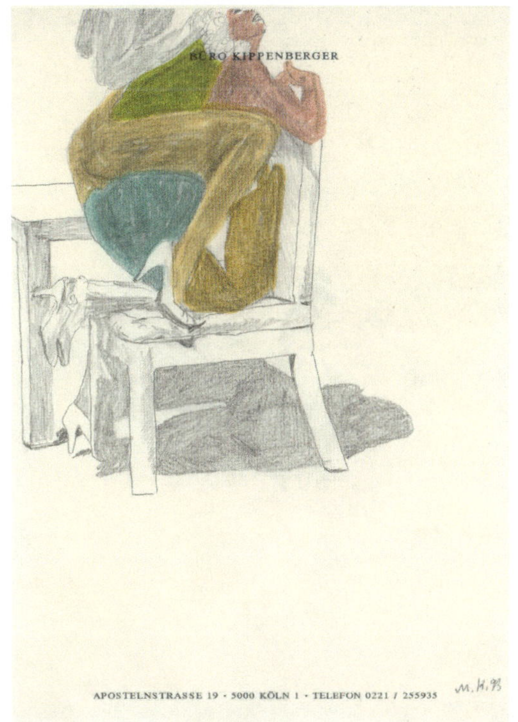

12

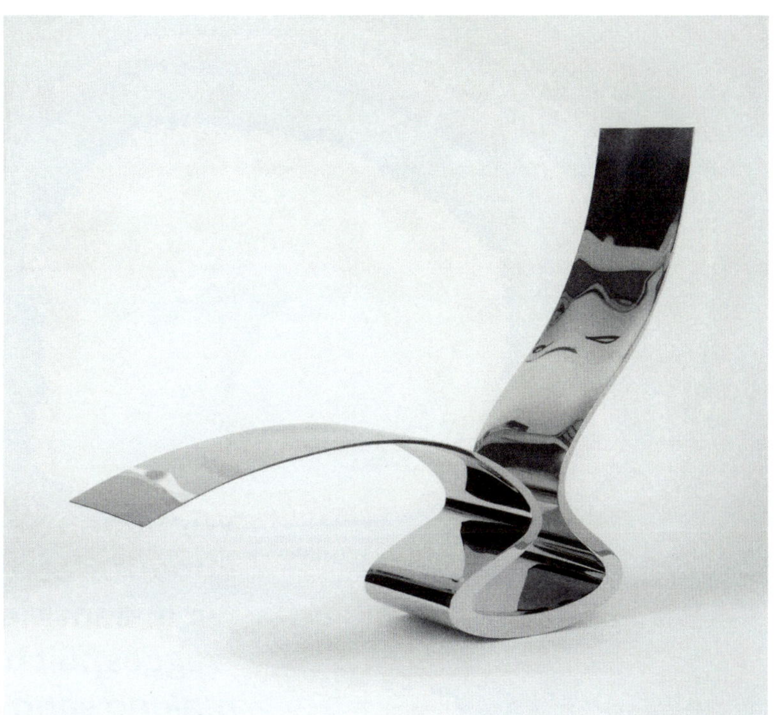

13

12 MARTIN KIPPENBERGER
Ohne Titel / *Untitled*, 1993;
Bleistift und Farbstift auf
Papier / *Pencil and crayon
on paper*; 29,7 x 21 cm;
Staatliche Graphische
Sammlung München

13 RON ARAD
Schaukelobjekt / *Rocker
Before Summer*, 1992;
Edition 5/5; Metall, poliert /
Metal, polished; Ron Arad
Associated, London; Die
Neue Sammlung – The Design
Museum

171

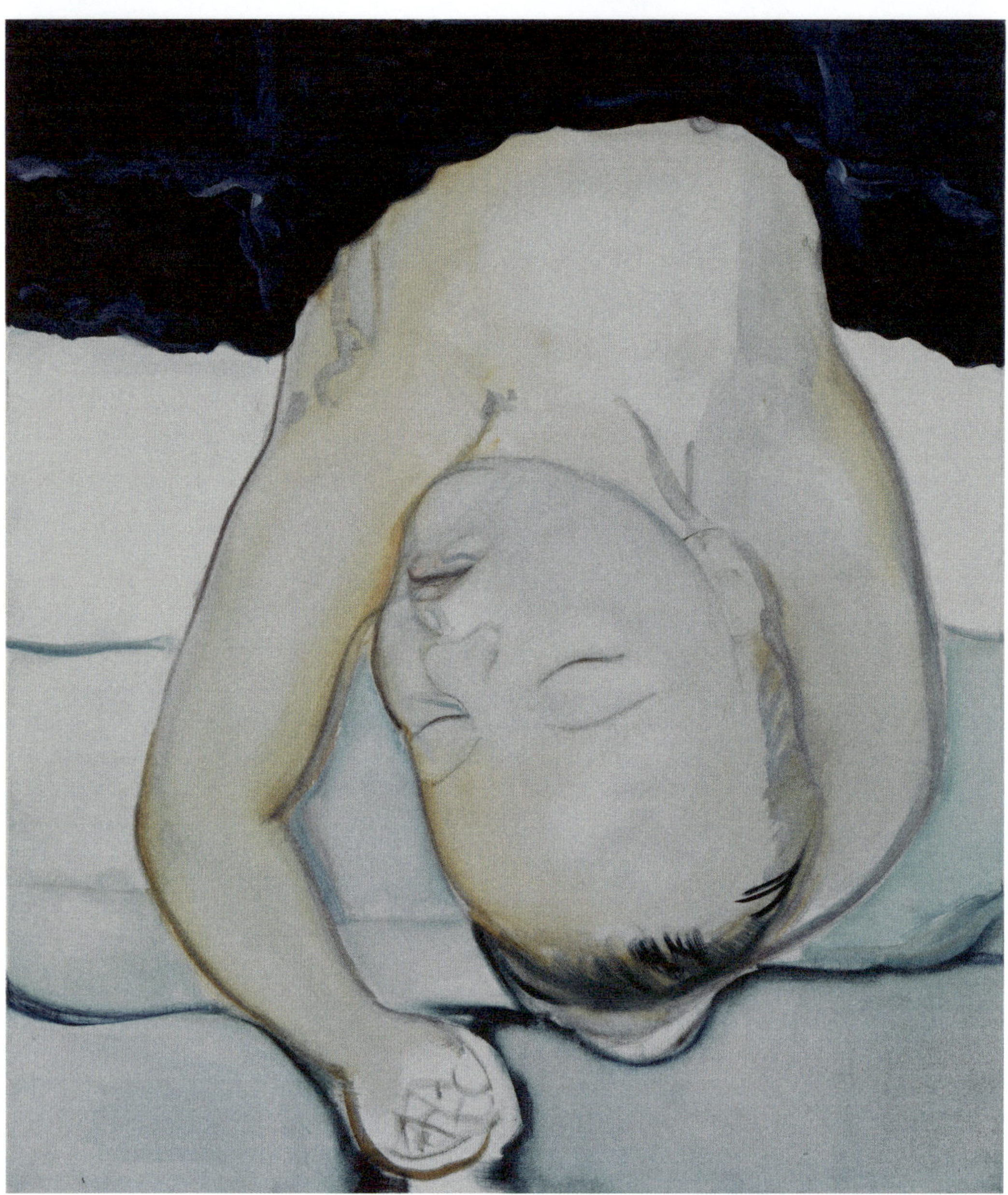

14

14 MARLENE DUMAS
Cupid, 1994; Malerei auf
Leinwand / *Painting on
canvas*; Michael & Eleonore
Stoffel Stiftung in /
*Michael & Eleonore Stoffel
Foundation in* Bayerische
Staatsgemäldesammlungen,
Sammlung Moderne Kunst /
Modern Art Collection; 2008
erworben / *Acquired 2008*

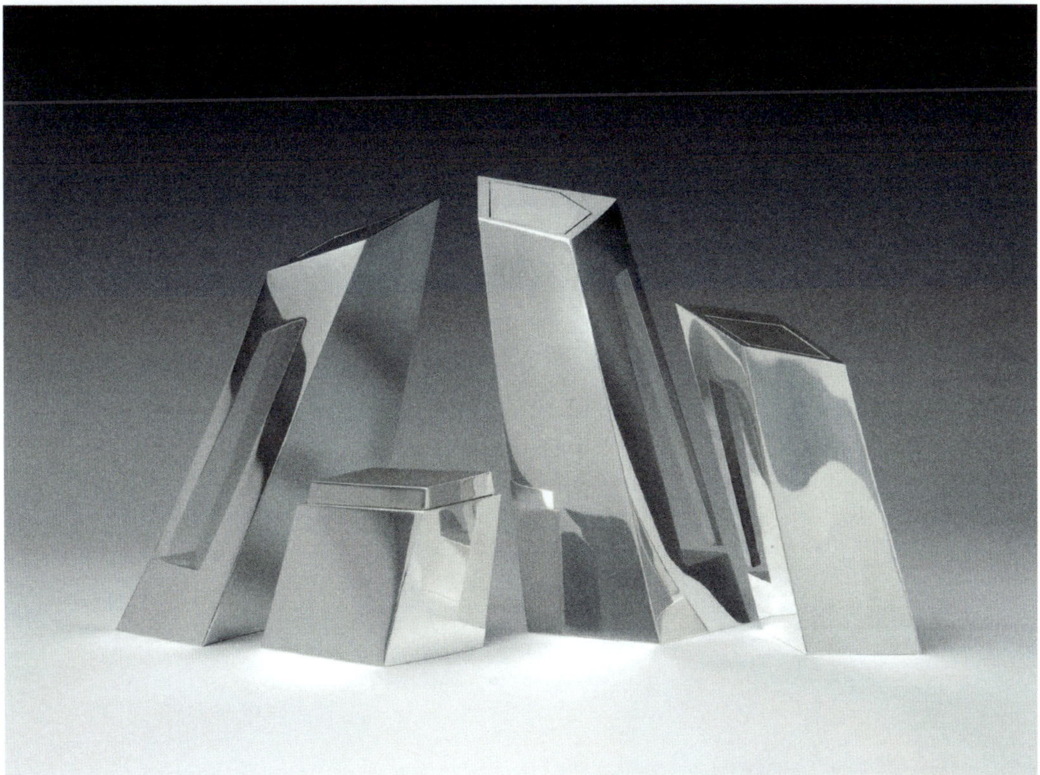

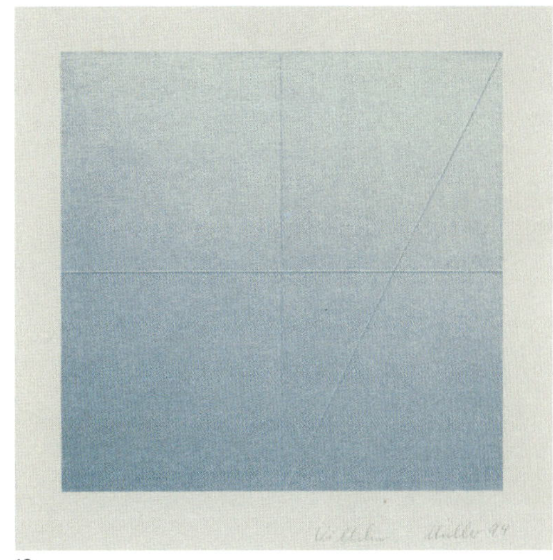

15 ZAHA HADID
Tee- und Kaffee-Service /
Tea and coffee service,
1996–97, Ausführung /
produced in 2002; Silber /
Silver; Sawaya & Moroni,
Mailand / *Milan*; Die Neue
Sammlung – The Design
Museum

16 WILHELM MÜLLER
Druck nach der Bildtafel
12.5.1994 / *Print after
Color Plate, May 12, 1994*
(68 x 68 cm), 1994; Off-
setdruck mit Prägung /
*Offset print on embossed
paper*; Blatt / *Sheet*:
21,3 x 20,9 cm, Darstellung /
Image: 17 x 17 cm; Staatliche
Graphische Sammlung
München

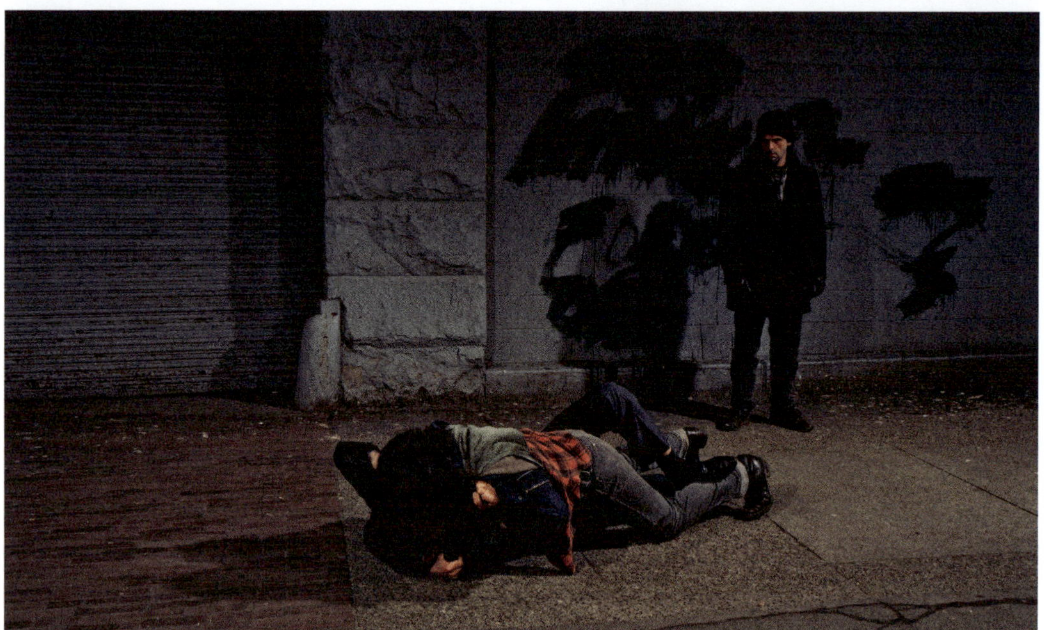

17

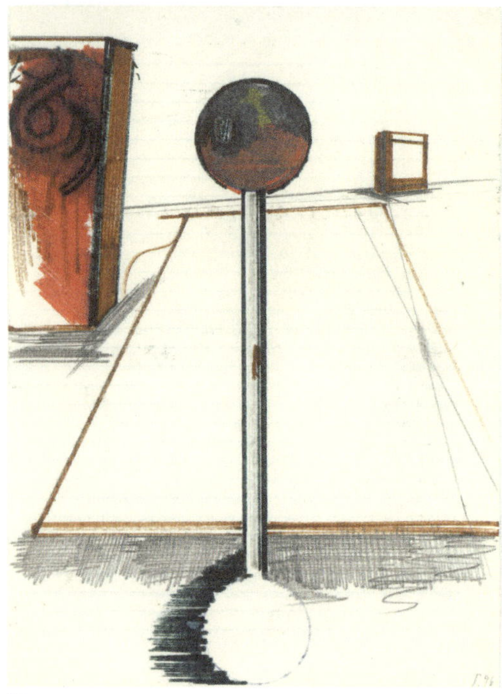

18

17 JEFF WALL
Fight on the Sidewalk,
1994; Großbilddia in
Leuchtkasten / *Transparency
in a lightbox*; Bayerische
Staatsgemäldesammlungen,
Sammlung Moderne Kunst /
Modern Art Collection; 1994
erworben / *Acquired 1994*

18 THOMAS SCHEIBITZ
Ohne Titel / *Untitled*, 1996;
Graphitstift und Filzstift
auf Papier / *Graphite pencil
and felt-tip pen on paper*;
29,2 x 20,8 cm; Staatliche
Graphische Sammlung
München; Dauerleihgabe
von / *On permanent loan
from* PIN. Freunde der
Pinakothek der Moderne

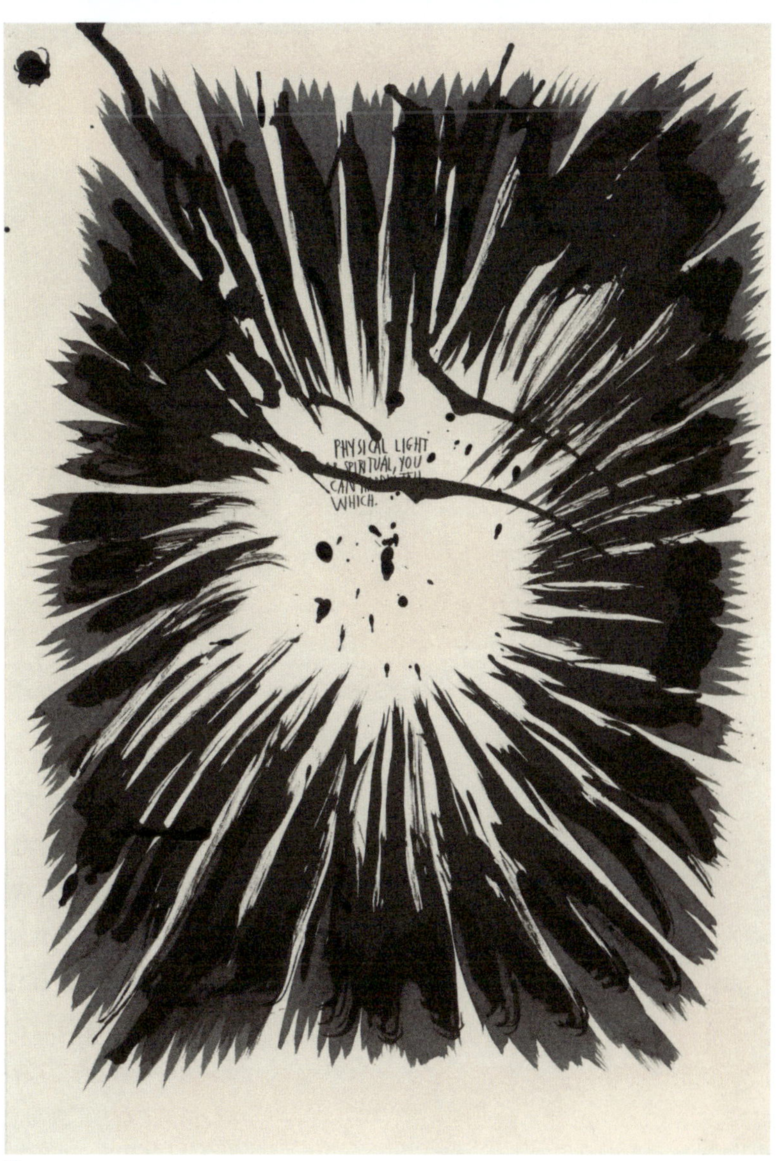

19

19 RAYMOND PETTIBON
Physical Light or, 1997;
Tusche auf Papier / *India ink
on paper*; 56,5 x 38,3 cm;
Staatliche Graphische
Sammlung München

175

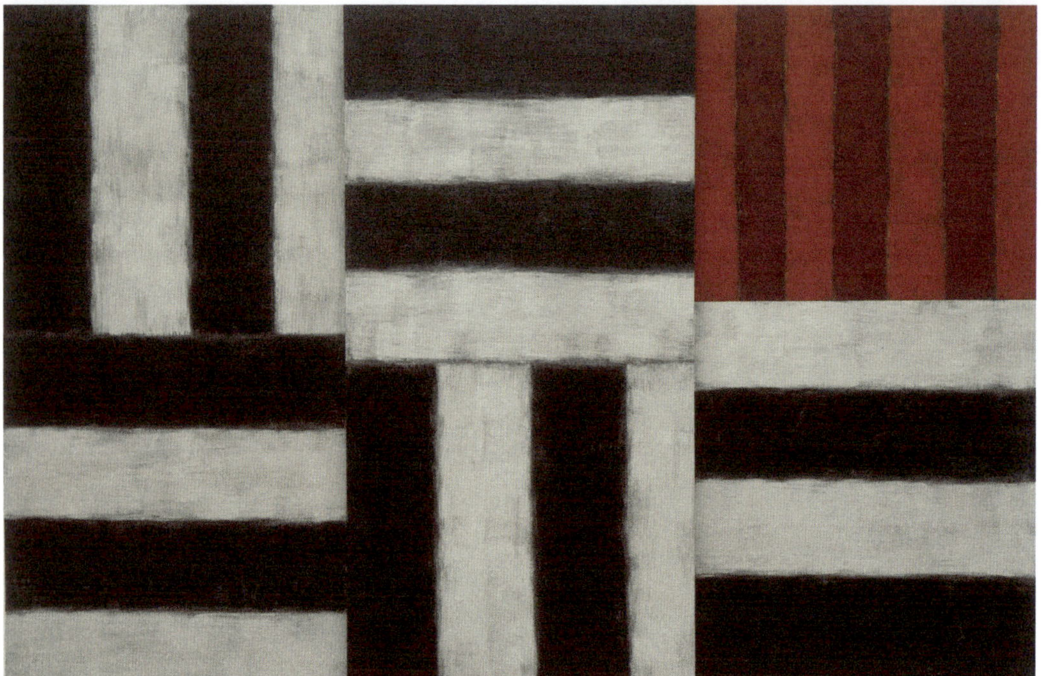

20

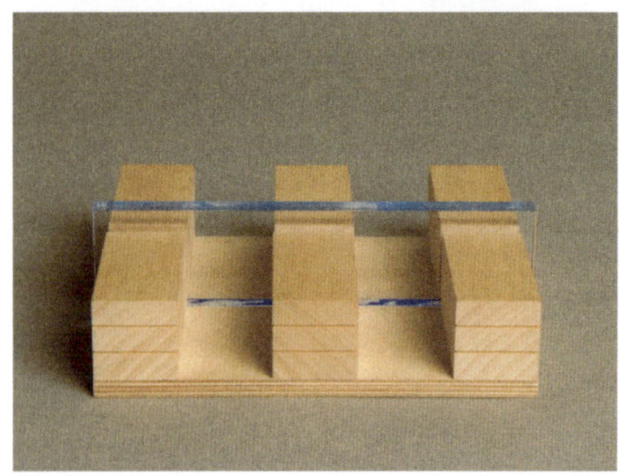

21

Kalter Rückzug zeugt von der Willenskraft des Künstlers, von seiner Weigerung, sich zum Opfer der Natur oder zum Diener mächtiger Interessen der Gesellschaft zu machen. / *Cold withdrawal testifies to the artist's will, his refusal to be either a victim of nature or a servant of others in society.*

20 SEAN SCULLY
Stone Light, 1992; Öl auf Leinwand / *Oil on canvas*; Bayerische Staatsgemäldesammlungen, Sammlung Moderne Kunst / *Modern Art Collection*; 1994 erworben / *Acquired 1994*

21 DIETER SCHAICH
Verwaltungsgebäude der Universität Ulm / *Administration building, Ulm University*, 1999; Modell / *Model* 1500; Holz, Glas / *Wood, glass*; Architekturmuseum der TU München

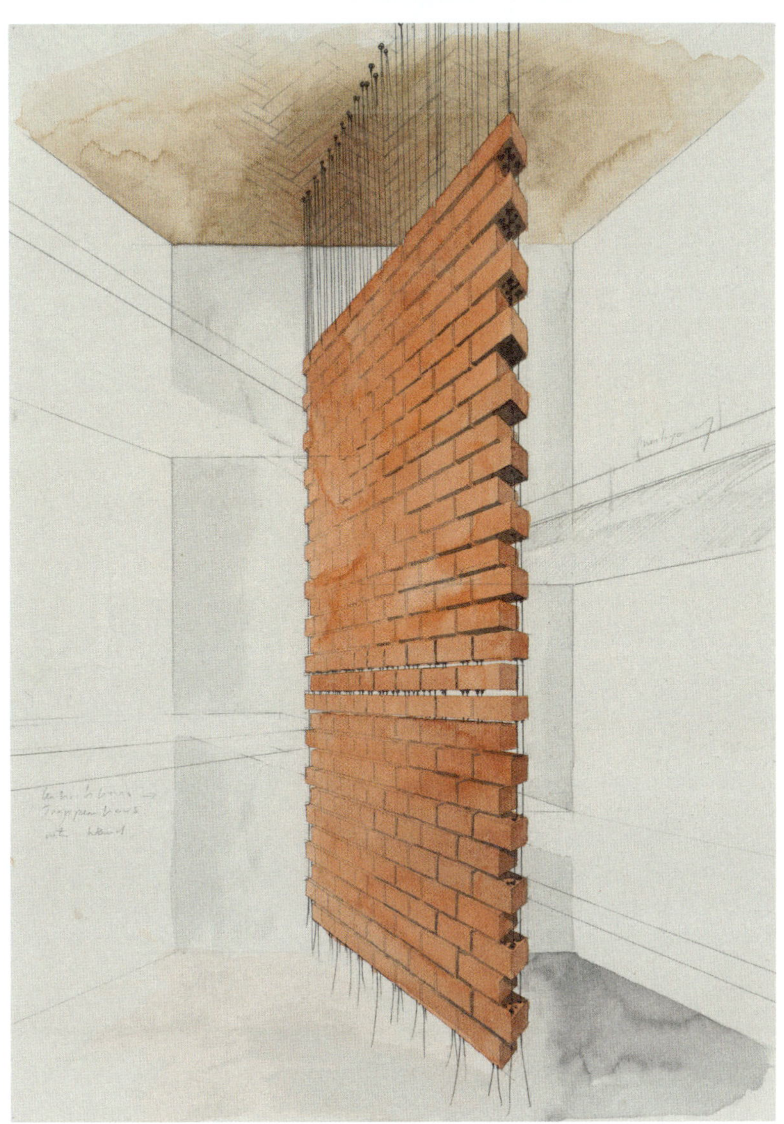

22

22 STEPHAN HUBER
Rote Wand / *Red Wall*, 1994;
Graphitstift, Aquarell und
Tusche auf Papier / *Graphite
pencil, watercolor and India
ink on paper*; 59,2 x 41,7 cm;
Entwurf für das Treppenhaus
im Lenbachhaus, München /
*Design for the stairwell in
the Lenbachhaus, Munich*;
Staatliche Graphische
Sammlung München

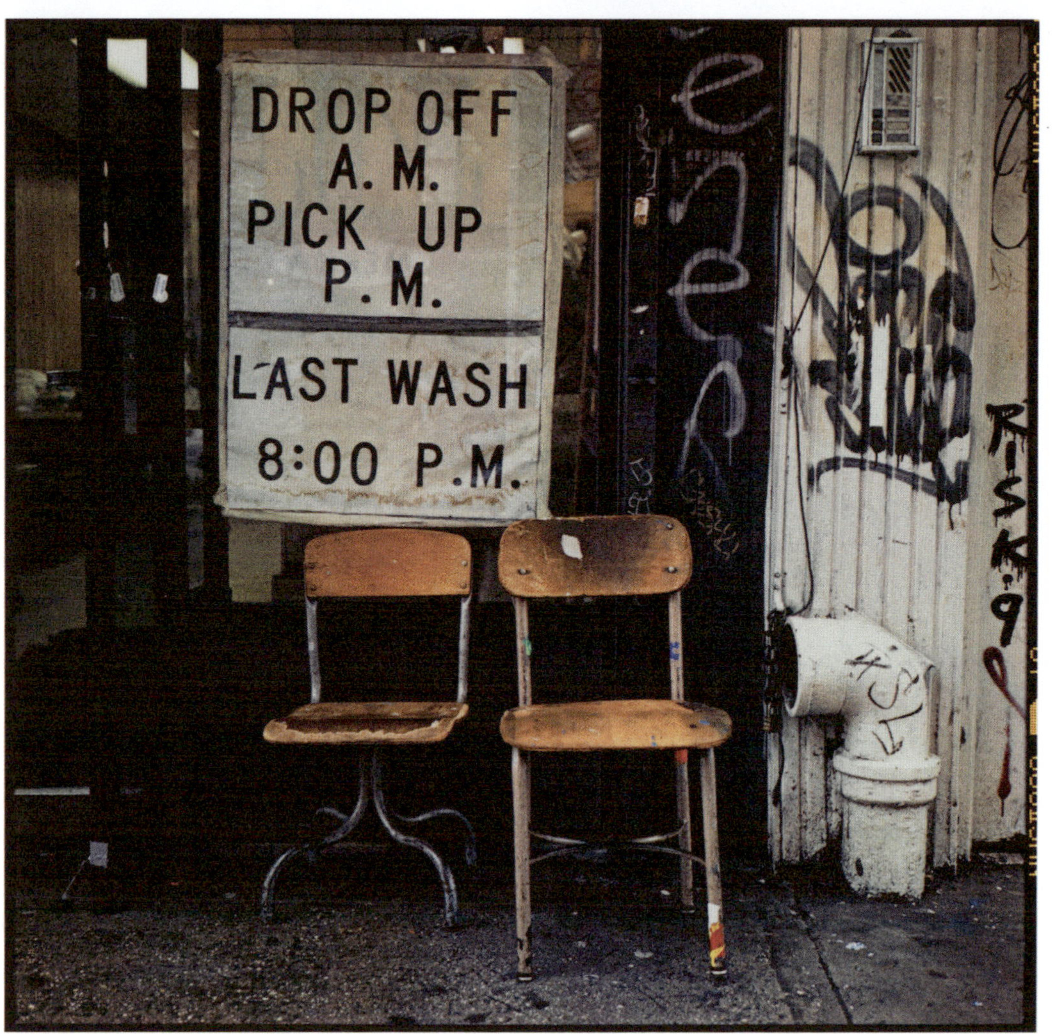

23

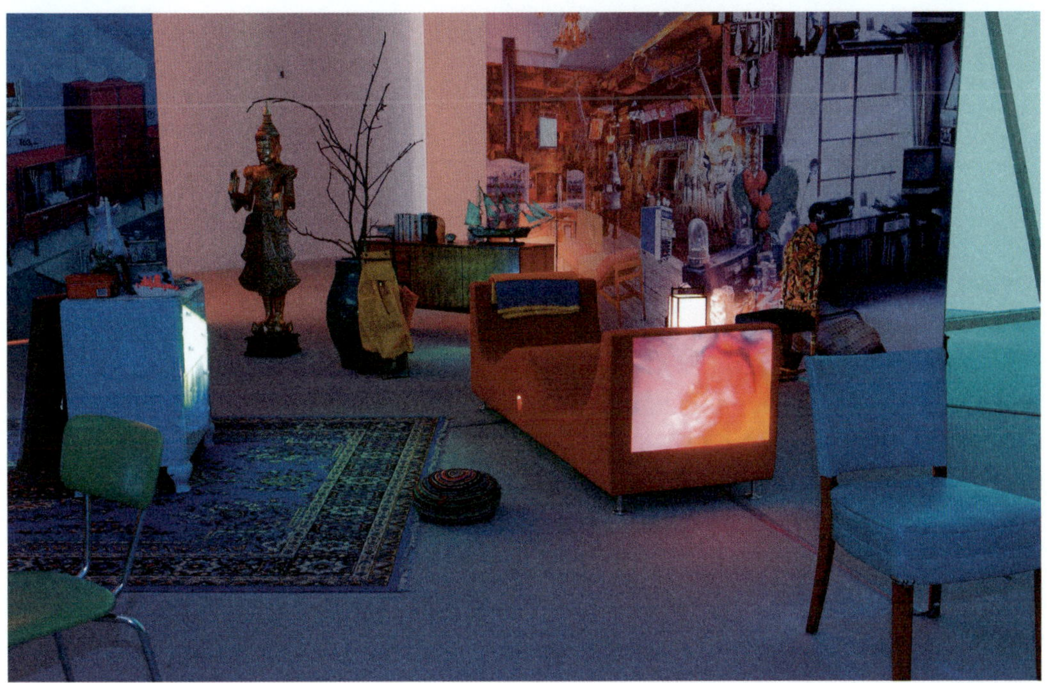

24

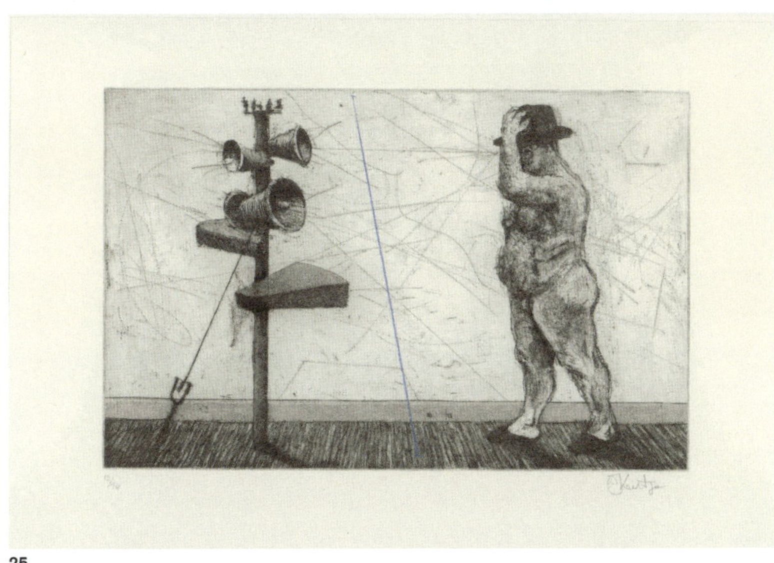

25

179

2000 – 2017

Unsicherheit, Unsichtbarkeit und Entörtlichung: Die 2000er Jahre / *Insecurity, Invisibility and Dislocation: the Noughties*

Friedrich von Borries

Was werden die Archäologen der Zukunft vom Beginn unseres Jahrhunderts erfahren, wenn sie die Gebrauchsgegenstände, Architekturen und Kunstwerke dieser Zeit entdecken? Werden sie zum Wesenskern unserer Zeit vorstoßen, oder bleibt er ihnen verborgen?

Ich frage mich das, weil ich glaube, dass das erste Jahrzehnt des 21. Jahrhunderts von der Trias Unsicherheit, Unsichtbarkeit und Entörtlichung geprägt war.

Doch gehen wir der Reihe nach vor, versuchen wir, uns an den Anfang unseres Jahrhunderts zurückzuversetzen. Der 1. Januar 2000 brachte für viele Menschen eine Erleichterung. Denn der Kühlschrank funktionierte noch, der Computer ging noch an. Y2K war nicht eingetreten. Die Angst vor Y2K – die Sorge, dass die grundlegenden, seit den 1970er Jahren entwickelten Programmcodes, Betriebssysteme und Datenbanken die Umstellung von 19XX auf 20XX nicht würden meistern können und deshalb wichtige Computersysteme abstürzen könnten – war unbegründet gewesen. In der Sorge um Y2K wird deutlich, welches Gefühl diese Zeit prägte: das Gefühl, dass hinter den Dingen etwas verborgen liegt, das wir nicht verstehen und beherrschen, obwohl es von uns Menschen geschaffen, gestaltet und verantwortet wird.

Große Angst machte dazu ein anderes, epochales Ereignis: der Anschlag auf die Türme des World Trade Center am 11. September 2001. Das infolge der Anschläge von 9/11 entstandene Gefühl der Bedrohung und Verunsicherung löste einen globalen Prozess aus, der Architektur und Stadtentwicklung bis heute prägt: die Einführung von vielschichtigen Sicherheits- und Überwachungsmaßnahmen. Während seitdem die erhöhten Sicherheitsanforderungen die Form von Gebäuden und die Anlage von Plätzen bestimmen, legitimiert die Angst vor Terror nunmehr den Einsatz von Überwachungstechnologien, die verhindern sollen, dass irgendetwas im Unsichtbaren bleiben kann.

Der Drang nach Sichtbarmachung führte nicht nur zu einem verstärkten Einsatz von lokaler Videoüberwachung, sondern auch zum Aufstieg einer anderen Technologie: der Drohne.

What will the archaeologists of the future find out about the beginning of our century when discovering objects of everyday use, architectures and artworks from this period? Will they be able to put their finger on the core of our day or will that remain concealed?

I am wondering about this because I believe that the first decade of the 21st century was defined by the triad of insecurity, invisibility and dislocation.

However, let's start at the beginning, let's attempt to transpose ourselves back to the beginning of the century. On January 1, 2000 many people first felt relieved. As their fridges still worked and their computers still turned on. Y2K had not happened. The fear of Y2K – the concern that the programming codes, operating systems and databases developed since the 1970s would not manage to master the switch over from 19XX to 20XX and that this would lead to important computer systems going down proved unfounded. The fears surrounding Y2K show what feeling defines this period, namely the feeling that something lies hidden behind things, something we neither understand nor master although it is created and designed by us, although we are responsible for it.

Another epoch-making event also created fear: the attack on the twin towers of the World Trade Center on September 11, 2001. The feeling of threat and uncertainty kindled by 9/11 triggered a global process that continues to shape architecture and urban planning to this day: the introduction of many levels of security and surveillance systems. Since that time the increased security requirements have determined the shape of buildings and the configuration of public space and the fear of terrorist attacks now legitimated the use of surveillance technologies intended to prevent anything remaining invisible.

The compulsion to render things visible has not only led to the greater deployment of local CCTV systems but also to the emergence of another technology: the drone. Superficially, the drone seems to be an instrument for rendering things visible. From a great height it can make images of what is happening on the ground. These images

Vordergründig scheint die Drohne ein Instrument der Sichtbarmachung zu sein. Aus großer Höhe kann sie Bilder von Geschehen am Boden liefern. Diese Bilder dienen unter anderem der Zielbestimmung im Rahmen militärischer Raketenangriffe. Dabei steht der Sichtbarmachung eine neue Unsichtbarkeit gegenüber. Denn weder sieht der Angegriffene die Drohne, die ihn beobachtet und der Rakete das Ziel vorgibt, noch sieht der Angreifer das vollständige Ergebnis seines Angriffs. Er sitzt an einem Steuerungselement, das mehr einer Computerspielekonsole als einer tödlichen Waffe ähnelt, irgendwo in der US-amerikanischen Provinz, während die Rakete, deren Start er ausgelöst hat, in Somalia, im Jemen, in Afghanistan, in Pakistan oder an einem anderen entlegenen Ort einschlägt. So werden Handlung und Auswirkung entkoppelt, die Unsichtbarkeit geht mit Entörtlichung einher. Die Drohne sprengt die bisherige Trennung von virtuellem und physischem Raum, beide gehen ineinander über, ein Phänomen, das sich in den 2000er Jahren an vielen Stellen beobachten lässt. Ein Meilenstein dieser Entwicklung war das Videospiel SECOND LIFE, das seit 2003 am Markt ist. Es versprach eine virtuelle Parallelwelt, in der jeder eine andere Identität erproben konnte – in der man aber, ganz real, auch Geld verdienen oder ausgeben sollte. Im Game Design entstand ein neues Genre, das „Serious Game", in dem die Benutzer „ernsthafte" Tätigkeiten, als Spiel getarnt, durchführen. So wird Lernen, Informationsvermittlung oder auch Konsum zu einem Spiel. Das wohl ernsthafteste Spiel dieser Zeit hieß AMERICA'S ARMY und stammte aus dem Jahr 2002. Das Spiel, eine Mischung aus Shooter, Strategiespiel und MMOG, diente der amerikanischen Armee als Marketinginstrument; so wurden zum Beispiel Videos von realen Kriegseinsätzen gezeigt. Es wurde aber auch als Recruiting-Instrument genutzt, besonders erfolgreiche Spieler wurden direkt angeworben. Eine andere Nutzung des virtuellen Raums für ernsthafte Inhalte stellen die ebenfalls in den 2000er Jahren aufgekommenen „Social Media" dar, am nachhaltigsten repräsentiert durch die 2004 gelaunchte Website von Facebook.

serve among other things to pinpoint the targets for missile strikes. This focus on visualization goes hand in hand with a new invisibility. For neither does the person attacked see the drone that watches him and tells the missile where the target is, nor does the attacker see the complete results of his attack. Rather, he sits at a control panel that resembles more a gaming console than a deadly weapon, somewhere in the backwaters of the USA, while the missile he launches hits a target in Somalia, in Yemen, in Afghanistan, in Pakistan or some other remote location. Thus, the link between cause and effect gets severed, invisibility is linked to dislocation.

The drone dissolves the prior separation of virtual and physical space, both merge, a phenomenon to be observed at many points in the Noughties. One milestone of this development was the video game SECOND LIFE, which came on the market in 2003. It held the promise of a virtual parallel world in which anyone could try out a new identity, in which you could also earn or spend quite real money. A new genre emerged in game design, namely the "serious game", in which the users perform "serious" activities, disguised as games. In this way, learning, conveying information or consumption become a game. Possibly the most serious game of that period was called AMERICA'S ARMY and came out in 2002. The game was a mixture of shooter, strategy game and MMOG, and served the US Army as a marketing instrument; for example, videos of real-life war action were shown. And it was also used as a recruiting tool, with especially successful players contacted direct. Another use of virtual space for serious content was the social media, which likewise evolved in the Noughties, most emphatically represented by the Facebook Website, which launched in 2004. Facebook enables users to represent themselves and communicate. In this way a new form of visibility has arisen that dislocated social relationships.

One of the physical objects that has been crucial in driving this interfacing of virtual and physical space is the Smartphone. The first Smartphone, the iPhone, came on the market in 2007 and is considered one of the most iconic everyday

Facebook ermöglicht den Benutzern Selbstdarstellung und Kommunikation. Damit entstand eine neue Art von Sichtbarkeit, die die sozialen Beziehungen entörtlichte.

Eines der physischen Objekte, die die Überlagerung von virtuellem und physischem Raum wesentlich vorangetrieben haben, war das Smartphone. Das erste Smartphone, das iPhone, kam 2007 auf den Markt und zählt zu den ikonischsten Gebrauchsgegenständen des ersten Jahrzehnts des 21. Jahrhunderts. Es scheint auf den ersten Blick nichts mit Unsichtbarkeit, Unsicherheit oder Entörtlichung zu tun zu haben. Denn ins Auge sticht zuerst die minimalistische Gestaltung des Objekts iPhone. Dabei ist die wahre Designleistung des iPhone unsichtbar. Sie besteht aus zwei Komponenten. Eine ist das ökonomische Netzwerk, das zum iPhone gehört. Zu ihm zählen der Kosmos der Apple Stores, die vielzähligen Apps und nicht zuletzt iTunes und iStore. Die zweite Designleistung ist die Camouflage. Hinter der glatten Oberfläche, der Glasscheibe mit Touchscreen und der elegant gebürsteten Aluminiumoberfläche des iPhone versteckt sich eine effiziente Überwachungstechnologie. Das Smartphone verknüpft den Aufenthaltsort und die am Smartphone durchgeführten Handlungen (Online-Recherchen, Social-Media-Aktivitäten, Kaufentscheidungen) zu einem Nutzerprofil. Dieser Form von Überwachung unterwerfen sich die Benutzer freiwillig: weil die durch Überwachung ermöglichten Dienstleistungen das alltägliche Leben so bequem, so praktisch, so angenehm machen. Eine der gravierendsten gesellschaftlichen Folgen des Smartphones ist die Durchsetzung eines neuen sozialen Standards, der unser Leben verändert hat: Wir müssen immer und überall erreichbar sein.

Zugleich hat das iPhone als Teil der Apple-Konsumwelt Kritik und Protest provoziert: gegen Konsumkultur, gegen Ressourcenverschwendung, gegen soziale Ungerechtigkeit. In engem Zusammenhang damit steht ein Begriff, der seit Anfang dieses Jahrhunderts die Debatten bestimmte: Das von dem Meteorologen Paul J. Crutzen 2000 ausgerufene Anthropozän. Ein wesentliches Merkmal dieses neuen, von

objects of the first decade of the 21st century. At first sight it does not seem to have anything to do with invisibility, insecurity, or dislocation. Because what first catches the eye is the minimalist design of the object, the iPhone. The iPhone's real design achievement is hidden. It consists of two components. The first is the economic network to which the iPhone belongs. This includes the cosmos of Apple Stores, innumerable Apps and not least iTunes and iStore. The second design achievement is the camouflage. Behind the smooth surface, the pane of glass with the Touchscreen and the elegantly brushed aluminum surface of the iPhone an efficient surveillance technology lies hidden. The Smartphone links the place where you are with the action performed using the Smartphone (online searches, social media activities, purchase decisions) to create a user profile. This form of surveillance is something to which users voluntarily subject themselves because the services made possible by the surveillance make everyday life so simple, practical and pleasant. One of the most severe social consequences of the Smartphone is the emergence of a new social standard that has changed our lives: We have to be accessible everywhere, at all times.

At the same time, the iPhone as part of the Apple consumer world prompted critique and protest: against the consumer culture, against the waste of resources, against social injustice. Closely related to this is a concept that has defined debates since the turn of the millennium: that of the Anthropocene, proposed by meteorologist Paul J. Crutzen in 2000. A key characteristic of this new age in the history of the Earth, a history defined by human actions, is climate change. It is likewise invisible, dislocated, and triggers uncertainty, and here again the linkage of cause and effect is severed.

One response by the design disciplines to the fundamental uncertainty of today is to produce new design strategies. Art, architecture and design have since the turn of the millennium been dominated by strategies of invisibility. The insight that human action and design contribute decisively to changing and in the long run

menschlichem Handeln bestimmten erdgeschichtlichen Zeitalters ist der Klimawandel. Er ist ebenfalls unsichtbar, entörtlicht und löst Unsicherheit aus, und auch hier sind Handlung und Auswirkung räumlich entkoppelt.

Eine Reaktion der gestalterischen Disziplinen auf die fundamentale Verunsicherung unserer Zeit sind neue Designstrategien. Kunst, Architektur und Design sind ab der Jahrtausendwende von Strategien der Unsichtbarkeit dominiert. Durch die Erkenntnis, dass menschliches Handeln und Gestalten wesentlich zur Veränderung und möglicherweise auf lange Sicht zur Vernichtung des Planeten beiträgt, rückte die Gestaltung von Prozessen ins Blickfeld. Schlagwörter hierfür wären: Social Responsible Art, Social Design, aber auch Design Thinking, Recycling, Kreislaufwirtschaft und Ökoeffektivität („Cradle-to-Cradle"). Alle Ansätze, auf so unterschiedliche Problemstellungen sie mit so unterschiedlichen Methoden auch zielen, eint, dass bei ihnen kein Objekt im Mittelpunkt steht, kein Gegenstand oder Gebäude, sondern die Prozesse, mit und in denen sie entstehen, genutzt werden und sich wandeln.

Vielleicht ist das hervorstechendste Merkmale dieser Zeit, dass die Menschen trotz realer und eingebildeter Bedrohungen nicht den Glauben daran verloren haben, dass eine positive Zukunft gestaltet werden kann. Zugleich haben sie, allen wissenschaftlichen Erkenntnissen und kritischen kulturellen Reflexionen zum Trotz, ihr Verhalten nicht grundlegend geändert. Es ist, als warteten sie auf noch unbenannte Helden des Anthropozäns, die die eingeleitete ökologische Katastrophe abwenden werden. Oder, wie Britney Spears schon im Jahr 2000 vorausschauend sang:

You see my problem is this
I'm dreaming away
Wishing that heroes, they truly exist
I cry, watching the days
Can't you see I'm a fool in so many ways
But to lose all my senses
That is just so typically me
Baby, oh
Oops! I did it again.

possibly to the destruction of our planet led to the focus falling on designing processes. Keywords here were: socially responsible art, social design, not to mention design thinking, recycling, the circular economy and eco-effectivity ("cradle-to-cradle"). All these different attempts to tackle different problems with completely different methods share one thing: they do not concentrate on an object or a building, but on processes with which and through which they arise, are used, and change.

Perhaps the striking characteristic of this age is that people for all the real or imagined threats have not lost faith in the fact that they can create a positive future. At the same time, defying all scientific evidence and critical cultural reflection not fundamentally changed how they behave. It is as if they were still waiting for the not yet known heroes of the Anthropocene who will avert the ecological catastrophe we have all unleashed. Or, as Britney Spears prophetically sang back in 2000:

You see my problem is this
I'm dreaming away
Wishing that heroes, they truly exist
I cry, watching the days
Can't you see I'm a fool in so many ways
But to lose all my senses
That is just so typically me
Baby, oh
Oops! I did it again.

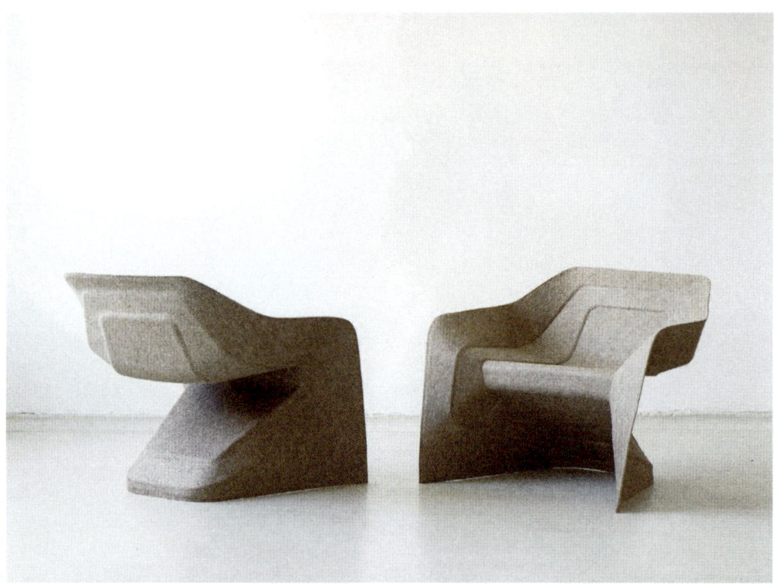

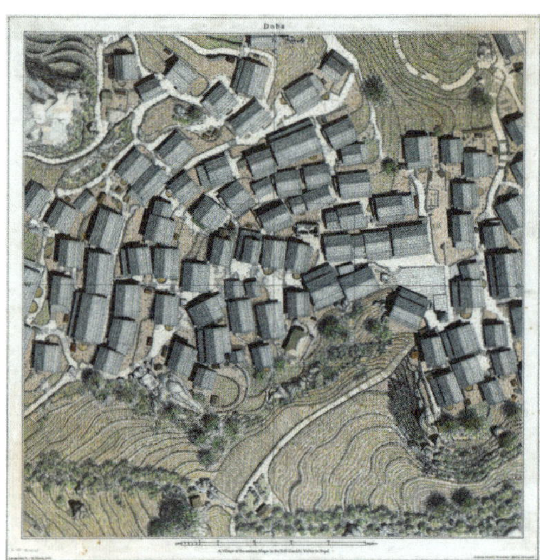

Das Leben ist chaotisch, gefährlich und überraschend. Gebäude sollten das widerspiegeln. / *Life is chaotic, dangerous, and surprising. Buildings should reflect that.*

1 WERNER AISSLINGER
Prototyp Monoblockstuhl
Hemp Chair / *Hemp Chair monobloc chair prototype*, 2011; Hanf, ökologischer Klebstoff / *Hemp, organic glue*; Studio Aisslinger, Berlin; Die Neue Sammlung – The Design Museum

2 ANDREAS BRANDT
Dorf der Magar, Doba / *Doba Magar village*, Nepal, 2000; Feder, Wachskreide auf Transparentpapier / *Pen and ink and wax chalk on transparent paper*; Architekturmuseum der TU München

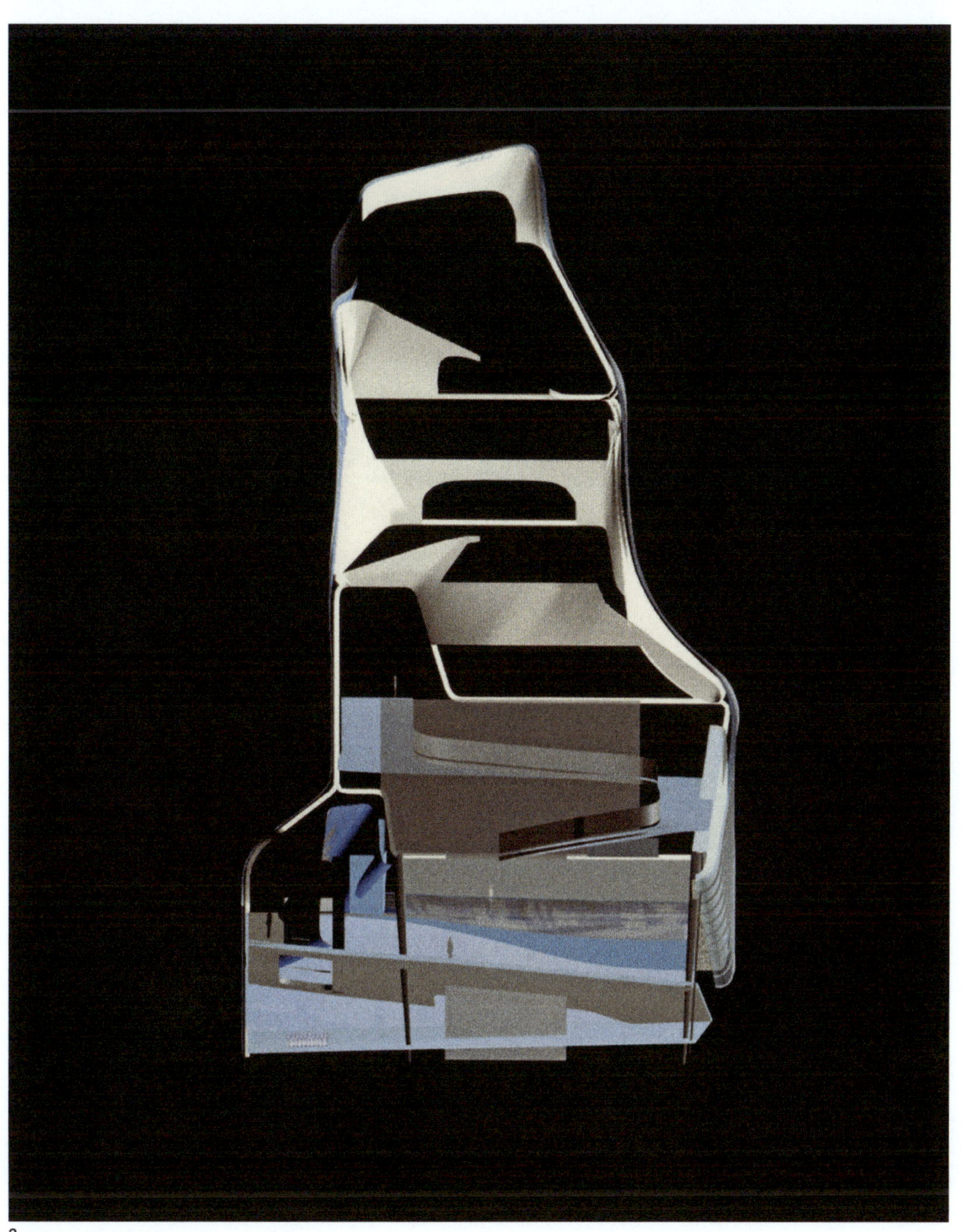

3

3 ASYMPTOTE
Eyebeam Center for Art
and Technology, New York,
2000–2001; Modell / *Model*
1:50; Polystyrol, Plexiglas /
Polystyrene, Plexiglas;
Architekturmuseum der
TU München

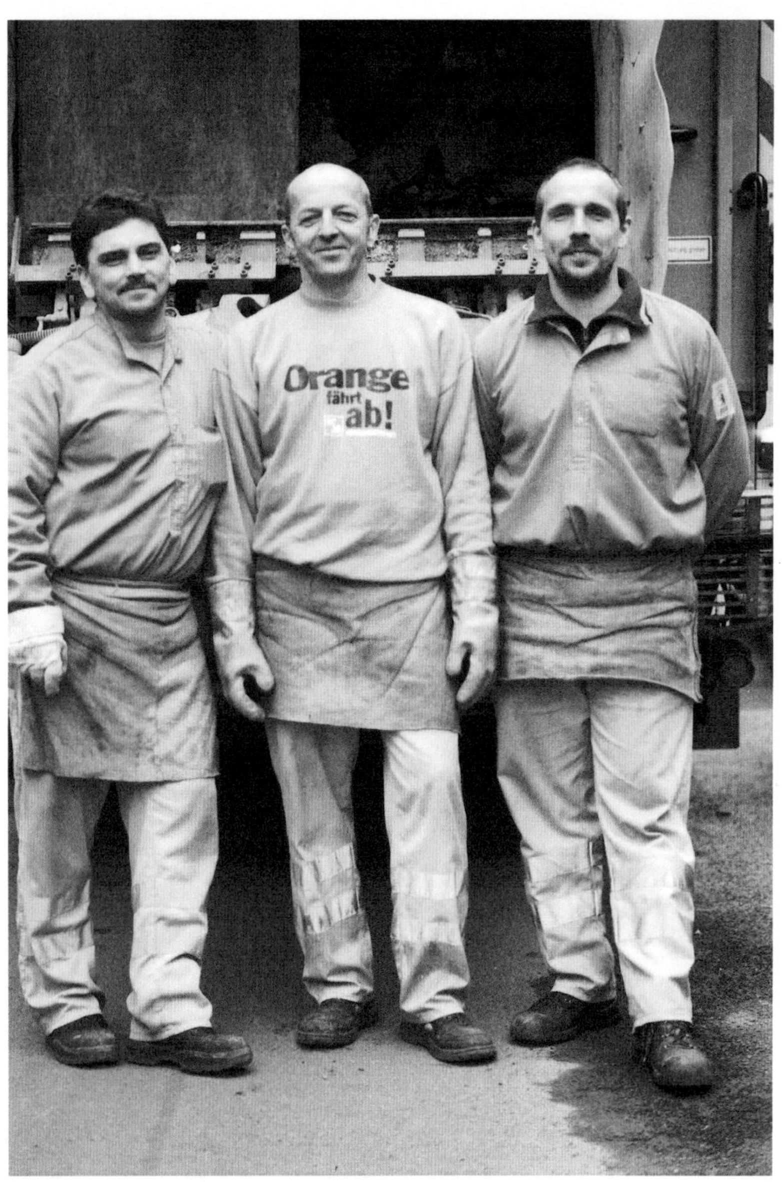

4

4 FIONA TAN
Countenance, 2002; 4-Kanal-
Videoinstallation; Bayerische
Staatsgemäldesammlungen,
Sammlung Moderne Kunst /
Modern Art Collection;
2007/2008 erworben mit
Unterstützung von / *Acquired
2007–2008 with the support
of* Wacker Chemie AG, PIN.
Freunde der Pinakothek
der Moderne, Bernd F.
Künne + Partner, Dr. Kai und
Rosemarie Werner, Georg
und Swantje von Werz

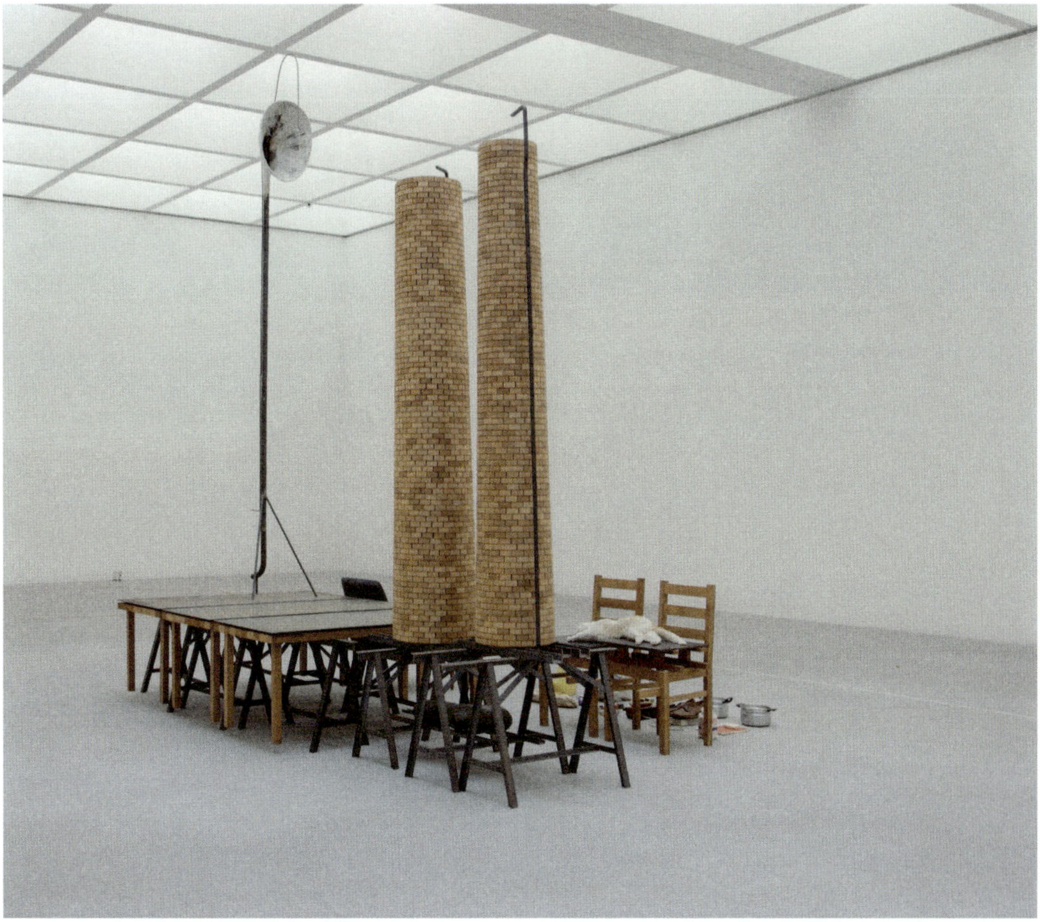

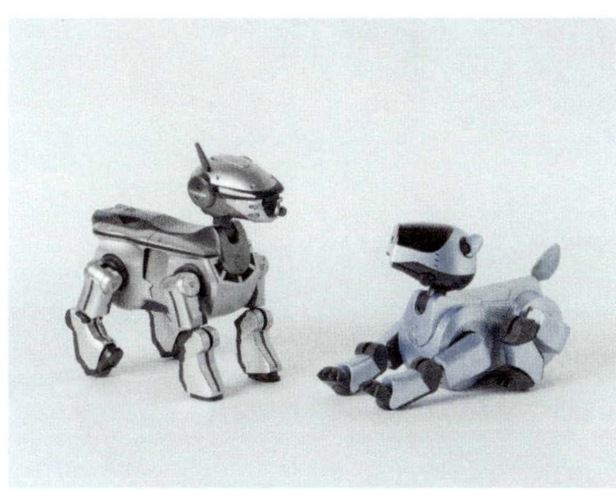

5

6

5 MARK MANDERS
Silent Factory, 2000; Holz, Eisen und Fundstücke / *Wood, iron and found items*; Bayerische Staatsgemäldesammlungen, Sammlung Moderne Kunst / *Modern Art Collection*; 2003 erworben von PIN. Freunde der Pinakothek der Moderne

6 SONY DESIGN CENTER
Unterhaltungsroboter / *Entertainment robots* AIBO ERS 210 und AIBO ERS 220, 2002; Metall, Kunststoff / *Metal, plastic*; Sony Corporation, Tokyo; Die Neue Sammlung – The Design Museum; Schenkung der / *Gift of* Sony Corporation, Tokyo

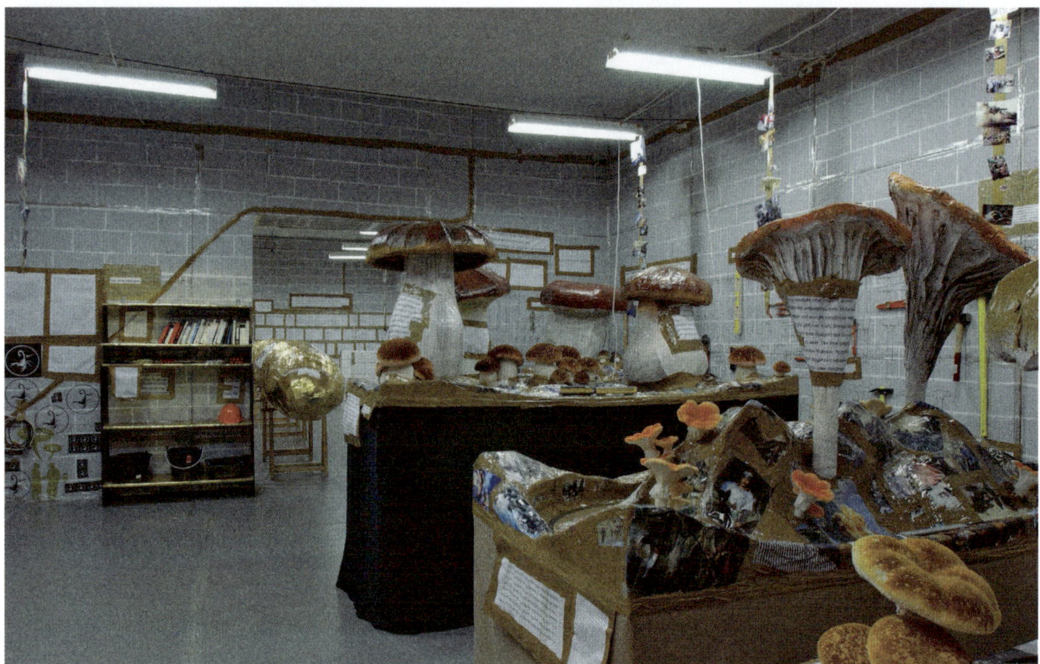

7

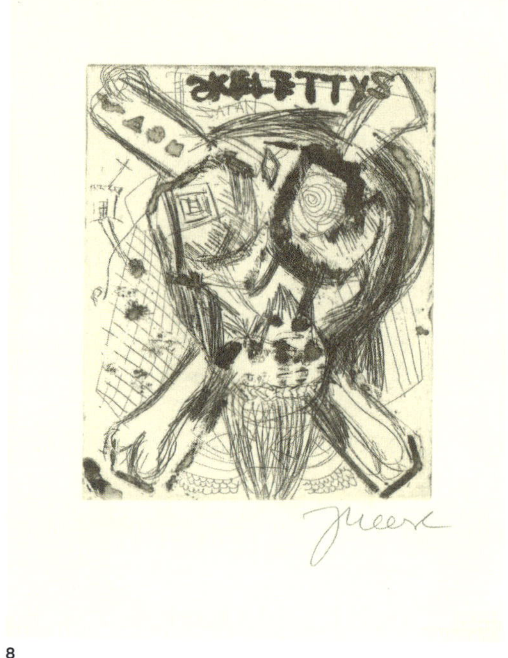

8

7 THOMAS HIRSCHHORN
Doppelgarage / *Double
Garage*, 2002; Mixed-Media-
Installation; Bayerische
Staatsgemäldesammlungen,
Sammlung Moderne Kunst /
Modern Art Collection; 2004
erworben von / *Acquired
2004 by* PIN. Freunde der
Pinakothek der Moderne

8 JONATHAN ROBIN MEESE
Don Skeletti im Fettnapf
mit 10 Zäpfchen / *Don
Skeletti in a Pickle with 10
Uvulas*, 2007; Radierung auf
Papier / *Etching on paper*;
Blatt / *Sheet*: 75,5 x 57 cm,
Platte / *Plate*: 50 x 39,6 cm;
Staatliche Graphische
Sammlung München; Dauer-
leihgabe der / *On permanent
loan from* Museumsstiftung
zur Förderung der Staat-
lichen Bayerischen Museen,
München

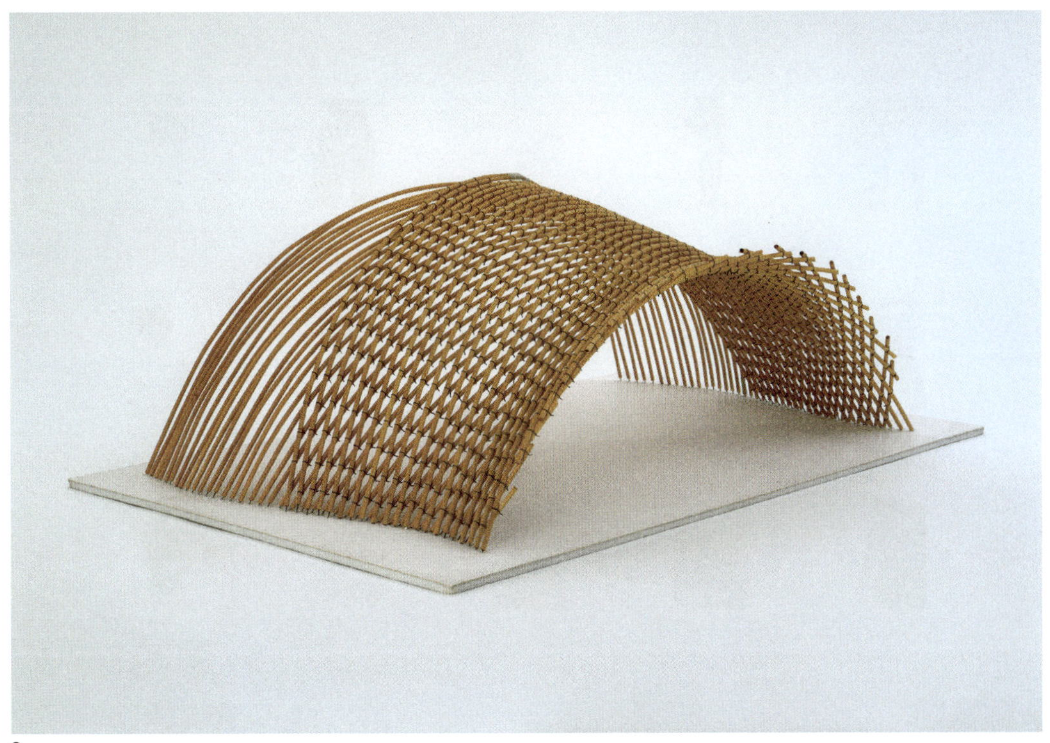

9

Es ist die Idee, die reproduziert wird. Jeder, der ein Kunstwerk versteht, besitzt es. / *It is the idea that is being reproduced. Anyone who understands the work of art owns it.*

SOL LEWITT, 2003

9 SHIGERU BAN
Japanischer Pavillon für
die EXPO 2000, Hannover /
*Japanese Pavilion for
EXPO 2000, Hanover,
2000*; G – Early Stage
Dome; Modell / *Model* 1:50;
Kunststoff, Bambus, Draht /
Plastic, bamboo, wire;
Architekturmuseum der
TU München

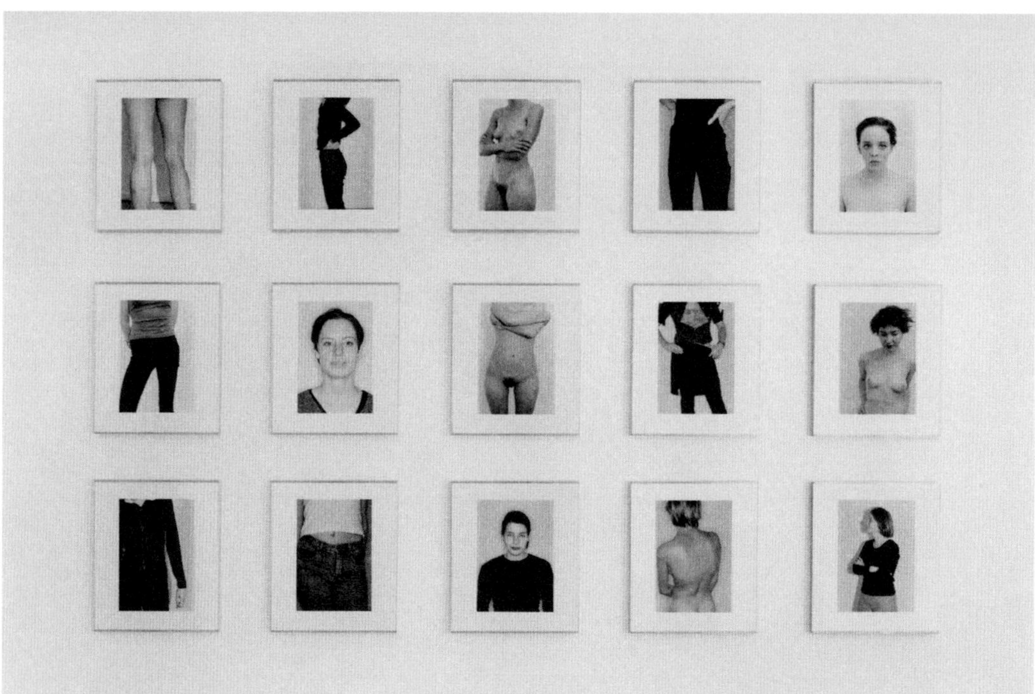

10

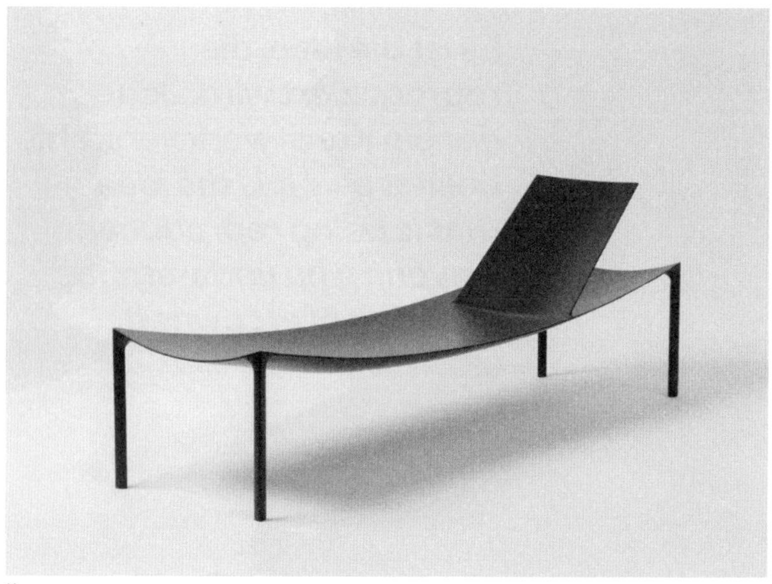

11

10 MICHAEL SCHMIDT
Ohne Titel / *Untitled*, aus
der Serie / *from the series*:
Frauen / *Women*, 1997–1999;
Bromsilbergelatineabzug,
golden getönt / *Silver
bromide gelatine print,
tinted gold*; Bayerische
Staatsgemäldesammlungen,
Sammlung Moderne Kunst /
Modern Art Collection; 2013
erworben von / *Acquired
2013 by* PIN. Freunde der
Pinakothek der Moderne

11 KONSTANTIN GRCIC,
SAMI AYADI
Prototyp Chaise Longue
Karbon / *Karbon chaise
longue prototype*, 2007,
Ausführung / *produced
in* 2008; Edition von 12
Exemplaren + 2 Prototypen /
Edition of 12 + 2 prototypes;
Karbonfaser / *Carbon fiber*;
Galerie Kreo, Paris; Die Neue
Sammlung – The Design
Museum

12

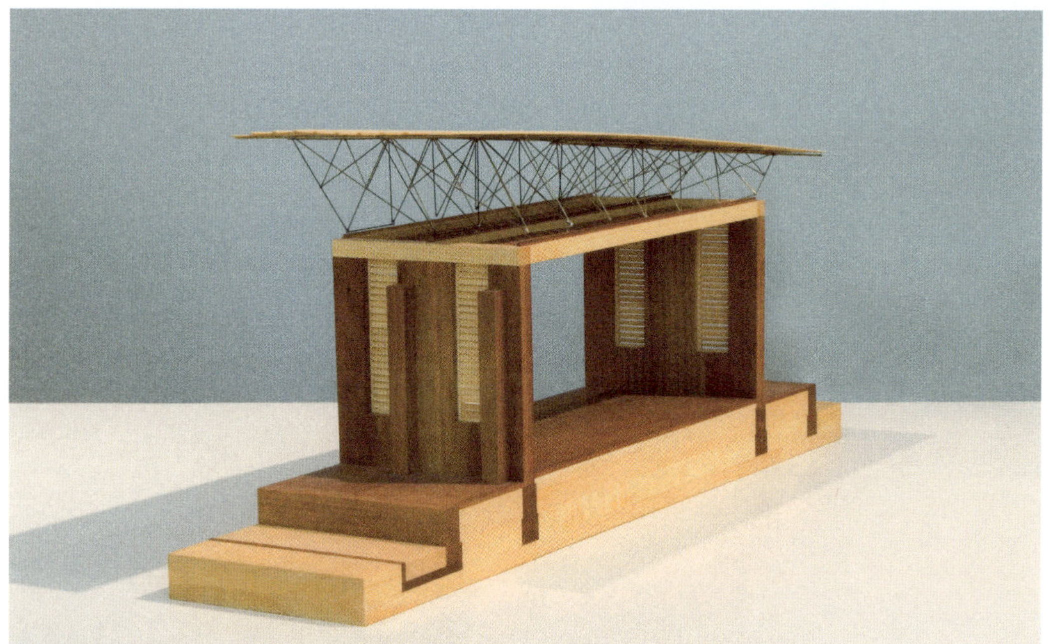

13

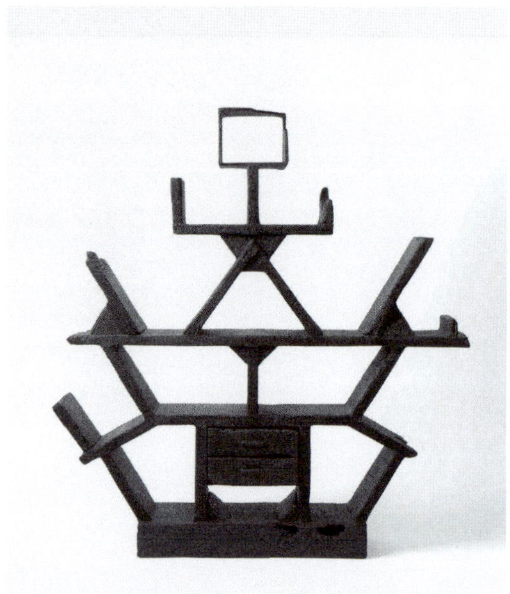

14

14 MAARTEN BAAS
Regal Carlton aus der Serie
/ *Carlton shelving from
the series* Where There's
Smoke, 2004; Holz, laminiert,
verbrannt, mit Epoxydharz
getränkt / *Wood, laminated,
scorched, imbued with
epoxy resin*; Maarten Baas,
's-Hertogenbosch; Die Neue
Sammlung – The Design
Museum

13 FRANCIS DIÉBÉDO KÉRÉ
Grundschule / *Elementary
school*, Gando, Burkina Faso,
2000–2001; Modell / *Model*
1:20; Holz, Metall / *Wood,
metal*; Architekturmuseum
der TU München

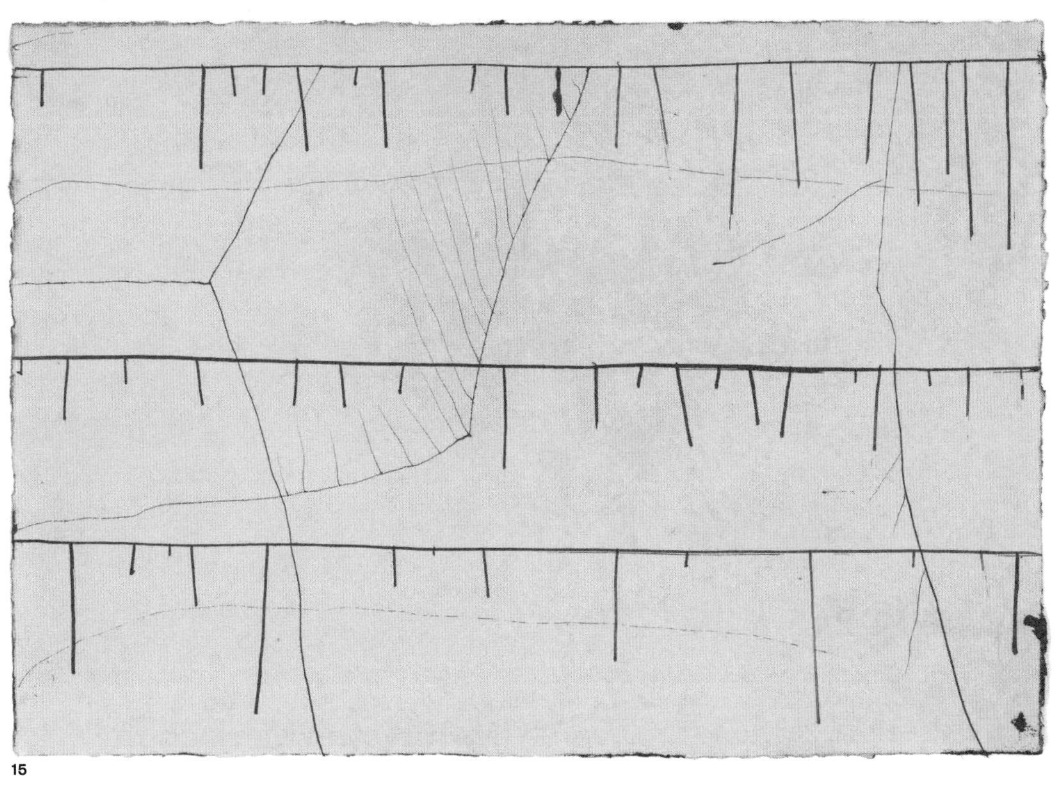

15

15 HANNS SCHIMANSKY
Ohne Titel / *Untitled*,
2005; Tusche auf Papier /
Ink and India ink on paper;
29,4 x 42 cm; Staatliche
Graphische Sammlung
München

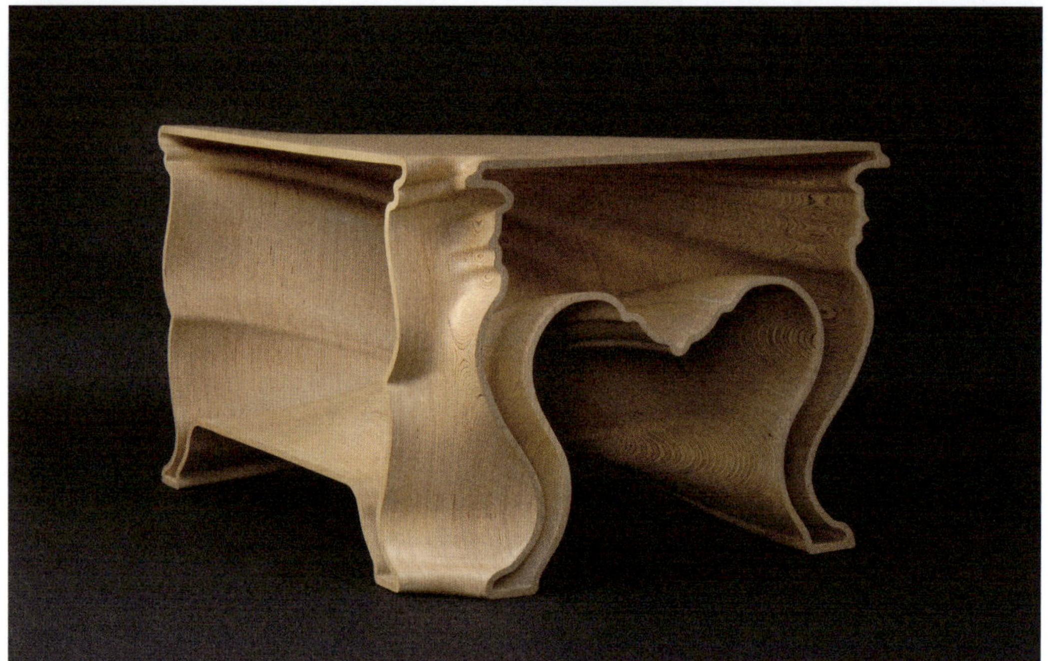

16

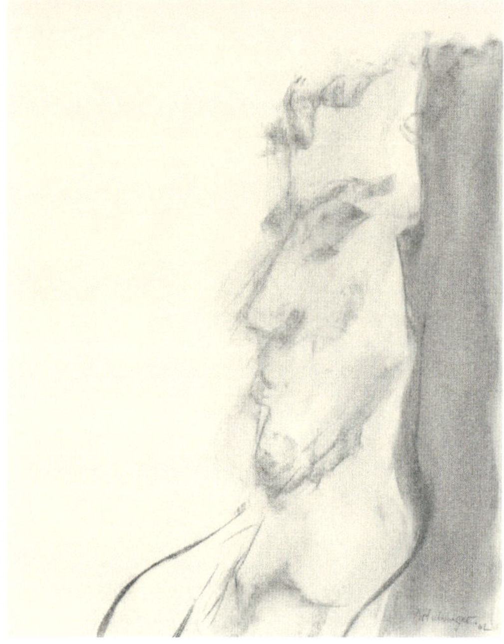

17

Die meisten Menschen machen den Fehler, zu denken, dass es bei Design nur darum geht, wie es aussieht. [...] Es geht nicht nur darum, wie etwas aussieht und sich anfühlt. Design ist, wie etwas funktioniert. / *Most people make the mistake of thinking design is what it looks like. [...] That's not what we think design is. It's not just what it looks like and feels like. Design is how it works.*

16 JEROEN VERHOEVEN
Tisch / *Table* Cinderella,
2005, Ausführung / *produced
in 2008*; Sperrholz, gewachst,
CAM-gefertigt / *Plywood,
waxed, CAM manufactured*;
Id Productions für
Demakersvan, Rotterdam;
Die Neue Sammlung – The
Design Museum; Erworben
mit Unterstützung der /
*Acquired with the support
of the* Ernst von Siemens
Kunststiftung

17 RICHARD
ARTSCHWAGER
Ohne Titel / *Untitled*, 2002;
Kohle auf Papier / *Charcoal
on paper*; 63,5 x 48 cm;
Staatliche Graphische
Sammlung München

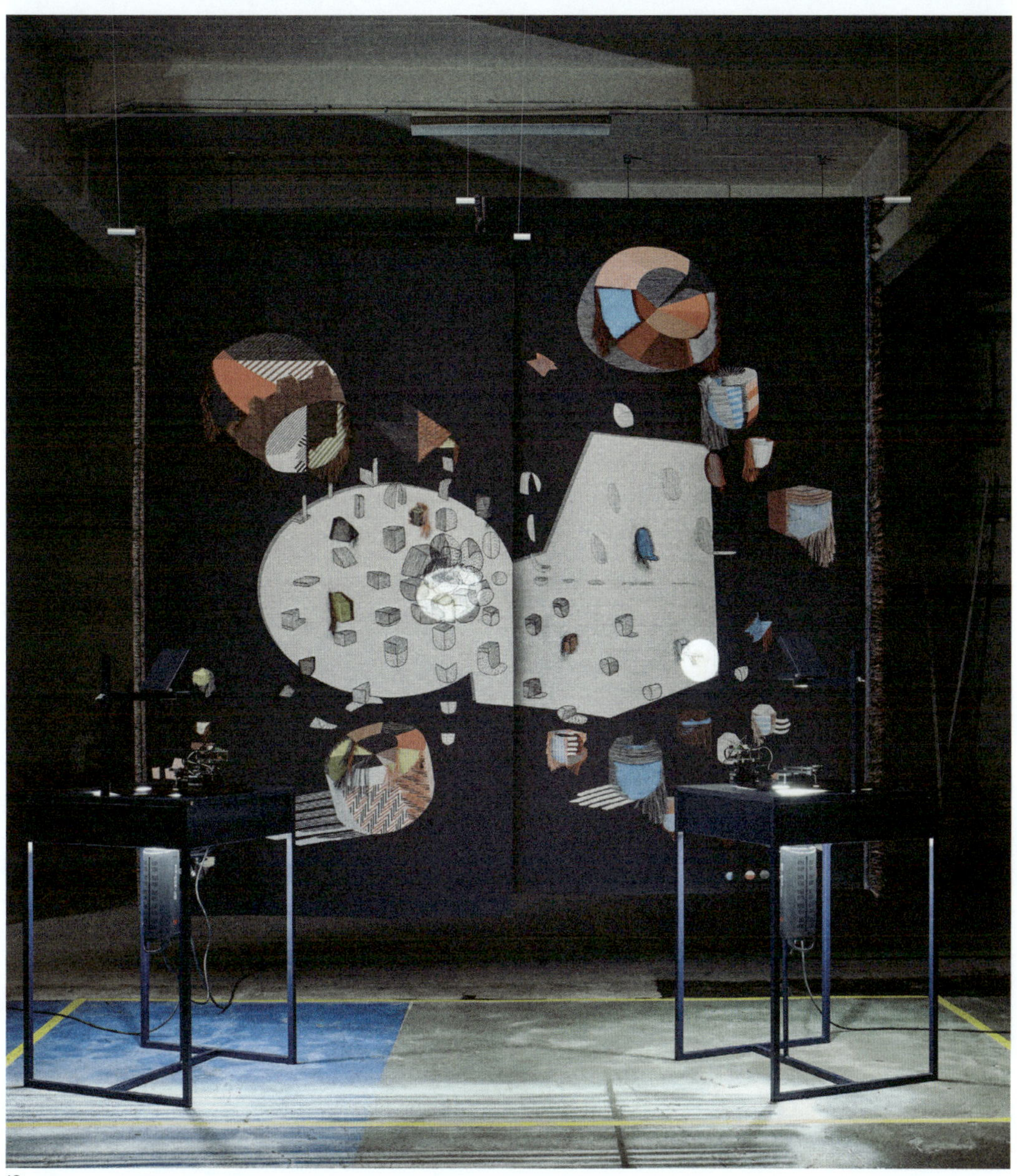

18

18 HELLA JONGERIUS &
LOUISE SCHOUWENBERG
A Search behind
Appearances, 2016;
Installationsansicht /
Installation view; Die Neue
Sammlung – The Design
Museum

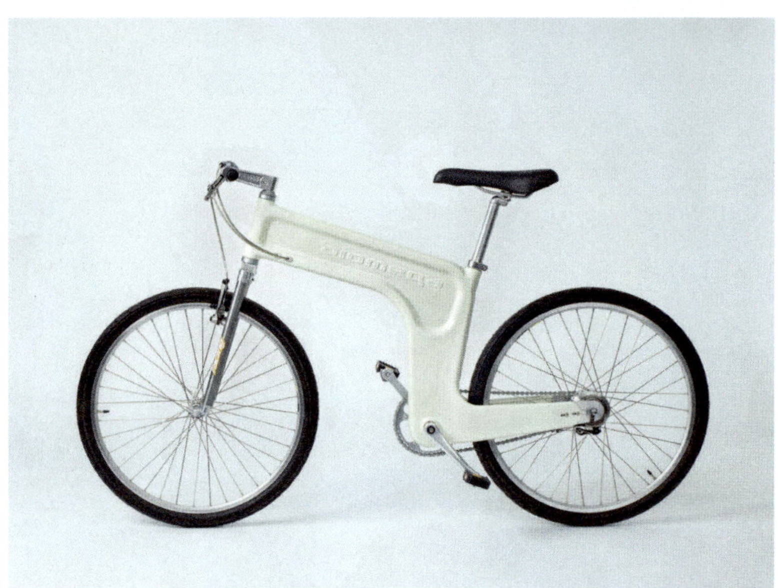

19

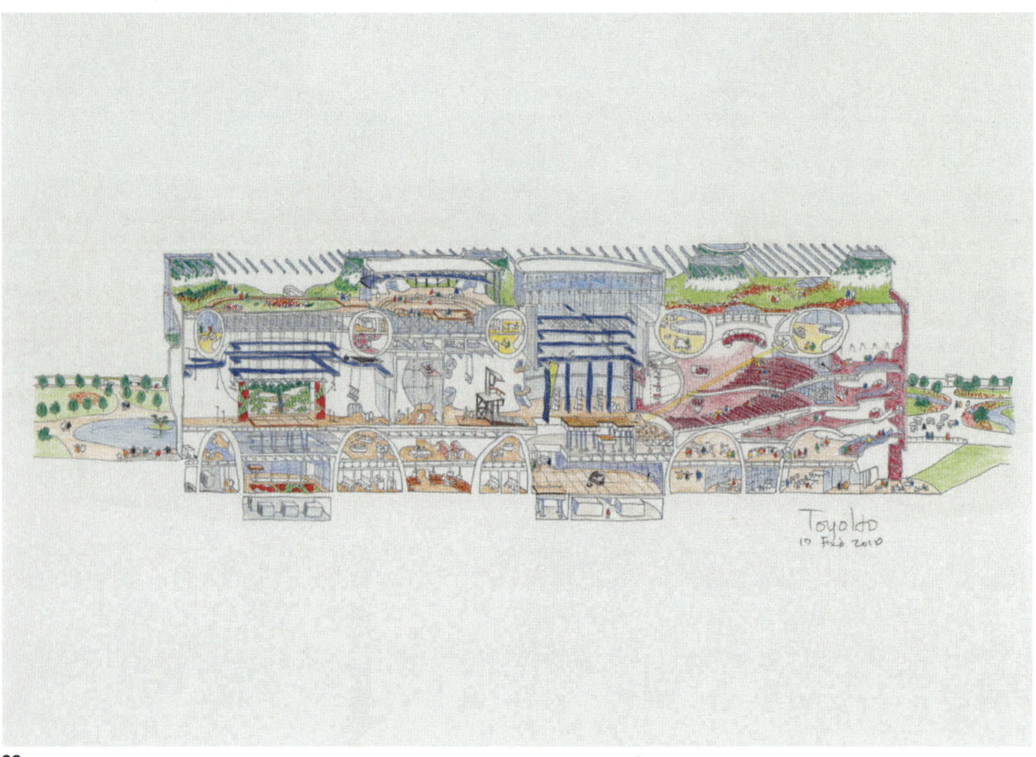

20

19 MARC NEWSON
Fahrrad / *Bicycle* MN01
Extravaganza, 2000; Metall,
Gummi / *Metal, rubber*;
Biomega, Hellerup; Die Neue
Sammlung – The Design
Museum

20 TOYO ITO
Metropolitan Opera
House, Taichung, Taiwan,
2009–2014; Bleistift und
Buntstift auf Papier / *Pencil
and crayon on paper*;
Architekturmuseum der
TU München

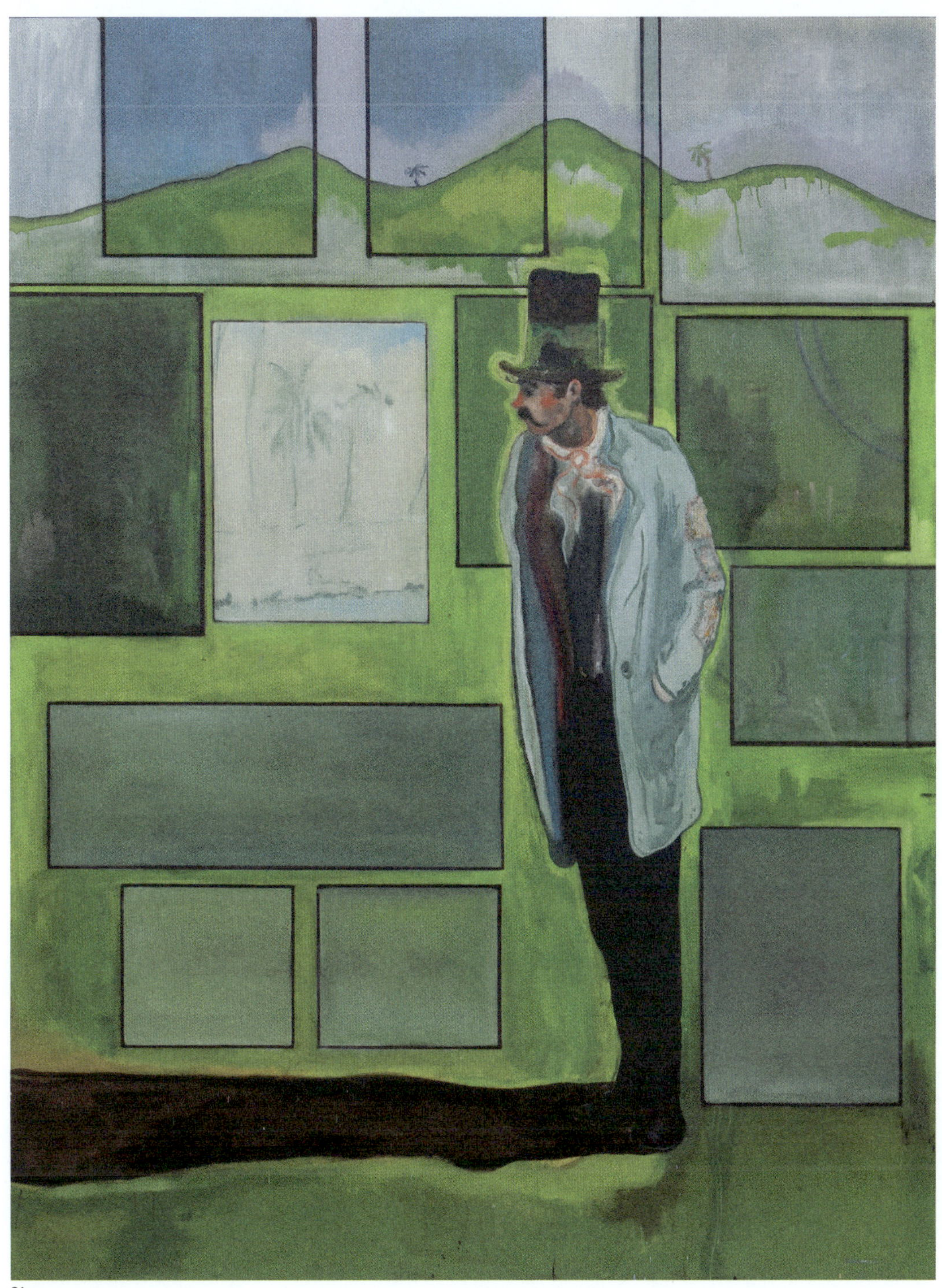

21

21 PETER DOIG
Metropolitan (House
of Pictures), 2004; Öl
auf Leinwand / *Oil on
canvas*; Bayerische
Staatsgemäldesammlungen,
Sammlung Moderne Kunst /
Modern Art Collection; 2004
erworben von / *Acquired
2004 by* PIN. Freunde der
Pinakothek der Moderne

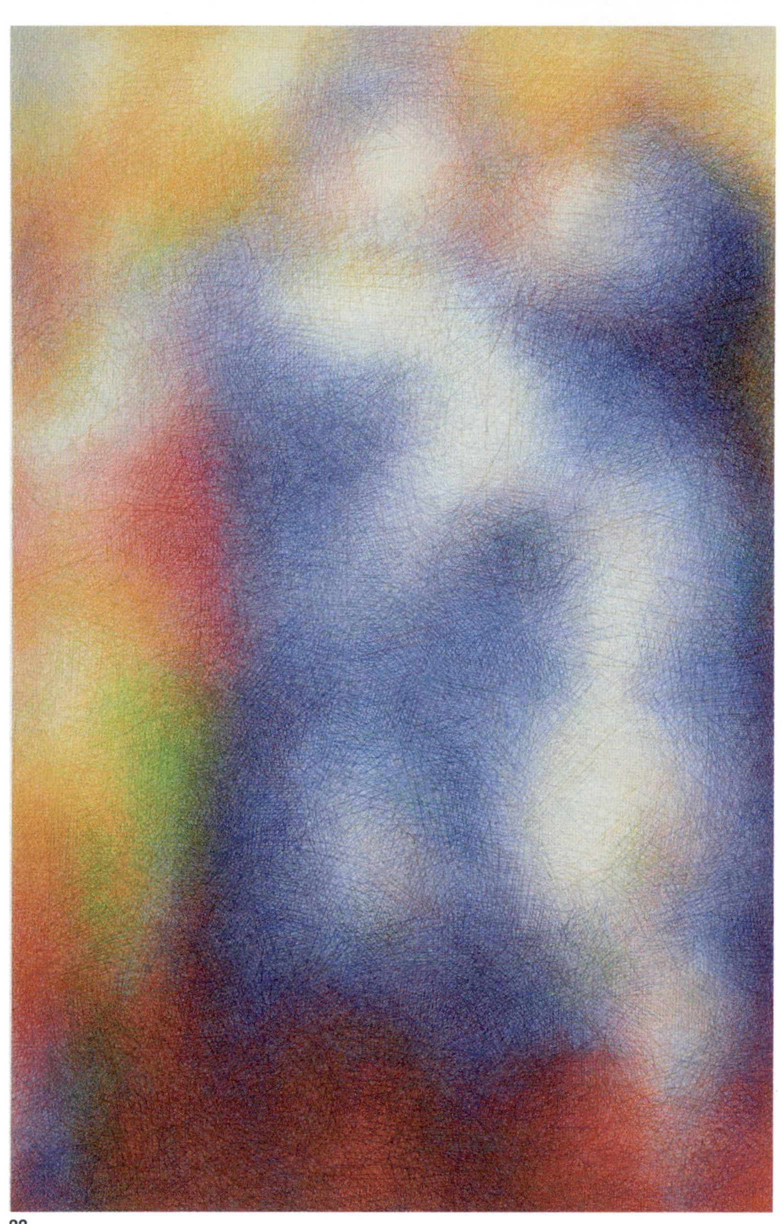

22

22 SLAWOMIR ELSNER
Der Turm der blauen Pferde /
The Tower of Blue Horses
(nach / *after* Franz Marc,
1913), 2016; Farbstift auf
Papier / *Crayon on paper*,
200 x 130 cm; Staatliche
Graphische Sammlung
München

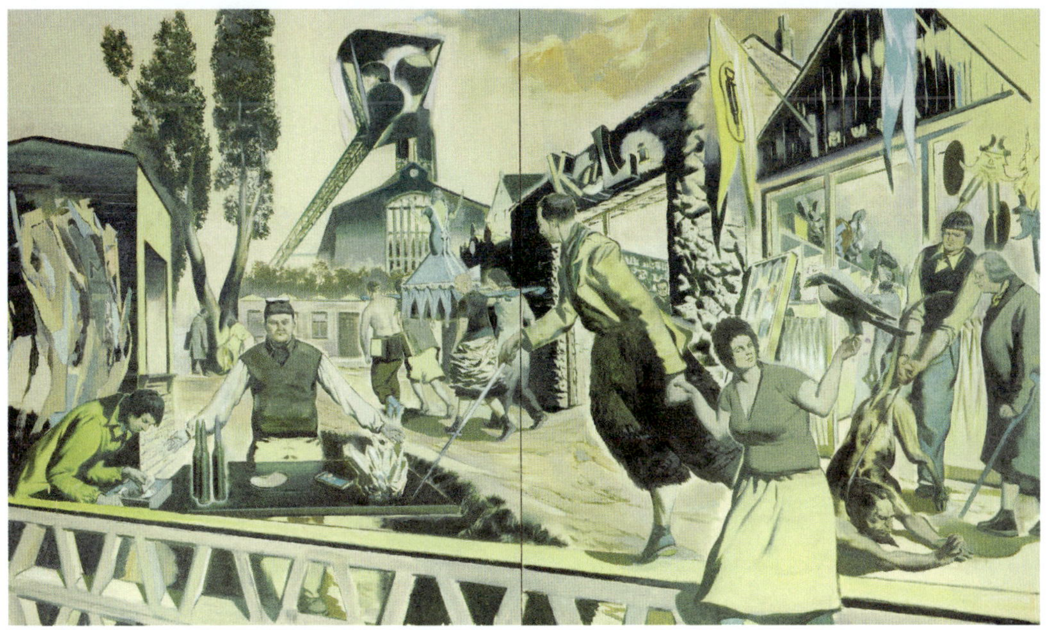

23

Malen ist im Wesentlichen ein Verfahren gegen das Vergessen. / *Painting is very much a process against forgetting.*

HANS ULRICH OBRIST, 2016

23 NEO RAUCH
Kalimuna, 2010; Öl auf
Leinwand / *Oil on canvas*;
Bayerische Staatsgemälde-
sammlungen, Sammlung
Moderne Kunst / *Modern Art
Collection*; 2010 erworben
von / *Acquired 2010 by* PIN.
Freunde der Pinakothek der
Moderne

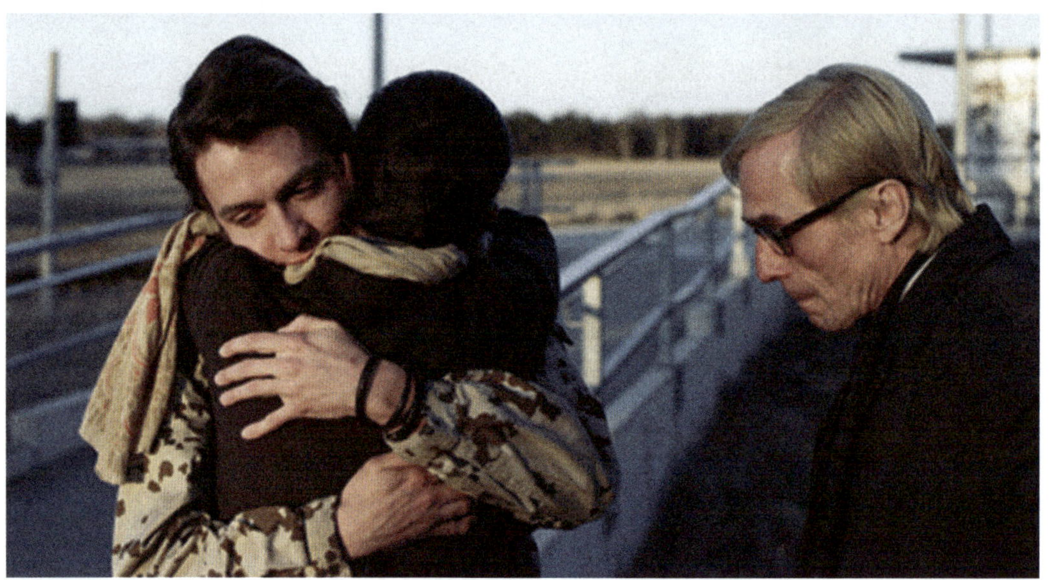

24

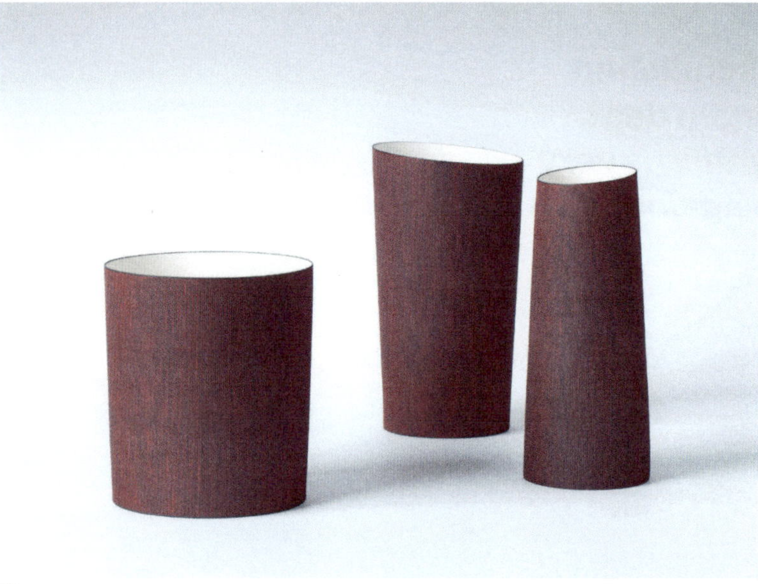

25

24 OMER FAST
Continuity, 2012; 1-Kanal-
HD-Video / *1-channel HD
video*, 40 min.; Bayerische
Staatsgemäldesammlungen,
Sammlung Moderne Kunst /
Modern Art Collection;
2014 erworben von / *2014
acquired by* PIN. Freunde der
Pinakothek der Moderne, mit
Unterstützung von / *with the
support of* S. K. H. Herzog
Franz von Bayern, Dr. Kurt
Schwarz, Adelhaid und / *and*
Dr. Wilhelm Winterstein

25 MASARU NAKADA
Objekte SEN (Line) / *SEN
objects (line)*, 2012; Porzellan,
gedreht, geritzt, eingefärbt,
glasiert / *Porcelain, twisted,
scratched, dyed, glazed*;
Masaru Nakada, Japan; Die
Neue Sammlung – The Design
Museum

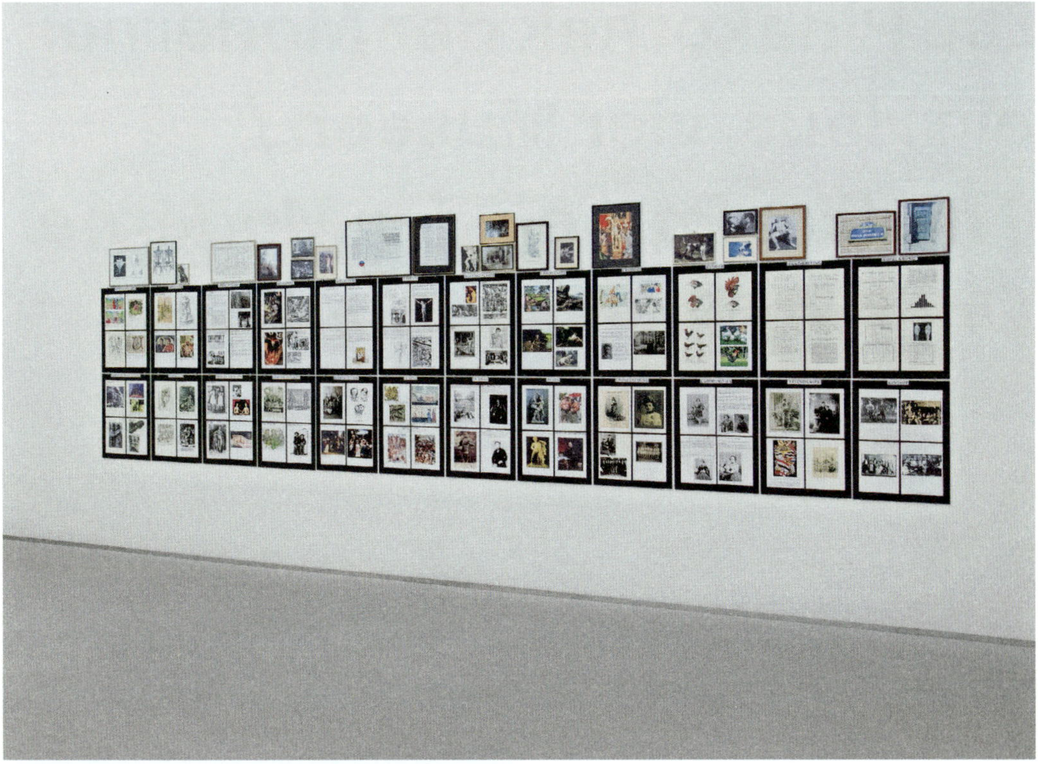

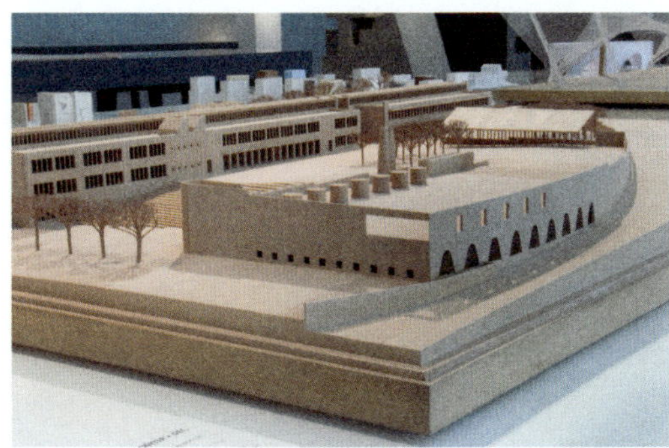

26

27

205

26 HENRIK OLESEN
Nach / *After* Magnus
Hirschfeld, 2008; Collagen
(Computerausdrucke),
Rahmen / *Collages
(computer printouts),
frames*; Bayerische Staats-
gemäldesammlungen,
Sammlung Moderne Kunst /
Modern Art Collection; 2008
erworben von / *Acquired
2008 by* PIN. Freunde der
Pinakothek der Moderne

27 ARNO LEDERER
Schule mit Sporthalle /
School with sports hall,
Ostfildern, 2002; Modell /
Model; Holz / *Wood*;
Architekturmuseum der
TU München

Die Pinakothek der Moderne: ein Haus, vier Museen /

The Pinakothek der Moderne: One House, Four Museums

Die Pinakothek der Moderne ist mit ihren vier umfangreichen Museen und ihrer Ausstellungsfläche von insgesamt rund 12.000 qm eines der weltweit größten Häuser für Kunst, Graphik, Design und Architektur des 20. und 21. Jahrhunderts. Das 2002 eröffnete Gebäude des Architekten Stephan Braunfels zeichnet sich durch eine offene und großzügige Architektur aus, die Zusammenhänge zwischen den einzelnen Gattungen schafft und den Besuchern immer wieder neue und überraschende Einblicke ermöglicht.

Vier eigenständige Museen arbeiten in der Pinakothek der Moderne unter einem Dach zusammen: Die Sammlung Moderne Kunst der Bayerischen Staatsgemäldesammlungen, die Staatliche Graphische Sammlung München, Die Neue Sammlung – The Design Museum und das Architekturmuseum der Technischen Universität München. Die transdisziplinäre Ausrichtung der Pinakothek der Moderne erhält die Identität der einzelnen Museen und präsentiert sie zugleich als miteinander verbundene Teile eines größeren kulturellen Kontextes.

Architekturmuseum der TU München

Das Architekturmuseum wurde 1868 mit Gründung der heutigen Technischen Universität als architektonische Lehrsammlung gegründet. Nachdem sie bereits in den Zwischenkriegsjahren für das Studium an Bedeutung verloren hatte, wurde sie in eine Archiv- und Forschungseinrichtung umgewandelt.

Nach den Zerstörungen des Zweiten Weltkriegs waren die Schätze der Architektursammlung über lange Jahre in Depots verborgen. Seit 1975 wurde die Sammlung in ein Archiv mit Museumsfunktion umgewandelt, um die Bestände wieder einer breiten Öffentlichkeit zugänglich zu machen. Da keine eigenen Ausstellungsräume zur Verfügung standen, arbeitete die Sammlung mit anderen Museen, insbesondere dem Münchner Stadtmuseum, zusammen.

Aufgrund kontinuierlicher Neuerwerbungen betreut das Architekturmuseum heute eine der größten Spezialsammlungen für Architektur in Deutschland. Die Bestände umfassen ca. 500.000 Zeichnungen von mehr als 1000 Architekten, 200.000 Fotografien, 1300 Modelle sowie zahlreiche architektonische Stichwerke, Bauakten und zunehmend auch digitale

The Pinakothek der Moderne boasts four comprehensive museums and exhibition space totaling around 12,000 square meters, and is therefore one of the world's largest institutions for art, prints, design and architecture in the 20th and 21st centuries. The building designed by architect Stephan Braunfels was opened in 2002, and is characterized by an open, spacious architecture that creates correlations between the individual genres and gives the visitor ever more new and surprising insights.

Four independent museums exist under a single roof in the Pinakothek der Moderne: the Modern Art Collection (Sammlung Moderne Kunst) of the Bavarian State Painting Collections, the State Prints Collection (Staatliche Graphische Sammlung München), Die Neue Sammlung – The Design Museum and the Technical University of Munich's Architecture Museum (Architekturmuseum der Technischen Universität München). The Pinakothek der Moderne's transdisciplinary focus preserves the identity of the individual museums while at the same time presenting them as interconnected parts of a greater cultural context.

Architecture Museum of the TU Munich

The Architecture Museum was founded in 1868 at the same time as the Technical University as a means of collecting and presenting architectural works for educational purposes.

After it lost its significance for the study of architecture in the years between the two World Wars, it was changed into a repository for archives and a research institution.

Following damage in World War II, the architectural treasures remained hidden from public view for a number of years. In 1975 the collection was converted into an archive for museum purposes in order to once again make the items accessible to the public. As it did not have any exhibition rooms of its own, the collection worked together with other museums, in particular the Municipal Museum of Munich (Münchner Stadtmuseum).

Thanks to a continual stream of new acquisitions, the Architecture Museum now holds one of the largest specialist collections on architecture in Germany. Its stock comprises some 500,000 drafts by more than 1,000 architects, 200,000 photographs, and 1,300 models, as well as a large number of sample works, documents

Datenbestände. Die ältesten bewahrten Zeichnungen stammen aus dem 16. Jahrhundert, das älteste Modell datiert aus dem 17. Jahrhundert.

Zu den Höhepunkten zählen Arbeiten von Balthasar Neumann, Friedrich von Gärtner, Leo von Klenze, Theodor Fischer, Erich Mendelsohn, Erik Gunnar Asplund, Le Corbusier, Günter Behnisch, Daniel Libeskind oder Peter Zumthor. Der Schwerpunkt der Sammlung liegt auf der deutschen Architektur des 19. und 20. Jahrhunderts, gesammelt werden aber auch neue Projekte und Wettbewerbsbeiträge, Zeichnungen und Modelle international bedeutender Architekten sowie bautechnische Dokumente.

Die Neue Sammlung – The Design Museum

Die Neue Sammlung – The Design Museum zählt mit über 100.000 Objekten aus den Bereichen Industrial Design, Graphic Design, Computer Culture, Mobility und Kunsthandwerk zu den größten und bedeutendsten Museen für angewandte Kunst des 20. und 21. Jahrhunderts weltweit. Im Bereich des Industrial und Product Design gilt Die Neue Sammlung als führend.

Die Neue Sammlung gilt zudem als ältestes Designmuseum. Idee und Initiative zur Gründung des Museums sind eng mit der 1907 in München formierten Werkbundbewegung verflochten. Die seit 1912 aufgebaute „Moderne Vorbildersammlung" war Grundstock der Neuen Sammlung, die 1925 als Staatsinstitution etabliert und 1926 als Museum eröffnet wurde mit dem Ziel, „Das Neue" von höchster Qualität aufzuspüren, zu sammeln und zu bewahren.

Von Beginn an hat sich Die Neue Sammlung in ihrem Verständnis von den gleichzeitig existierenden Museen für angewandte Kunst oder Museen für Kunst und Gewerbe abgesetzt, indem sie sich dezidiert der seinerzeitigen Moderne und damit der zeitgenössischen Formgestaltung verpflichtete. Bis heute prägt dieser Gründungsanspruch die Programmatik der Neuen Sammlung.

Die internationalen Sammlungsbestände umfassen schwerpunktmäßig einen Zeitraum von 1900 bis zur unmittelbaren Gegenwart.

Die Museumsbestände sind mit über zwanzig Sammlungsgebieten weit gespannt. Neben Objekten des Industrial Design umfassen sie wichtige Sammelfelder wie Keramik, Metall oder Glas und Möbel, Textilien oder Schmuck. Die Abteilung Graphic Design erstreckt sich von Plakaten über

and increasingly also digital archives. The oldest drawings date back to the 16th century, the oldest model to the 17th century.

Among the highlights are works by Balthasar Neumann, Friedrich von Gärtner, Leo von Klenze, Theodor Fischer, Erich Mendelsohn, Erik Gunnar Asplund, Le Corbusier, Günter Behnisch, Daniel Libeskind or Peter Zumthor. The focus of the collection is on German architecture of the 19th and 20th centuries, though it also includes important new projects and competition entries, drawings and models by leading international architects and important documents on construction technology.

Die Neue Sammlung – The Design Museum

With more than 100,000 items from the areas of industrial design, graphic design, computer culture, mobility, and arts and crafts, Die Neue Sammlung – The Design Museum is one of the largest and most important museums of applied art of the 20th and 21st centuries. Die Neue Sammlung is a leader in the fields of industrial and product design.

The museum is also considered the world's oldest design museum. The idea and initiative for its foundation are closely interwoven with the Werkbund movement formed in 1907 in Munich. The "Moderne Vorbildersammlung", or Modern Samples Collection, established from 1912 onwards, formed the backbone of the Neue Sammlung, which formally became a state institution in 1925 and opened its doors as a museum in 1926 with the aim of identifying, collecting and preserving new work of the highest quality.

From the very beginning, Die Neue Sammlung distinguished itself from the museums of applied arts or arts-&-crafts museums that existed at that time – by consciously championing what was then modern and thus cutting-edge, contemporary design. To this very day, this clear agenda defines the objectives of the Neue Sammlung.

The collection's international holdings are focused primarily on a time frame from 1900 to the immediate present.

The museum holdings span a broad range with collections covering more than 20 different thematic areas. Alongside objects of industrial design, they include important collection fields such as ceramics, metal or glass and furniture,

Verpackungsdesign bis zur Buchgestaltung. Die Neue Sammlung widmet sich wichtigen Themen wie auch monographischen Ausstellungen. Zeitgenössische Designerinnen und Designer werden eingeladen, ortsspezifische Projekte zu entwickeln.

Mit den Präsentationen ihres Museumsbestandes, ihren Ausstellungen und ihren vielfältigen Vermittlungsformen spiegelt Die Neue Sammlung die aktuellen Diskurse über die Inhalte und die Gestaltung von Designmuseen, über die Rezeption von Designinhalten und über die aktuelle Bedeutung von Design.

textiles or jewelry. The graphic design department ranges from posters about packaging design to book design.

Die Neue Sammlung is dedicated to important thematic exhibitions as well as to solo shows. Contemporary designers are invited to develop site-specific projects.

With the presentation of its museum holdings, its exhibitions and its multifold educational programs, Die Neue Sammlung reflects current discourses on the content and shape of design museums, on how design contents are received, and on the current significance of design.

Sammlung Moderne Kunst – Bayerische Staatsgemäldesammlungen

Die Sammlung Moderne Kunst in der Pinakothek der Moderne knüpft genau dort an, wo die Sammlungspräsentation der Neuen Pinakothek endet, nämlich bei der Kunst nach etwa dem Jahr 1900. Sie zählt mit ihren insgesamt über 20.000 Werke umfassenden Beständen zu den international führenden Institutionen für Malerei, Plastik, Fotografie und Neue Medien. Ihr Sammlungsspektrum reicht von den wichtigsten Avantgardebewegungen des frühen 20. Jahrhunderts bis in die unmittelbare Gegenwart. In dialogischen Vergleichen und individuellen Künstlerräumen werden formale und inhaltliche Fragestellungen der Moderne aufgezeigt. Sie spiegeln die veränderten Bedingungen einer durch Technologieoptimismus, Fortschrittskult und zugleich Krisenbewusstsein geprägten Zeit. Besonderes Augenmerk wird darauf gelegt, dass die historischen Bedingtheiten des 20. und 21. Jahrhunderts in der Sammlungspräsentation sichtbar und beispielsweise die Einwirkungen von Krieg und Diktatur auf die Kunst vermittelt werden.

Der kubistischen und futuristischen Neudefinition einer autonomen Kunst steht in der reichen Sammlung des Expressionismus die Frage nach den veränderten Bedingungen des Menschen in der Moderne gegenüber. Die Künstler der Brücke und des Blauen Reiter sowie Max Beckmann, der mit einer einzigartigen Werkdichte vertreten ist, vermitteln dies auf eindrucksvolle Weise, wie auch die moderne Fotografie, die durch August Sander, Albert Renger-Patzsch und Florence Henri repräsentiert wird. Die Bildphantasie

Modern Art Collection – Bavarian State Painting Collections

The Modern Art Collection (Sammlung Moderne Kunst) in the Pinakothek der Moderne picks up precisely where the collection presented at the Neue Pinakothek ends, namely with the art that came after 1900 or thereabouts. With its extensive stock totaling more than 20,000 works, it is one of the world's leading institutions for painting, sculpture, photography and new media. Its collection ranges from the most important avant-garde movements of the early 20th century to current contemporary art. In dialogues offering comparisons and in rooms dedicated to individual artists, the displayed works raise formal and contextual issues about modern art. These artworks reflect how conditions have changed in an age shaped by technological optimism, the cult of progression on the one hand and by a heightened awareness of crises on the other. Particular attention is paid to making the historical circumstances of the 20th and 21st centuries visible in the presentation of the collection, and conveying the impact of war and dictatorship, for example, on art.

Within the rich collection of Expressionist works, the Cubist and Futurist redefinition of autonomous art contrasts with the question of man's changed circumstances in Modernism. The artists of the "Brücke", the "Blaue Reiter" and Max Beckmann, who is represented in unique depth, address this issue impressively, as is also the case with modern photography, represented with August Sander, Albert Renger-Patzsch and Florence Henri. Pablo Picasso's pictorial fantasies and formal richness of invention are

und der formale Erfindungsreichtum von Pablo Picasso kommen in umfänglichen Werkgruppen ebenso zum Tragen wie die surrealistische Verrätselung der Welt bei Max Ernst, René Magritte und Salvador Dalí.

Wichtige Themen seit 1960, etwa die formale und inhaltliche Erweiterung des Kunstbegriffs, die Nobilitierung des Alltäglichen und die damit einhergehende Diskussion über die Gleichrangigkeit von Trivial- und Hochkultur stehen im Zentrum umfangreicher Werkblöcke von Joseph Beuys, Andy Warhol, Dan Flavin, Donald Judd, Georg Baselitz, Jeff Wall, Rosemarie Trockel und Anselm Kiefer. Die jüngsten Entwicklungen, die das traditionelle Gattungsverständnis erweitern, kommen besonders in Rauminstallation, Performance und Medienkunst zum Ausdruck (Pipilotti Rist, Wolfgang Tillmans). Hier wird die Präsentation häufiger verändert, ebenso wie in dem nahegelegenen, ebenfalls zu den Bayerischen Staatsgemäldesammlungen gehörenden Museum Brandhorst.

Staatliche Graphische Sammlung München

Neben den Kupferstichkabinetten in Berlin und Dresden ist die Staatliche Graphische Sammlung München (SGSM) das bedeutendste Museum für Zeichnungen und Druckgraphik in Deutschland und gehört zu den größten Institutionen ihrer Art weltweit. Die Sammlungsbestände von ca. 400.000 Blatt erfahren durch gezielte Erwerbungen und Schenkungen einen stetigen Zuwachs und umfassen alle Epochen der Graphik vom 12. bis ins 21. Jahrhundert. Schwerpunkte bilden altdeutsche und niederländische Zeichnungen und Druckgraphiken, italienische Zeichnungen der Renaissance und deutsche Zeichnungen des 19. Jahrhunderts. Ein weiteres Hauptaugenmerk liegt auf der Klassischen Moderne und der internationalen Graphik bis zur Gegenwart.

Das Museum geht auf das 1758 gegründete Kupferstich- und Zeichnungskabinett des Kurfürsten Karl Theodor von der Pfalz im Mannheimer Schloss zurück, das in den 1790er Jahren nach München überführt wurde. Während der Säkularisation kamen bedeutende Graphikkonvolute aus aufgehobenen Klöstern in die Sammlung. Seit 1874 selbstständige Museumsinstitution, ist das Kabinett seit 1948 im sogenannten Haus der Kulturinstitute am Königsplatz beheimatet. Dort befinden sich die Depots mit den hochkarätigen

illuminated in large groups of works along with the Surrealist enigmas of the worlds portrayed by Max Ernst, René Magritte and Salvador Dalí. Important themes since 1960, such as the formal and contextual extension of the term "art", the "upgrading" of the trivial, and the ensuing related debate on whether low-brow and high-brow are equal in status are at the center of extensive groups of works by Joseph Beuys, Andy Warhol, Dan Flavin, Donald Judd, Georg Baselitz, Jeff Wall, Rosemarie Trockel, and Anselm Kiefer. The latest developments, which expand the traditional understanding of the genre, are expressed specifically in spatial installations, performance and media art (Pipilotti Rist, Wolfgang Tillmans). Here the presentation is changed more frequently, as in the nearby Brandhorst Museum, which likewise belongs to the Bavarian State Painting Collections.

State Prints Collection Munich

Along with the Kupferstichkabinetts in Berlin and Dresden, the Staatliche Graphische Sammlung München (SGSM) is one of the three most important museums of drawings and prints in Germany and one of the largest organizations of its kind in the world. Its inventory of some 400,000 works of art on paper is growing constantly thanks to gifts and a focused acquisitions policy. The collection covers all eras of prints and drawings, from the 12th century right up to the 21st century. The holdings center around Old German and Dutch drawings and prints, Italian Renaissance drawings and 19th century German drawings. Another of its main focuses is on classical modern art and international prints up until the present day.

The museum started out as a cabinet of engravings and drawings (Kupferstich- und Zeichnungskabinett) established by Elector and Count Palatine Charles Theodore at his palace in Mannheim. It was subsequently transferred to Munich in the 1790s and important collections of prints were acquired after the dissolution of the monasteries in Bavaria following the secularization process there. Run as an independent museum institute as of 1874, the Kabinett has been housed in Haus der Kulturinstitute on Munich's Königsplatz since 1948. The building is home to the repositories for its valuable inventories and a study room which is

Beständen sowie der öffentlich zugängliche Studiensaal. Mit der Pinakothek der Moderne verfügt die Staatliche Graphische Sammlung München über Ausstellungsräume, die ihrem Rang und ihren hohen konservatorischen Anforderungen entsprechen. In fortlaufend kuratierten Sonderausstellungen werden Werke aus 500 Jahren Kunst auf Papier immer wieder neu und inspirierend präsentiert.

open to the public. In Pinakothek der Moderne the Staatliche Graphische Sammlung München is able to rely on exhibition premises that fully befit its status and its high standards in conservation. Special curated exhibitions are organized there on a constant basis, showing works of art on paper spanning 500 years, presented in everchanging, inspiring configurations.

Autoren / *Authors*

NIKE BÄTZNER

1994–2008 Lehrtätigkeit u. a. in Berlin und Braunschweig, seit 2008 Professorin für Kunstgeschichte an der Burg Giebichenstein, Kunsthochschule Halle; außerdem tätig als Ausstellungskuratorin; Publikationen u. a.: Assoziationsraum Wunderkammer. Zeitgenössische Künste zur Kunst- und Naturalienkammer der Franckeschen Stiftungen, Halle 2015; Die Aktualität des Barock (Hg.), Zürich/Berlin 2014; Blickmaschinen oder wie Bilder entstehen (Hg., mit Werner Nekes und Eva Schmidt), Köln 2008.

FRIEDRICH VON BORRIES

Architekt und Professor an der HFBK Hamburg. In Berlin leitet er das Projektbüro Friedrich von Borries, das an den Grenzen von Architektur, Design, Kunst und Stadtplanung operiert.

WALTER GRASSKAMP

Studium der Kunstgeschichte, Philosophie, Literaturgeschichte und Soziologie in Köln, Konstanz und Aachen; Promotion 1979, Habilitation 1990. Seit 1975 als Kritiker für Rundfunk, Zeitungen und Fachzeitschriften tätig, 1985 bis 1995 Professor für Kunstwissenschaft an den Fachhochschulen Münster und Aachen, von 1995 bis 2016 Ordinarius für Kunstgeschichte an der Akademie der Bildenden Künste München, deren stellvertretender Rektor er von 1999 bis 2003 war.

BORIS GROYS

Philosoph, Kunstkritiker und Kurator. Gegenwärtig ordentlicher Professor für Russistik und Slawistik an der New York University, USA, sowie Senior Research Fellow an der Staatlichen Hochschule für Gestaltung, Karlsruhe, und Professor der European Graduate School, Saas Fee, Schweiz.

SIGRID HOFER

Studium der Kunstgeschichte, Geschichte und Ethnologie; 1985 Promotion, 1998 Habilitation. Bis 2001 Vertretungsprofessorin, 2002 Gastkuratorin am Städel, seit 2003 Professorin für Kunstgeschichte in Kiel und Marburg. Gründerin des Arbeitskreises Kunst in der DDR und Herausgeberin von dessen Schriftenreihe. 2013/2014 Fulbright Distinguished Chair an der University of California, Santa Barbara, USA. Forschungsschwerpunkte: Reformbewegung um 1900, deutsch-deutsche Kunstgeschichte.

NIKE BÄTZNER

1994–2008 Teaching positions e.g. in Berlin and Braunschweig, since 2008 Professor of Art History at Burg Giebichenstein University of Art and Design Halle; also works as an exhibition curator; selected publications: Assoziationsraum Wunderkammer. Zeitgenössische Künste zur Kunst- und Naturalienkammer der Franckeschen Stiftungen Halle, 2015; Die Aktualität des Barock (ed.) Zurich/Berlin, 2014; Blickmaschinen oder wie Bilder entstehen (ed., with Werner Nekes & Schmidt), Cologne, 2008.

FRIEDRICH VON BORRIES

Architect and Professor at Hamburg University of Fine Arts (HFBK). In Berlin, he heads Projektbüro Friedrich von Borries, which operates at the interface of architecture, design, art and urban planning.

WALTER GRASSKAMP

Studied Art History, Philosophy, History of Literature and Sociology in Cologne, Konstanz and Aachen; Ph.D. in 1979, post-doctoral teaching qualification in 1990. Since 1975 critic for radio, newspapers and specialist journals; 1985–1995 Professor of Art Studies at the Universities of Applied Sciences of Münster and Aachen; from 1995–2016 Full Professor of Art History at Academy of Fine Arts Munich, serving as its deputy rector from 1999 to 2003.

BORIS GROYS

Boris Groys is a philosopher, art critic and curator. He is currently full professor of Russian and Slavic Studies at New York University, USA, Senior Research Fellow at the Academy of Design, Karlsruhe, Germany, and Professor of the European Graduate School, Saas Fee, Switzerland.

SIGRID HOFER

Degree in Art History, History and Ethnology; awarded a Ph.D. in 1985 and qualified as a postdoc in 1998. Until 2001 alternate professor and from 2002 onwards guest curator at the Städel, since 2003 Professor of Art History in Kiel and Marburg. Founder and speaker of the Study Group on Research on Art in Communist East Germany and editor of its series of publications. In 2013–2004 Fulbright Distinguished Chair at the University of California, Santa Barbara, U.S.. Main areas of research: Reform movement around 1900, history of art in West and East Germany.

BEATE SÖNTGEN
Professorin für Kunstgeschichte und Vizepräsidentin für Forschung und Humanities an der Leuphana Universität Lüneburg. Sprecherin des DFG-Graduiertenkollegs „Kulturen der Kritik" und Leiterin des Projekts „PriMus – Promovieren im Museum" (mit Susanne Leeb). Forschungsgebiete: Kunst, Kunsttheorie und Kunstkritik der Moderne und Gegenwart. Jüngste Publikation: INTERIORS (Hg., mit Ewa Lajer-Burchardt), Berlin 2016.

MONIKA WAGNER
1987–2009 Professorin für Kunstgeschichte an der Universität Hamburg. Leitung des Funkkollegs Moderne Kunst, seit 2005 Mitglied der Akademie der Wissenschaften in Hamburg. Fellowships u. a. am Wissenschaftskolleg zu Berlin, am Internationalen Forschungszentrum Kulturwissenschaften (IFK) Wien und am Getty Research Institute in Los Angeles. Publikationen zur Kunst des 18. bis 20. Jahrhunderts, insbesondere zur Bedeutung des Materials (Das Material der Kunst. Eine andere Geschichte der Moderne, 2. Aufl. München 2013).

CHRISTOPH ZUSCHLAG
Studium der Kunstgeschichte, Geschichte und Archäologie in Heidelberg und Wien; 1991 Promotion, 2002 Habilitation. 2003–2006 wissenschaftlicher Mitarbeiter am Kunsthistorischen Institut der Freien Universität Berlin, seit 2007 Professor für Kunstgeschichte und Kunstvermittlung an der Universität Koblenz-Landau am Campus Landau. Forschungsschwerpunkte: Kunst und Kunstpolitik im Nationalsozialismus, Kunst der Moderne und der Gegenwart, Provenienzforschung, Geschichte der Kunstinstitutionen und der Kunstkritik.

BEATE SÖNTGEN
Professor of Art History and Vice President of Research and Humanities at Leuphana University of Lüneburg. Spokeswoman of the DFG Research Training Group "Cultures of Critique" and head of the project "PriMus – PhD in Museums" (with Susanne Leeb). Research fields: art, art theory and art criticism of the modern age and present day. Latest publication: INTERIORS AND INTERIORITY (ed., with Ewa Lajer-Burchardt), Berlin, 2016.

MONIKA WAGNER
1987–2009 Professor of Art History at the University of Hamburg. Director of the Funkkolleg on Modern Art, since 2005 member of the Hamburg Academy of Sciences. Fellowships among others at Wissenschaftskolleg zu Berlin, Internationales Forschungszentrum Kulturwissenschaften (IFK) Vienna and the Getty Research Institute in Los Angeles. Publications on 18th–20th century art, in particular on the importance of material (Das Material der Kunst. Eine andere Geschichte der Moderne, 2nd ed., Munich, 2013).

CHRISTOPH ZUSCHLAG
Studied Art History, History and Archeology in Heidelberg and Vienna; Ph.D. in 1991, postdoctoral teaching qualification in 2002; 2003–2006 research assistant at Freie Universität Berlin's Institute of Art History; since 2007 Professor of Art History and Art Mediation at the University of Koblenz-Landau at the Landau Campus. Research foci: art and art policy in the Nazi era, modern and contemporary art, provenance research, history of art institutions and of art criticism.

Zitatnachweise / *Quote Credits*

Wenn nicht anders angegeben, wurden Zitate für diese Publikation neu aus der Originalsprache übersetzt. / *Where German or English reference is missing the quote has been translated from the source language especially for this publication.*

19: Henry van de Velde, KUNSTGEWERBLICHE LAIENPREDIGTEN, übers. von / *trans.* Julius Zeitler und / *and* Elly Backhausen, Leipzig 1902, S. / *p.* 188.

23: Paul Klee, SCHÖPFERISCHE KONFESSION, in: Tribüne der Kunst und Zeit. Eine Schriftensammlung, Band / *vol.* XIII, Berlin 1920, S. / *p.* 28. // *Paul Klee, NOTEBOOKS, Band / vol. 1: THE THINKING EYE, Lund Humphries, London, 1961, S. / p. 76.*

24: De Stijl, MANIFEST I VON „DER STIL, 1918", in: De Stijl, Leiden, Band / *vol.* 2, Nr. / *no.* 1, Nov. 1918, S. / *p.* 4.

43: Pablo Picasso, BEKENNTNIS, übers. von / *trans.* Elisabeth Schnack, in: ders. / *Picasso,* Wort und Bekenntnis. Die gesammelten Dichtungen und Zeugnisse, 2., erw. Auflage / *exp. ed.,* Zürich / *Zurich* 1954, S. / *p.* 7. // *Pablo Picasso, PICASSO SPEAKS, in: The Arts, New York, Band / vol. 26, Nr. / no. 5, 1923, S. / p. 315.*

45: Le Corbusier, AUSBLICK AUF EINE ARCHITEKTUR, in: Bauwelt Fundamente, Band / *vol.* 2, Basel/Berlin 1963, S. / *p.* 135. // *Le Corbusier, TOWARDS A NEW ARCHITECTURE, J. Rodker, London, 1931, S. / p. 179.*

46: Der französische Originaltext wurde zum ersten Mal veröffentlicht in / *The original French text was first published in:* L'ESPRIT NOUVEAU, Nr. / *no.* 5, Feb. 1921, S. / *p.* 533. Die hier zitierte deutsche Übersetzung stammt aus / *German translation quoted herein from:* Günter Brucher, Stilllebenmalerei von Chardin bis Picasso: Tote Dinge werden lebendig, Wien / *Vienna*/Köln / *Cologne*/Weimar 2006, S. / *p.* 226. // Die hier zitierte englische Übersetzung stammt aus / *English translation quoted herein from: Daniel-Henry Kahnweiler, Juan Gris. His Life and Works, Lund Humphries, London, 1947, S. / p. 138.*

50: *László Moholy-Nagy, in: Anna Moszynska, Abstract Art, Thames and Hudson, London, 1990, S. / p. 93.*

54: Walter Gropius, GRUNDSÄTZE DER BAUHAUSPRODUKTION, in: Walter Gropius und / *and* László Moholy-Nagy (Hg. / *eds.*), Neue Arbeiten der Bauhauswerkstatt, Bauhausbücher 7, München / *Munich* 1925, S. / *p.* 5.

66: Wassily Kandinsky, LINIE UND FISCH, in: Essays über Kunst und Künstler, herausgegeben und kommentiert von / *ed. and commented by* Max Bill, Stuttgart 1955, S. / *p.* 164. // *Wassily Kandinsky, LINE AND FISH, in: Axis, Band / vol. 2, 1935, S. / p. 6.*

68: Max Beckmann, in: ÜBER MEINE MALEREI, Vortrag, gehalten in den / *lecture held at the* New Burlington Galleries, London 1938. Deutsche Übersetzung zitiert nach / *German translation quoted from:* Uwe M. Schneede, Max Beckmann, München / *Munich* 2011, S. / *p.* 112. // Englische Übersetzung zitiert nach / *English translation quoted from: Max Beckmann, ON MY PAINTING, Tate, London, 2003, S. / p. 16.*

75: Max Bill, DIE GUTE FORM [1949], zitiert nach / *quoted from:* Lars Müller (Hg. / *ed.*), Max Bill – Sicht der Dinge. Die gute Form: Eine Ausstellung 1949, Zürich / *Zurich* 2015, S. / *p.* 39.

76: *Piet Mondrian, PURE ART AND PURE PLASTIC ART [1936], in: Herschel Chipp (Hg. / ed.), Theories of Modern Art, University of California Press, Berkeley, 1968, S. / p. 349.*

89: *Frank Lloyd Wright, FRANK LLOYD WRIGHT AND HIS ART, in: New York Times Magazine, 4 Okt. / Oct. 1953, S. / p. 47.*

91: Günter Grass, DIE BLECHTROMMEL, München / *Munich*/Zürich / *Zurich* 1994, S. / *p.* 569.

96: Theodor W. Adorno, MINIMA MORALIA. REFLEXIONEN AUS DEM BESCHÄDIGTEN LEBEN [1951], Frankfurt am Main 1981, S. / *p.* 298.

102: Susanne K. Langer, zitiert nach / *quoted from:* Rolf Lachmann, Susanne K. Langer, in: Information Philosophie, Heft / *issue* 4, 2000, S. / *p.* 87. // *Susanne K. Langer, FEELING AND FORM: A THEORY OF ART, Charles Scribner's Sons, New York, 1953, S. / p. 40.*

113: *Herbert Marshall McLuhan, THE GUTENBERG GALAXY. THE MAKING OF TYPOGRAPHIC MAN, University of Toronto Press, Toronto, 1962, S. / p. 31.*

116: Neil MacGregor, EINE GESCHICHTE DER WELT IN 100 OBJEKTEN, München / *Munich* 2011, S. / *p.* 725. // *Neil MacGregor, HISTORY OF THE WORLD IN 1000 OBJECTS, 2011, S. / p. 635.*

120: *Allan Kaprow, ASSEMBLAGE, ENVIRONMENTS & HAPPENINGS, H. N. Abrams, New York, 1966, S. / p. 189.*

124: *Claes Oldenburg, TOTEMS AND TABOOS, 1966, zitiert aus / quoted from: Barbara Rose, Claes Oldenburg, Museum of Modern Art, New York, 1979, S. / p. 198.*

128: *Norman Mailer, CANNIBALS AND CHRISTIANS, Dial Press, New York, 1970, S. / p. 2.*

134: *Constantin Brâncuși, zitiert aus / quoted from: Igor Stravinsky and Robert Craft, Themes and Episodes, A. A. Knopf, New York, 1966, S. / p. 10.*

147: *David Bailey, in: The Face, London, Dez. / Dec. 1984.*

149: Jean Baudrillard, AGONIE DES REALEN, Berlin 1978, S. / *p.* 10. // *Jean Baudrillard, Simulations. Semiotext(e), New York, 1983, S. / p. 146.*

152: *David Hockney* im Interview mit / *in conversation with Paul Joyce,* New York, Sep. 1986, zitiert in / *quoted in: Hockney on Photography, Jonathan Cape Ltd., London, 1988, S. / p. 157.*

165: Peter Sloterdijk, VERSUCH ÜBER DAS LEBEN DER KÜNSTLER: ANDERSGLÄUBIGE * VERSCHWENDER * FÄLLE * EINWOHNER, in: Sigmar Polke, Ausst.-Kat. / *exh. cat.* Stedelijk Museum Amsterdam, Amsterdam 1992, S. / *p.* 96.

168: Kunstflug, DIE AUFLÖSUNG DES GEGENSTANDS, in: Art Aurea, Band / *vol.* 3, 1995, S. / *p.* 70.

171: *Isa Genzken,* zitiert auf der Website des / *as quoted on the website of* Stedelijk Museum Amsterdam, URL: http://www.stedelijk.nl/en/exhibitions/isa-genzken, Zugriff am / *accessed* 29 Aug. 2017.

172: *Rem Koolhaas, WHAT EVER HAPPENED TO URBANISM?, in: S, M, L, XL. Rem Koolhaas and Bruce Mau, The Monicello Press, New York, 1995, S. / p. 969.*

176: Richard Sennett, CIVITAS. DIE GROSSSTADT UND DIE KULTUR DES UNTERSCHIEDS, Frankfurt am Main 1991, S. / *p.* 152–153. // *Richard Sennett, THE CONSCIENCE OF THE EYE: THE DESIGN AND SOCIAL LIFE OF CITIES, W. W. Norton & Company, 1992, S. / p. 115.*

188: *Frank Gehry, zitiert in / as quoted in: Jason Miller, FRANK GEHRY, Metro Books, New York, 2002, S. / p. 6.*

191: Kasper König im Interview mit / *in conversation with* Nicola Kuhn: „MAN MUSS DEM EIGENEN BETRIEB GEGENÜBER KRITISCH SEIN", in: Der Tagesspiegel online, 9. Jan. 2017, URL: http://www.tagesspiegel.de/kultur/kasper-koenig-im-interview-man-muss-dem-eigenen-betrieb-gegenueber-kritisch-sein/19224928.html, Zugriff am / *accessed* 29. Aug. 2017.

193: *Sol LeWitt* im Gespräch mit / *in conversation with Saul Ostrow: SOL LEWITT, Bomb Magazine, Herbst / Fall 2003, URL: http://bombmagazine.org/article/2583/sol-lewitt,* Zugriff am / *accessed* 29 Aug. 2017.

198: *Steve Jobs, zitiert nach / as quoted in: Rob Walker, The Guts of a New Machine, in: The New York Times, 30 Nov. 2003.*

203: *Hans Ulrich Obrist* im Gespräch mit / *in conversation with Andrew M. Goldstein: CURATOR HANS ULRICH OBRIST ON WHAT MAKES PAINTING AN "URGENT" MEDIUM TODAY, in: Artspace, 26 Sept. 2016, URL: http://www.artspace.com/magazine/interviews_features/expert_eye/supercurator-hans-ulrich-obrist-on-what-makes-painting-an-urgent-medium-today-54218,* Zugriff am / *accessed* 29. Aug. 2017.

Bildnachweise / Image Credits

19 beide oben / *both top*, 25 oben / *top*, 28, 29 unten / *bottom*, 30 unten / *bottom*, 31, 44 unten / *bottom*, 46 oben / *top*, 53 beide / *both*, 56 beide / *both*, 57 unten / *bottom*, 66 unten / *bottom*, 72 links / *left*, 73 unten / *bottom*, 76 oben / *top*, 77 oben / *top*, 78, 79 beide / *both*, 89 unten / *bottom*, 91, 92 oben / *top*, 94, 95 beide / *both*, 97 oben / *top*, 99, 101 unten / *bottom*, 102, 112 oben / *top*, 116 unten / *bottom*, 119, 121 unten / *bottom*, 127 oben / *top*, 128 unten / *bottom*, 132 oben /*top*, 133 oben / *top*, 134 beide / *both*, 148 oben / *top*, 149 beide / *both*, 150 unten / *bottom*, 152, 164 oben / *top*, 174 unten / *bottom*, 177, 192 beide / *both*, 198 unten /*bottom*, 201, 203 © VG Bild-Kunst, Bonn 2017

22 oben / *top*, 74 © Succession Picasso / VG Bild-Kunst, Bonn 2017

24 © Succession H. Matisse / VG Bild-Kunst, Bonn 2017

43 unten / *bottom* © 2017 ES Mondrian/Holtzman Trust

45 unten / *bottom* © Klosterverwaltung Maria Laach

47 © The Josef and Anni Albers Foundation / VG Bild-Kunst, Bonn 2017

48 © Successió Miró / VG Bild-Kunst, Bonn 2017

49 unten / *bottom* © Nachlass Walter Dexel

50 rechts oben / *top right* © Nachlass Germaine Krull, Museum Folkwang, Essen

52 © Die Photographische Sammlung / SK Stiftung Kultur – August Sander Archiv, Köln / *Cologne* / VG Bild-Kunst, Bonn 2017

55 © Estate of George Grosz, Princeton, N.J. / VG Bild-Kunst, Bonn 2017

67 oben / *top* © Archivio Storico Piaggio

69 unten / *bottom* © Eames Office

71 unten / *bottom* © Tatra

72 rechts unten / *bottom right* © Barovier & Toso

88, 96 © Lucio Fontana by SIAE / VG Bild-Kunst, Bonn 2017

89 oben / *top*: © Archiv Schneider-Esleben. Foto / *Photo* © Albert Renger-Patzsch / Archiv Ann und Jürgen Wilde, Zülpich / VG Bild-Kunst, Bonn 2017

90 oben / *top* © Arno Fischer Erben

92 unten / *bottom* © Georg Jensen

93 links / *left* © The Easton Foundation / VG Bild-Kunst, Bonn 2017

97 unten / *bottom* © Courtesy of BRAUN

98 © Fondazione Emilio e Annabianca Vedova

101 oben / *top* © Verner Panton Design

103 © Maria Lassnig Foundation

112 unten / *bottom*, 123 oben / *top* © Gerhard Richter 2017 (0231)

113 oben / *top* © Stephen Shore. Courtesy Sprüth Magers

113 unten / *bottom* © Ingo Maurer GmbH

114 © Robert Rauschenberg Foundation / VG Bild-Kunst, Bonn 2017

115 oben / *top*, 191 unten / *bottom* © Sony

116 oben /*top* © su concessioni del Ministero dei beni e delle attività culturali e del turismo, Archivio di Stato di Firenze

117 © Estate of Dan Flavin / VG Bild-Kunst, Bonn 2017

118 oben / *top* © Colani Design Germany GmbH

118 unten / *bottom* © Nobuyoshi Araki, Courtesy of Taka Ishii Gallery

120, 154 unten / *bottom* © 2017 The Andy Warhol Foundation for the Visual Arts, Inc. / Artists Rights Society (ARS), New York

121 oben / *top* © Espoo Museum

123 unten / *bottom* © christojeanneclaude.net

124 oben / *top* © Michael Heizer

125 © The Estate of Sigmar Polke, Köln / *Cologne* / VG Bild-Kunst, Bonn 2017

126 © Archive Atelier Mendini

127 unten / *bottom* © Arnulf Rainer

100, 128 oben / *top* © The de Kooning Foundation, New York / VG Bild-Kunst, Bonn 2017

129 unten /*bottom* © Con-Rad

130 © Georg Baselitz 2017

132 unten / *bottom* © Eero Aarnio Archives

133 unten / *bottom* © Hockney Pictures

134 oben / *top* © Judd Foundation / VG Bild-Kunst, Bonn 2017

135 unten links / *bottom left*, 155 unten / *bottom* © frog Design Europe GmbH

147 © Estate Bernd & Hilla Becher

148 unten / *bottom* © Sansone, Gaetano Pesce – Cassina, 1980

150 unten / *bottom* © Stiletto

151 © Santiago Sierra

153 © Ellsworth Kelly. Foto / *Photo* Courtesy Staatliche Graphische Sammlung, München / *Munich*

155 oben / *top* © 2017 Fred Sandback Archive

165 © Rachel Whiteread
Courtesy die Künstlerin / *of the artist*, Luhring Augustine, New York, Lorcan O'Neill, Rom / *Rome* und / *and* Gagosian Gallery

166 oben / *top* © Chest of drawers (1991) by Tejo Remy/Droog

167 © Gillian Wearing, Courtesy Maureen Paley, London, Tanya Bonakdar Gallery, New York, und / *and* Regen Projects, Los Angeles

168 oben / *top* © Studio Albert Oehlen

168 unten / *bottom* © Johan Grimonprez

169 unten / *bottom* © Michael Rowe. Foto / *Photo*: David Cripps

170 © Al Taylor Estate

171 oben / *top* © Estate of Martin Kippenberger, Galerie Gisela Capitain, Köln / *Cologne*

171 unten / *bottom* © Ron Arad

172, 191 oben / top © Zeno X

173 oben / *top* © Zaha Hadid

174 oben / *top* © Jeff Wall Studio

175 © Raymond Pettibon. Courtesy David Zwirner, New York

176 oben / *top* © Scully Studio

178 © Foto / *Photo*: Adam Reich, Zoe Leonard. Courtesy Galerie Gisela Capitain, Köln / *Cologne* & Paula Cooper Gallery, New York

179 oben /*top* © Pipilotti Rist
Courtesy die Künstlerin / *of the artist*, Hauser & Wirth und / *and* Luhring Augustine

179 unten / *bottom* © William Kentridge

188 oben / *top* © Werner Aisslinger
Hemp Chair, 2011, Foto / *Photo*: Michel Bonvin

189 © Asymptote Architecture: Hani Rashid und / *and* Lise Anne Couture

190 © Fiona Tan

194 unten / *bottom* © Konstantin Grcic

194 oben / *top* © Stiftung für Fotografie und Medienkunst mit / *with* Archiv Michael Schmidt

195 © Christopher Wool
Courtesy der Künstler / *of the artist* und / *and* Luhring Augustine, New York

196 unten / *bottom* © Maarten Baas

197 © Hans Schimansky

198 oben / *top* © Jeroen Verhoeven

199 © Studio Hella Jongerius

200 oben / *top* © of Marc Newson Ltd

203 © Courtesy Galerie EIGEN + ART Leipzig/Berlin und / *and* Zwirner, New York/London / VG Bild-Kunst, Bonn 2017

204 oben /*top* © Omer Fast

204 unten / *bottom* © Yufuku Gallery

205 oben / *top* © Courtesy Henrik Olesen und / *and* Galerie Buchholz, Berlin/Köln / *Cologne*/New York

Die Angaben wurden nach bestem Wissen erstellt. Sollten dennoch Fehler vorhanden sein, bitten wir um Benachrichtigung. / *All information is given to the best of our knowledge. Please inform us should there be any errors after all.*

Herausgeber / *Editors*:
  MICHAEL HERING
  Staatliche Graphische Sammlung München / *State Prints Collection Munich*
  ANDRES LEPIK
  Architekturmuseum der TU München / *Architecture Museum of the TU Munich*
  BERNHARD MAAZ
  Bayerische Staatsgemäldesammlungen / *Bavarian State Painting Collections*
  ANGELIKA NOLLERT
  Die Neue Sammlung – The Design Museum

Redaktion / *Editorial Staff*:
  Nadine Engel, Caroline Fuchs

Mitarbeit / *Assistants*:
  Michaela Kreuter, Artemis Papagiannakopoulos

Art Direktion / *Art Direction*:
  Lambl Homburger, Berlin

Fotografie / *Photography*:
  Architekturmuseum der TU München, Bayerische Staatsgemäldesammlungen
  (Haydar Koyupinar, Sibylle Forster, Johannes Haslinger, Nicole Wilhelms),
  Die Neue Sammlung – The Design Museum (Alexander Laurenzo),
  Staatliche Graphische Sammlung München

Lektorat / *Copy-editing*:
  Rea Triyandafilidis, Tuntenhausen-Hohenthann

Übersetzung / *Translations*:
  Jeremy Gaines, Petra Gaines, Frankfurt am Main

Projektkoordination Verlag / *Project Coordinator, Publishing House*:
  Juliane Eisele

Verlagsherstellung / *Production*:
  Ines Sutter

Druck und Bindung / *Printing and Binding*:
  DZA Druckerei zu Altenburg GmbH, Altenburg

Papier / *Paper*:
  Magno Natural, 120 g/m²

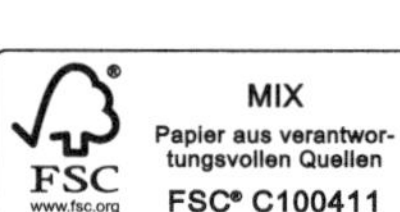

Erschienen im / *Published by*:
  Hatje Cantz Verlag GmbH
  Mommsenstraße 27
  10629 Berlin
  Germany / Deutschland
  Tel. +49 30 3464678-00
  Fax +49 30 3464678-29
  www.hatjecantz.com
  A Ganske Publishing Group Company
  Ein Unternehmen der Ganske Verlagsgruppe

Hatje Cantz books are available internationally at selected bookstores.
For more information about our distribution partners, please visit our website at www.hatjecantz.com.

ISBN 978-3-7757-4285-6
Printed in Germany

Gefördert von / *Supported by*:

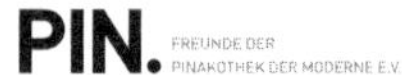

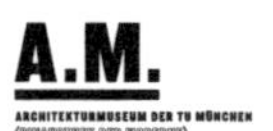

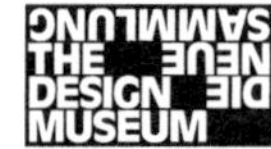

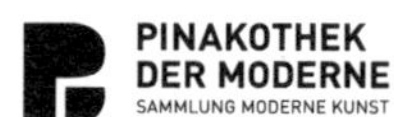